献给改革开放 40 周年！

解放看不见的手

Unbinding the Invisible Hand

范必 著

人民出版社

目　录

改革进行时（自序）

　　今年是改革开放 40 周年。如何正确处理政府和市场的关系，是贯穿我国改革开放 40 年的核心问题之一。2013 年召开的党的十八届三中全会作出决定，将处理政府与市场关系的目标定位于，"使市场在资源配置中起决定性作用和更好发挥政府作用"。2017 年召开的党的十九大上，习近平总书记在报告中再次强调了这一改革目标。市场由之前的"基础性作用"提升到"决定性作用"，这一积极变化赢得了国内外广泛赞誉。

　　从计划配置资源到市场配置资源，谁来解放看不见的手？回答这个问题首先要问，是谁束缚了看不见的手？应当看到，各种抑制市场主体活力的制度安排和政策法规，其执行者主要是各级政府及相关职能部门。政府作为公共事务的管理者，主动推进市场化改革责无旁贷！这也是"更好发挥政府作用"的关键所在。本书将重点讨论推进市场化改革的理论方法，以及市场化条件下如何谋划发展政策、环境政策和开放政策。

坚守市场化改革方向

　　改革开放之初，我国理论工作者和宏观经济管理部门就认识到，政府对微观经济管得过多过死，是造成产品短缺和企业活力不足的重要原因。

改革僵化的经济体制成为那个年代的共识，但在改革方向上却存在很大分歧。计划经济为主，还是市场调节为主；计划与市场是否可以有机结合；社会主义条件下是否允许非公有制经济发展；劳动、土地等生产要素是不是商品……诸如此类涉及体制和方向的根本性问题长期困扰着理论界和实际工作部门。

1992年邓小平南方谈话后，经过党的十四大、十五大，我国在改革顶层设计上取得了3个重大突破。一是解开计划经济、市场经济与社会制度的绑定，明确经济体制改革的方向是建立社会主义市场经济体制。也就是说，我国改革的方向不是计划与市场并存的双重体制，更不是计划体制，而是社会主义制度下单一的市场经济体制。二是解开所有制与社会制度的绑定，明确以公有制为主体多种所有制经济共同发展是我国的基本经济制度。毫不动摇地鼓励和发展公有制经济，毫不动摇地鼓励、支持、引导非公有制经济发展。三是解开收入分配制度与社会制度的绑定，明确了我国的分配制度是按劳分配为主体、多种分配制度并存的制度。将按劳分配与按生产要素分配结合起来，允许和鼓励劳动、资本、技术、管理等生产要素按贡献参与分配。

现在，"使市场在资源配置中起决定性作用"已经写入了初中课本，但很多领导干部和企业负责人的思想仍停留在改革开放之初。"国家调节市场，市场引导企业"、"国有企业按国家计划办，非公经济由市场调节"等观点时有耳闻。正是在这些思想影响下，双轨制管理、对微观经济主体活动过多干预目前仍很普遍。近年来，有些部门分解下达的指标越来越多；在固定资产投资、土地供给、能源资源开发利用、产品生产许可、行业市场准入等方面，保留了大量行政审批事项；对市场主体设置了数量庞大的行政处罚事项，很多处罚设置依据不足、条款更新滞后、内容相互冲突、自由裁量权过大；国有企业自主权下降，接受的直接管理、直接考核日益复杂；等等。这些做法与市场化改革的方向背道而驰！

解放看不见的手，首先要解放思想。政策研究者、决策者要善于鉴别政府与市场的界限，该市场主体决定的还给市场，市场失灵的才留给政府。

依靠改革打破供给约束

在宏观经济管理中，政府主要是进行供给管理和需求管理。新中国成立以来，在供给与需求关系上，我国大致经历了 3 个阶段。

第一阶段，从"一五"计划到 1998 年。受计划经济影响，是供给约束阶段。1978 年后随着改革开放引入市场机制，供给约束逐步减弱。第二阶段，从 1998 年开始，我国宣布结束了供给约束，绝大部分商品实现了供求平衡或供大于求。从此，我国开始进入需求约束阶段。第三阶段，在 2014 年前后，我国经济进入新常态，从高速增长转到中高速增长。在需求约束问题尚未解决的情况下，供给约束的矛盾日益凸显，矛盾的主要方面在供给侧。当前和今后一个时期，我国处在供给约束与需求约束并存的阶段。

在计划经济时代，一般生活消费品供给严重不足，最直观的表现是票证分配和排队购买。现在这些现象已经消失。进入新常态以来，供给约束主要表现在，一是生产要素领域，如建设用地供给不足造成地价过快上涨，资本市场流动性不足造成融资难、融资贵。二是生产要素以外的产品和服务领域，如能源产品价格长期居高不下，居民用不上好药新药放心药，以及教育、医疗、文化等领域优质服务供应不足，等等。

新中国成立以来出现的两轮供给约束，虽然矛盾凸显的领域不同，原理大体一致。主要是供给方对价格信号不敏感，价格未能对供给变化发挥应有的调节作用，消费者对供给缺少选择权。形成供给约束的原因，主要是来自政府对微观经济活动的干预，如总量控制、准入限制、政府定价等。近几年，我国经济增速持续回落，很大程度上是因为供给约束提高了营商成本、交易成本，抑制了市场主体活力；供给结构不适应需求的变化，也在一定程度上抑制了投资和消费。

从这些分析不难看出，不合理的制度安排是造成供给约束的主要原因。供给侧结构性改革根本途径只能是深化改革。

改革要推动全产业链市场化

无论是研究经济体制问题，还是制定改革方案，都需要有方法论作支撑。本书构建了基于体制亚型的全产业链市场化改革的理论框架。引入了一个新概念：体制亚型；一个新命题：全产业链市场化改革。

长期以来，各地方、各部门都出台了大量改革政策，其中不乏以改革名义出台的逆市场化政策。各种干预市场的行政权力在中央和地方之间不断上收、下放，在部门之间横向转移，却没有真正给企业松绑。价格管控、限制竞争、新设壁垒等问题层出不穷。不同地区不同领域的市场化进程明显失衡。产生这些现象，是我国条块分割体制的必然结果。解决这些问题，需要开展基于体制亚型的全产业链市场化改革。

"链式改革"应对"约束蔓延"

条块分割是在计划经济时期形成的制度现象。为了满足制定和执行计划的需要，"条条"（行业、行政隶属关系）、"块块"（区域）构成了相对独立的管理体系。由于彼此难以协调，对经济工作的领导往往政出多门、矛盾从生。当然，"条条"和"块块"也都会提出各自的改革思路。这种各自为政的改革，可以形象地称为"点式改革"。

"点式改革"的特点是，在制定改革方案时，部门和地方既要考虑公共福利最大化，也不可避免地要考虑自身利益。当二者产生矛盾时，经常是公共福利让位于自身利益。在改革的决策过程中，行业主管部门以及行业中具有优势的国有企业具有较大话语权。不同部门改革思路发生冲突时，结果一般是取"最大公约数"。这往往意味着改革方案屈从于既得利益主体，很难达到预期效果。

打破"点式改革"的困境，需要在改革方法论上有所突破。当前，经济生活中的突出矛盾大都可以归结到某一产业链。很多问题表现在产品交易环节，产生问题的原因则源自上下游的多个环节。取代"点式改革"的一个思路是，进行以问题为导向的全产业链市场化改革，即"链式改革"。

对产业链的研究可以发现一个现象，当不完全市场化产业链的非市场环节出现供求矛盾时，政府往往会采取直接干预的措施。供不应求时，鼓励增加供给、限制需求；供大于求时，限制供给、鼓励需求。这种干预看上去很有必要，但干预政策出台的节奏大都会滞后于市场供求关系的变化。市场已经供大于求了，政府仍在鼓励生产；市场已经供不应求了，政府还在限制供给，其结果是加剧供需矛盾。由于存在干预的滞后性，供需矛盾会向产业上游或下游环节蔓延，政府又不得不出手对上游或下游的供需环节进行同样的干预。干预的范围就从一个环节，扩展到更多的环节。扩展的环节越多，就会遇到更多的供需矛盾。最后，政府只有把整个产业链都纳入计划，或者把上下游的企业合并到一个企业中，才会稳定供求关系。当然，这还是理想的结果。实际情况往往是，政府不可能精确掌握所有的供给和需求信息，其干预的滞后性和随意性，最终导致全产业链的衰退。

也就是说，对于不完全市场化产业链，如果不对计划体制或双重体制的环节进行改革，产业链的上下游环节也不得不选择计划体制或双重体制，或者在企业组织结构上实行上下游一体化，才能使供求平衡，并避免全产业链的衰退。

这种现象反映出不完全市场化产业链存在"约束蔓延"的规律。这里所谓"约束"，包括两方面的含义：一是政府对微观市场主体的行政约束（干预），二是产品的供给约束。从制度层面看，不完全市场化产业链的运行会从"点约束"（点干预）走向"链约束"（全产业链干预），导致"全产业链逆市场化"。也就是，全产业链存在回到计划经济上的倾向。从产品层面看，又因"计划导致短缺"的原理，政府的直接计划管理最终导致"全产业链退化"，形成产品的供给约束。比如煤电矛盾、"气荒"等，都是不完全市场化产业链"约束蔓延"的结果。

客观地说，"点式改革"在我国市场化改革历程中发挥了积极作用。但是，在其红利释放完毕后，改革应当进入"链式改革"阶段。改革的目标是，将计划与市场相交织的产业链，改造为市场对资源配置起决定性作用的产业链。

体制亚型重塑改革路径

读到这里，读者可能会问，改革改到什么程度才叫市场化？这又涉及对计划体制与市场体制这两个基本概念的辨识。

理论研究和实际工作中一般将经济体制分为计划体制和市场体制。但是，在应用这种分型时会发现，现有体制类型划分无法解释政府和企业的非典型性行为。比如，很多国有企业的投资活动体现了政府意志，但它们不同于计划经济下的企业。这类企业具有较大的经营自主权，按照市场价格进行交易、招投标等活动。政府对企业没有下达指令性计划，不能调拨企业的产品和资产。然而，它们也不同于市场经济条件下遵循市场规律的企业。一般而言，企业对利率变动相当敏感，利率高启时，企业会缩减投资规模；利率低时，扩大投资规模。大量国有企业则对利率不敏感，利率上升时不是收缩投资规模，而是扩大投资规模。类似这样的企业行为，既不能用计划经济理论，也不能用市场经济理论进行解释。因此，研究经济体制改革时，如何对现有体制进行定位便成了问题。

由于现有体制的分类方法过于粗泛，不足以解释很多政府和企业的行为，有必要对每一种体制内部作进一步的分类研究。受医学研究中很多生理现象存在"亚型"的启发，比如血型，A型血中，有

A1、A2 以及 A3、AX、AM 等多种亚型。在体制研究中引入"体制亚型"的概念，即在同一组织制度下，因局部结构差异导致不同特征的体制类型。

计划体制、市场体制、双重体制都存在不同的亚型。计划体制包括直接计划、间接计划等亚型；市场体制包括完全竞争市场、垄断、垄断竞争、寡头垄断等亚型；双重体制包括影子计划、垄断计划、分散计划、外生计划、差别管理等亚型。

有了体制亚型这个工具，全产业链市场化改革的路径可以概括为：一是类型识别，对产业链中的非市场环节进行体制分型，明确是计划体制亚型与双重体制亚型中的哪一种类型。二是建立目标模式，明确这些非市场环节向哪类市场体制亚型转型。三是提出覆盖全产业链的一揽子方案。四是实施改革，将每一个计划体制亚型、双重体制亚型改变为市场体制亚型。将我国经济体系中的不完全市场化产业链进行市场化改革，就可以完成体制转轨的大部分任务。

以改革精神更新发展政策工具

我国最常使用的发展政策工具包括发展规划、宏观调控、产业政策。它们形成的历史都可以追溯到计划经济时期。政府制定和执行发展政策，是直接影响市场主体活动的行政行为。在长期的改革进程中，有些发展政策起到了正向激励的作用，也有些造成了逆向调节；有些政策激发了市场活力，也有些造成了行政垄断和行业垄断，增加了市场主体的交易成本，激化了供求矛盾。本书重点讨论在市场经济条件下，如何改革和运用发展政策工具。

发展规划和年度计划

它们的前身是计划经济中的国家计划。随着我国确立社会主义市场经济体制改革方向，五年规划、年度计划从性质、内容到方法都发生了重大变化。在改革进程中，计划工作者们普遍认识到，规划和计划总体上是指导性的。党的十四届三中全会在构建社会主义市场经济体制框架时就明确，国家计划的改革方向是宏观性、战略性、政策性，而不是下达和执行过多的计划指标。

但人们也不无忧虑地看到，近年来，规划和计划日益成为很多政府部门直接干预经济活动的依据或手段。比如，各地制定的土地规划的规划期为 15 年，城市和镇总体规划的规划期为 20 年。这些规划是审批项目的重要依据。试问，十几年前的规划如何预见到现在的土地需求和城市变化呢？全国有 106 个大中城市的"土规"、108 个城市的"城规"要逐级报到北京审批，规划调整时也是如此。这种漫长的审批程序极大地约束了投资增长，成为经济健康发展的阻力。又比如，央行每年要按期向各银行下达贷款规模指标，一定程度上造成资本市场的供给约束；有些投资主管部门按五年规划核准项目，超出规划的项目不予受理，直接干预了企业的投资自主权；各地经济运行主管部门对发电企业下达发电利用小时计划，限制电力市场交易；等等。

如果说计划经济时期计划体制的特征是"高度集中"，现在则表现为"分散计划"。所有传统计划体制的弊端，如管得过多过死、效率低下、长官意志等，在"分散计划"体制下再次重现，其解决的难度不亚于当年计划体制改革。

在市场经济条件下如何规划未来？这是在"放管服"（即简政放

权、放管结合、优化服务）改革中不容回避的问题，本书给出的解决方案包括，清理土地计划、贷款规模计划、发电量计划、城市人口计划等计划管理方式。对可以取消的计划指标坚决取消，有些一时难以取消的可以先转变为指导性计划、预期性指标。不允许各部门将计划指标层层分解，要求各地层层落实，更不允许各地在执行中层层加码。重新审视各种约束性指标分解下达情况。落实约束性指标要考虑地方实际情况，做到几上几下、上下结合、综合平衡、留有余地。对必须保留的计划指标和约束性指标，应当引入第三方监督，防止出现部门自定指标、自己落实、自我监督，缺少公信力的局面。

宏观调控政策

经济学教科书讲的宏观调控，主要包括财政政策和货币政策。在西方国家，政府投资一般算作财政政策的一部分。但我国情况则不同，政府的固定资产投资对经济周期的调节作用十分明显，而且形成了相对独立的部门来组织实施。客观上，我国的宏观调控包括了财政、货币、投资 3 个手段。

之所以中外出现这样的不同，与政府投资的决策机制有很大关系。西方国家将政府预算收入用于固定资产投资大都需要议会决策，而我国基本上是由政府行政决策。这就像一个公司，有的公司由董事会决定投资，财务部门拨款；有的公司由总经理或投资部门决定投资，财务部门拨款。总之，投资决策与财务执行不能由一个部门负责，这样才可以形成监督制约。从这个意义上讲，我国政府投资由投资主管部门为主决策、财政部门执行是一种合理的制度安排。

国际金融危机以来，我国一直实施积极财政政策，但政府投资究竟投了多少？进度如何？结构是否合理？实际上没有准确的统计。近年来，地方政府债务风险增加，可究竟有多少债务，各个部门和地方的统计也不一致。这些不确定性更增加了市场和中央政府对风险的担忧。出现这些问题，说明各级政府对利用自身财力进行的投资活动缺少统一规划，对债务还本付息缺少统筹安排。针对这些问题，本书提出的解决方案是，建立与政府投资职能相适应的投资管理体制和预算制度，滚动编制投资规划和资本预算。

这一方案的主要内容，一是可以考虑将目前编制的3年投资滚动计划改为3—5年的中长期投资规划，规划范围覆盖所有政府投资项目。这有利于国家用长远眼光安排当期建设。二是在目前政府4本预算之外建立资本预算。资本预算与政府投资中长期规划相衔接，预算期为3—5年，每年滚动编制。建立资本预算后，地方政府负有偿付责任的债务及偿债计划能够做到完全透明。资本市场可以根据负债水平对各地的政府信用进行评级，从而利用市场的力量抑制债务风险较大的地方过度举债，防范地方政府债务风险。

宏观调控的另一重要手段是货币政策。我国作为外汇储备和国内储蓄率最高的国家，却出现了"钱越多、钱越贵"的倒挂现象。大量需要贷款的企业得不到信贷支持，实体经济融资难、融资贵。影子银行、表外业务、非标产品层层转嫁成本和风险。

近年来，在金融体制改革方面出台了宏观审慎管理政策，看上去覆盖了全部资本市场的业务，实质上尚未触及金融体制的核心问题。一是银行业大量风险来源于僵化的计划管理。货币政策当局对贷款规模的控制仍采用计划经济的管理方式，定规模、下指标、层层分解落实，造成整体信贷资源稀缺，难以满足经济活动对流动性的需求。流于形式的各种考核指标，迫使商业银行在考核日通过各种手段"冲时点"，扰乱了银行与实体经济的正常经营秩序，却对风险监管没有实质意义。二是金融机构对国企和民企实行"信用双轨"政策。银行对国有企业贷款相对宽松，一般采用基准利率。对民营企业贷款则持谨慎态度，客观上普遍存在慎贷、畏贷、惜贷，以及压贷、抽贷、断贷现象。三是对直接融资管得过多过死。有关部门对于股票上市、发行债券进行严格审批。股票市场"难进不出"，在现行IPO审核标准下，新上市企业进入缓慢、质量不高。债券上市审批内容包括产业政策和行业规划审查，盈利年限、净资产规模、主体评级等审查，对中小企业构成了较高门槛。四是政策性业务与商业性业务"混搭"。政策性银行加大了商业性业务比重，偏离了其应有职能。商业银行又大量从事政策性业务，由于短存长贷，加剧了期限错配，增加了金融风险的隐患。

本书提出，从解决融资难、融资贵，防范金融风险出发，当前需要充分保证经济发展对流动性的合理需求，取消对贷款规模的计划管理。降低直接融资门槛，推行股票、企业债券发行注册制改革，赋予企业较大的上市、发债自主权。分离银行的政策性业务和商业性业务，今后，政策性银行只从事政策性业务。对各银行已有的政策性业务与商业性业务，实行分账管理、分类考核、分类监管。建立两种业务的防火墙，银行内部不再进行交叉补贴。

产业政策

前两年，林毅夫、张维迎两位学者之争把产业政策推上舆论焦点。总体上看，学界对产业政策肯定少、贬低多。很多学者甚至将产业政策与长官意志、计划经济画上等号。但是，在2018年的中美贸易摩擦中，美方把矛头直指中国制造业的产业政策，意在遏制这一产业政策创造的竞争优势。竞争者的态度恰又从反面说明，产业政策对促进产业发展发挥了令人生畏的巨大作用。

世界上具有较强竞争力的经济体，大都经历了类似的发展阶段，包括生产要素驱动阶段、投资驱动阶段、创新驱动阶段、财富驱动阶段。对众多后发国家而言，凡是有发展抱负的政府，无不需要选择正确的竞争策略，产业政策便是实现赶超战略的重要政策工具。它们在经济发展中的作用是，看准自身所处的发展阶段，不作出逆潮流而动的决策。同时，采取适当的发展政策，加快发展速度，提高民生福祉。目前，我国拿得出手的"中国名片"，其背后大都有产业政策的身影。本书试图用案例说明，产业政策如同国之重器，不可轻易言弃。同时应看到，随着一些领域出现产能过剩以及数字革命的来临，我国需要制定新的符合发展实际和国际规则的产业政策。

在发展大局中定位环境保护

我国的发展成就令世界瞩目，环境恶化也令世界侧目。发展与保护，孰轻孰重？很多发达国家的经历是，从忽视环保到重视环保，再到极端环保，之后回归理性，逐步在可持续发展上达成共识。目前，国际社会普遍公认，可持续发展包括经济发展、社会进步、环境保护三大支柱，它们彼此间相互依存、相互加强而不是相互对立。

我国对发展与保护的认知也在不断进步。片面强调发展、忽视环境固然是错误的，但片面强调环境保护、限制发展同样不可取。长期以来，一些部门、机构和学者的政策诉求是先保护、再发展，这种观点在社会上有较大的影响。但应当看到，在工业化社会，没有强大的经济实力，就无法进行有效的环境保护。与国际上可持续发展理念相一致，我国采用了"在发展中保护、在保护中发展"的方针。

在经济、社会、环境三者关系上，我国对环境保护、环境与经济发展的关系研究较多，但对环境与社会发展的内在关系研究尚不充分。在中国环境与发展国际合作委员会（CCICED）的支持下，笔者有幸成为国际合作课题"环境与社会发展研究"的中方首席专家（外方首席专家是联合国原副秘书长、联合国环境规划署原执行主任伊丽莎白·多德斯韦尔女士）。这一研究创建了环境与社会发展关系"三个维度"的理论框架，包括环境保护价值观念、环境行为、环境公共治理。提出在价值观念上，要推动全社会形成环境保护的主流价值观念；在环境行为上，倡导公众健康生活方式，落实企业的环境责任，促进和规范环保组织发展；在环境公共治理上，建立健全法规，完善环保社会风险的评估、沟通、化解、应急机制，提高环境基本公共服务水平。

值得一提的是，在研究报告提出的诸多政策建议中，其中一项涉及我国经济社会发展的总体规划。我们建议将五年规划从"经济社会发展规划"改为"国民经济、社会发展与环境保护规划"。在这一规划中，环境与经济和社会并列成为同等重要的内容。相应地，我国各级政府在每年两会上所提交的"国民经济与社会发展报告"也可以调整为"国民经济、社会发展与环境保护报告"。

之所以提出这一建议，一是可以将我国的发展规划与国际上普遍认可的可持续发展三大支柱相衔接。二是考虑到我国国民经济越来越成为一个高度复杂、高度一体化的巨型系统，社会生产、建设、流通、消费的各个领域，都不同程度地利用资源、影响环境，单独在某一个或几个环节推行节约环保，都难以从根本上缓解资源环境与经济社会发展的矛盾。因此，在我国的政策体系中，应将环境政策与经济发展政策、社会发展政策置于同等重要的地位。在制定发展政策时充分考虑环境保护的要求，从而建立起符合生态文明要求的国民经济体系和社会组织体系。

我国环境问题背后也有深刻的体制原因。以雾霾为例，大部分大气污染来源于能源使用。比如，煤炭清洁利用不够，可再生能源推广困难，优质能源比重低等。不合理的体制是经济粗放发展、能源粗放利用的重要原因。在环境治理上，传统的治理手段，如指标控制、项目审批、价格补贴等，在市场经济条件下已很难达到约束和激励企业的目的。为了消除大气雾霾，必须先推进能源市场化改革，解决"体制雾霾"。在环境治理中更多地引入现代公共管理理念和竞争机制，划清政府行为与企业行为的界限，减少政府审批和指标控制，把更多的精力放在对企业环境行为的全过程监管上。

用世界眼光谋划多边经济关系

市场化与全球化密不可分。我国的经济活动已经遍布世界，但参与全球经济治理还是一支新力量。全球经济治理主要通过一系列的国际组织、国际法以及各种形式的多边活动而实现。目前，我国还没有主动发起的、有约束力的国际条约。主动发起的国际组织已经实现零的突破，其中比较有约束力的是亚洲基础设施投资银行。

我国参与全球治理既需要学习、适应，也要为维护自身利益在规则制定上提出合理的意见。在参与的次序上，可以首先在亚洲特别是东亚的区域经济合作中成为主要力量，再谋求全球治理中的地位。

本书收入了笔者较早提出的亚洲金融合作的构想，主要是以区域性金融治理合作为重点，增进亚洲货币合作，建立亚洲基础设施建设金融机构，发展亚洲债券市场，提高我国在区域和全球金融治理中的影响力。

能源资源已经形成全球性市场，而不是区域性市场。本书提出了构建能源集体安全体系、全球能源治理机制、全球能源资源市场稳定机制等方案，对于在开放体系中保障我国的能源安全进行了探索。

今年是我国改革开放40周年，是什么带来了文明古国生产力的巨大飞跃？不同的专家可以从政治、经济、人文等各个角度进行回答。一个不争的事实是，我国结束了计划经济，走上了市场化改革的道路。正是在市场这只看不见的手的作用下，各类市场主体以惊人的速度创造了前所未有的财富。

让看不见的手做主，知亦难、行亦难。自上届政府以来，在"放管服"改革中出台了大量政策措施，但这仅是开始，更多改革从理论到实践还面临数不清的障碍。

茨威格在《到不朽的事业中寻求庇护》中写道："一个人生命中的最大幸运，莫过于在他的人生中途，即在他年富力强时发现了自己的人生使命。"笔者在国家计划委员会、国家发展计划委员会、国家发展和改革委员会工作12年，在国务院研究室工作13年，亲历、见证了党的十四大确立社会主义市场经济体制改革方向后，20多年来改革与发展的波澜起伏。在工作中，有幸接触到多个部门和行业的核心业务，窥见经济体制中内在的矛盾。因工作关系，我访问了很多发达国家，多次参加海外培训，与这些国家和国际组织的财经官员、专家学者进行了广泛深入的交流。这使我认识到，我国政府在市场经济条件下履职的时间还不长，政府的公共管理尚未实现现代化。在思想观念的现代化、政策工具的现代化、执行方式的现代化等方面，还有很长的路要走。

离开国务院研究室后，我将这些年的观察思考作了整理，内容涉及宏观调控和经济体制改革的多个领域。既有理论研究，也有政策建议。它们都有一条共同的主线：市场化取向。书中有些主张已经付诸实践，但大部分仍是对现实的分析，对未来的谋划。由于涉及的改革领域较多，专业跨度较大，书中所述还有不少偏颇不妥之处。今公诸于众，必深感惶恐，恳请方家指正。

最后要说的是，身处和平繁荣而又激烈变革的时代，许多时候，人们不是没有看到问题的存在，而是缺少表达意见的勇气；许多事情，不是没有突破的可能，而是缺少改变现状的胆识和智慧。坚定不移地推进改革，解放看不见的手，乃是我今后职业生涯中全力以赴要做的事。

自书为序，诚与同道共勉。

范 必

2018 年 11 月

理论思考："全产业链改革"突围供给约束

为什么近年来我国增长内生动力不足？哪些制度因素迟滞了发展？深水区改革何处着手？这些问题可以从供求关系上进行分析。

新常态以来，我国从需求约束为主进入到供给约束与需求约束并存的阶段，且供给约束成为矛盾的主要方面。供给约束的领域主要集中在土地、资本、劳动等生产要素，以及能源、药品等产品和部分公共服务领域。供给约束的成因很大程度在于供给侧体制僵化、行政干预较多、监管失当等，并造成资源配置效率降低，抑制了发展活力。

打破供给约束，根本途径是深化改革。改革的方向，既不是计划体制，也不是计划与市场并存的双重体制，而是社会主义制度下单一的市场经济体制。

为了对体制本身作更深入的解构，本篇引入"体制亚型"的分析方法，提出全产业链市场化改革的框架。同时强调，改革应当突破条块分割体制下"点式改革"的局限，在供给侧制定跨部门、跨行业、跨地区、跨所有制的综合性改革方案，通过"链式改革"将供给侧不完全市场化产业链改造为市场化产业链。

我国供给与需求关系的阶段性特征

由最简单的物与物交换，到各种复杂的均衡关系，供给和需求是经济学长盛不衰的话题。从古典经济学开始，主流学术界便将经济运行达到供需平衡作为理想状态。但是，各国实践表明，供需不平衡是常态。如果长期出现供给约束或者需求约束，就需要政府在供给管理或需求管理上采取一定的措施。在科学决策前，首先要对供给与需求关系的阶段性特征作出准确的判断。

供求关系是经济学研究的基本范畴

在宏观经济管理中，各国广泛运用经济学供求关系理论。早期的重商主义、重农主义就将供求关系作为主要研究对象。16世纪，英国采纳重商主义政策，走上崛起道路。古典经济学进一步对供求关系进行了系统研究。亚当·斯密提出，要想增加财富，就必须强调促进生产、总供给和增长。[1]19世纪初，萨伊提出供给自身会创造需求的理论。19世纪中期到20世纪初，以马歇尔为代表的、建立在萨伊定律基础上的新古典经济学占据了西方经济学主流地位。

---

① 参见［英］亚当·斯密：《国富论》，商务印书馆1963年版。

但是，萨伊定律无法解释和解决资本主义国家不断发生的生产过剩的经济危机。20世纪二三十年代的"大萧条"催生了凯恩斯主义，替代萨伊定律成为西方正统经济学①，并在资本主义国家得到广泛应用。凯恩斯认为，不是供给本身会创造需求，而是有效需求决定了产出和就业，从而决定了供给。②

20世纪70年代，美欧经济滞胀，凯恩斯主义失灵，供给学派崛起。供给学派认为，经济的进步"始终依赖于供给者创造能力"，必须把需求有效地创造出来。③供给学派对里根和撒切尔夫人施政产生较大影响。通过实施一系列供给管理政策，美国保持了65个月的持续增长；英国摆脱了经济"走走停停"、高通胀、高失业、低效率的"英国病"。

此外，新古典经济学、制度学派、新凯恩斯主义等学派也基于供求关系从不同角度提出了自己的理论框架。回顾经济学的发展历程，不难看出，对供求关系的研究是经济学说史的一条主要脉络。

西方国家供给约束与需求约束交替演进

在西方经济学中，基本不使用供给约束和需求约束的提法，但大量经济学研究和政策实践的目的，是为了突破供给约束和需求约束。对供给约束和需求约束的分析，可以从新的视角揭示经济发展规律和供求关系的内在机理。

---

① 参见蒋自强等：《当代西方经济学流派》，复旦大学出版社1996年版，第164页。

② 参见〔英〕凯恩斯：《就业利息和货币通论》，商务印书馆1963年版。

③ 参见〔美〕乔治·吉尔德：《财富与贫困》，上海译文出版社1985年版。

18世纪60年代工业革命以前的漫长时期内，人类社会生产力水平低下，物质财富积累缓慢，一直处于所谓的"马尔萨斯陷阱"①之中，经济呈现典型的供给约束。

随着工业革命的出现，以英国为首，许多西方国家的经济成功地实现了快速发展。世界范围内人均资本产出的增长率也从1500—1820年间的0.05%增加到1870—1913年间的1.3%。②工业革命后，产生了一个机械化工厂体系。它以迅速降低的成本生产出大量商品，以致不再依赖现有的需要，而是创造出新的需要。③工业革命的出现，促使古典经济学系统探究财富生产方式巨变背后的动力。亚当·斯密认为，自由市场经济、劳动分工、资本积累是改善生产力、促进社会繁荣的主要因素。大卫·李嘉图基于比较优势提出自由贸易理论，认为这种贸易安排能让各国得到更多的利益。综合而言，古典经济学的研究一直是围绕如何扩大生产、增加财富展开和深化的。从供需角度看，就是致力于解除供给约束。

古典经济学另一代表人物萨伊甚至直白地说，供给自动创造需求，经济会自动走向平衡。但事实证明，解决了供给约束并不总是带来供需平衡。上世纪二三十年代，西方爆发了严重的经济危机，生产

---

① 即人均资本产出以及人口增长率从总体上看都处于一个较低的水平。当人均资本产出略微增加时，带来人口的增加。这反过来又稀释了人均资本存量，从而降低了生产率。在"马尔萨斯陷阱"或者马尔萨斯体制下，经济的发展会带来人们对生存区域的扩展，或者在一个地区人口密度的增加，但未能使人们的生活变得更加富裕。

② 参见赵亚奎：《马尔萨斯陷阱、人口转变与经济腾飞》，《世界经济情况》2008年第12期。

③ 参见［美］斯塔夫里阿诺斯：《全球通史》，董书慧等译，北京大学出版社2005年版。

普遍过剩，陷入"大萧条"。生产过剩危机实质是供给扩张后，需求并没有同步扩张，或者是扩张幅度较小，由此形成的较为严重的供过于求。因此，凯恩斯提出，有效需求不足成为经济危机的主要根源，政府必须强力介入经济，通过采取刺激需求的手段，实现供求平衡。需求刺激理论为美英等国采纳，直至上世纪 70 年代初，需求管理政策一直居于正统地位，西方国家由此获得新一轮高速成长。

上世纪六七十年代，滞胀危机开始笼罩西方世界。经济增长停滞和通货膨胀并存，政府过度干预不但没能将经济拉出泥潭，反而引发较大的动荡，破坏了市场规则。此时，供给约束愈发突出，理论界供给学派兴起，提出减税、减福利、促进生产等扩大供给的政策主张，为政府采纳。英美等国逐渐摆脱滞胀局面，重新步入快速发展阶段。

二战以后，苏联和东欧社会主义国家组成计划经济阵营。实行高度集中化、垂直等级管理结构，非价格信号起支配作用，而价格、货币和利润的作用相当微弱。政府根据指令性计划指标对经济进行控制。① 在这一套计划体制之下，社会主义国家始终摆脱不掉普遍的产品短缺、供不应求状况，直至 1991 年苏联解体。

科尔内对比资本主义国家和社会主义国家的企业后分析认为，古典资本主义企业的运行主要受需求约束；而传统社会主义企业的运行主要受资源约束，企业的生产计划具有指令性质，由上级在资源约束水平上规定。② 卡莱斯基认为，资本主义和社会主义增长的实质区别就是，前者由需求方面决定，而后者由供给方面决定。捷克斯洛伐

---

① 参见 [匈] 亚诺什·科尔内：《短缺经济学》，张晓光等译，经济科学出版社 1986 年版，第 35、37 页。

② 参见同上书，第 3 页。

克经济学家戈德曼和库巴指出，社会主义的增长受到各种障碍的约束：人力障碍、外贸障碍，等等。① 这些都可以归结到供给约束。

总体上看，西方市场经济国家经历了从供给约束为主，到供给约束与需求约束交替演进的发展历程。社会主义国家长期以供给约束为主，市场化改革后，也进入了交替演进的行列。当前，美欧等主要经济体市场机制完善，一般情况下政府基本不直接干预微观经济运行，企业自主决定生产和投资，不存在明显的供给约束。2008 年国际金融危机以来，全球普遍陷入需求低迷状况，需求约束成为主要矛盾。

我国供给约束与需求约束从交替到并存

我国经济的周期性波动主要源于供求关系的变化。20 世纪 90 年代以前，受计划经济影响，供求矛盾主要表现为供给约束。20 世纪末结束短缺经济后，供求矛盾主要表现为需求约束。1998 年开始，我国一直实行扩大内需的政策，成效十分明显。2014 年以来，我国经济增速放缓，是供给约束与需求约束相交织的结果。

我国供求矛盾的演变可分为以下几个阶段。

第一阶段，"一五"计划时期至 1998 年，是供给约束阶段。从 1953 年起，我国开始实施第一个五年计划，到 1975 年"四五"计划结束，国民经济几起几落，生产资料和一般消费品长期处于短缺状态。1978 年党的十一届三中全会召开，确定将全党工作重点转移到社会主

---

① 参见 [匈] 亚诺什·科尔内：《短缺经济学》，张晓光等译，经济科学出版社 1986 年版，第 35、37 页。

义现代化建设上来，实行对内改革、对外开放的政策。[①] 之后全国经济形势实现根本扭转，供给能力逐渐提高。1992 年初，邓小平南方谈话打破了姓"资"姓"社"争论对改革的困扰，提出了"三个有利于的标准。[②] 同年召开的党的十四大确定了建立社会主义市场经济体制的改革目标。[③] 1993 年，党的十四届三中全会构建了社会主义市场经济体制改革框架。[④] 此后，改革按照这一框架整体推进、重点突破、势不可挡。"九五"期间，GDP 年均增长速度达 8.3%，有效供给水平明显提高。

第二阶段，1998—2014 年，是需求约束阶段。1998 年，随着供求矛盾的缓解，时任国家计委主任曾培炎首先提出，经过改革开放 20 年的发展，我国国民经济进入新阶段，实现了由卖方市场到买方市场的历史性转变。经济增长呈现由供给约束向需求约束转变。[⑤] 同年，时任国家计委政策研究室主任郑新立指出，保持经济持续快速增长的主要制约因素，已经由供给制约为主转变为需求制约为主。[⑥] 到

---

① 参见《中国共产党第十一届中央委员会第三次全体会议公报》，1978 年 12 月 22 日通过。

② 参见邓小平：《在武昌、深圳、珠海、上海等地的谈话要点（一九九二年一月十八日——二月二十一日）》，《邓小平文选》第三卷，人民出版社 1993 年版，第 372 页。三个有利于是指，是否有利于发展社会主义的生产力，是否有利于增强社会主义国家的综合国力，是否有利于提高人民的生活水平。

③ 参见江泽民：《加快改革开放和现代化建设步伐，夺取有中国特色社会主义事业的更大胜利》，人民出版社 1992 年版。

④ 参见《中共中央关于建立社会主义市场经济体制若干问题的决定》，人民出版社 1993 年版。

⑤ 参见曾培炎：《国内外形势要求我们立足扩大内需》，《曾培炎论发展与改革》上卷，人民出版社 2014 年版，第 231—232 页。

⑥ 参见郑新立：《扩大内需：我国新经济政策详解》，《郑新立文集》第七卷，中国社会科学出版社 2016 年版，第 307 页。

2000 年，供过于求的比重达 80％，供求基本平衡的占 18％，供不应求的商品只占 2％。城乡居民蛋白食物人均占有量已超过世界平均水平。[1] 从 1978 年改革开放到"九五"期末，我国经济发展实现了从供给约束向需求约束的转变。

为应对供需结构逆转，我国宏观政策重点转向扩大需求。1998 年 2 月，中共中央、国务院发出《关于转发〈国家计划委员会关于应对东南亚金融危机，保持国民经济持续快速健康发展的意见〉的通知》，强调要"立足扩大国内需求，加强基础设施建设"。这是中央文件中第一次明确将"扩大国内需求"作为一项政策提出来。此后，"扩大内需"一直被作为经济发展的长期战略方针。

第三阶段，2014 年前后至今，是供给约束与需求约束并存阶段。2014 年 5 月，习近平总书记在河南考察时首次提及新常态。我国经济进入新常态后，在供求关系上呈现出新的特征。一是需求约束仍然很强，投资、消费、净出口三驾马车持续乏力。GDP 增速已经由 2010 年的 10.6％下降到 2017 年的 6.9％，投资增速由 24.5％下降到 7％，消费增速由 18.4％下降到 10.2％，货物进出口增速由 34.7％下降到 14.2％。二是供给约束更加突出。在供给结构中，土地、资本、劳动等生产要素，以及能源、医疗、教育等产品和服务领域出现供给不足，难以满足需求结构的变化。在供给约束与需求约束并存的环境中，供给侧是矛盾的主要方面。

---

[1] 参见曾培炎：《辉煌的五年 卓越的成就——国民经济和社会发展"九五"计划胜利完成》，《人民日报》2000 年 9 月 20 日第 2 版。

经济学供求关系理论在新常态的最新应用

　　经济学从诞生以来，就成为安邦兴业、经世济民必不可少的学问。其理论广泛应用于各国宏观经济管理实践，我国也不例外。在需求管理方面，我国吸收借鉴了凯恩斯主义、货币主义等理论和西方国家宏观调控实践中的有益成分，通过实施财政政策、货币政策、投资政策，在多个经济周期中，有效抑制了通货膨胀、防止了经济过热、摆脱了通货紧缩。在供给管理方面，改革开放之初，我国就引进了科尔内的短缺经济学，认识到计划经济存在的弊端；吸收了从古典经济学以来市场经济的理论精髓，如供求关系理论、厂商理论等，在生产资料和消费品领域推出了一系列市场化改革举措。上世纪末，我国结束了短缺经济时代，商品供求关系实现了由卖方市场到买方市场的历史性转变。那种认为我国只偏重需求管理忽视供给管理的观点是不符合实际的。

　　进入新常态以来，我国供给侧存在的矛盾和问题呈现出新特征，对经济中高速增长的约束日益凸显。针对这些情况，2014 年 12 月召开的中央经济工作会议指出，通过创新供给激活需求的重要性显著上升。[①]2015 年 11 月 10 日，中央财经领导小组第十一次会议上提出供

---

　　① 参见《中央经济工作会议在京举行》，新华网 2014 年 12 月 11 日，http://news.xinhuanet.com/politics/2014-12/11/c_1113611795.htm。

给侧结构性改革，强调要着力提高供给体系质量和效率，增强经济持续增长动力。[1] 从"十三五"规划开始，我国将供给侧结构性改革[2] 确立为经济发展主线。[3]

供给侧结构性改革的提出，是经济学供求关系理论在新常态的最新应用。它既从我国实际出发，又借鉴了国外供给管理与需求管理的经验；既坚持了转方式、调结构的既定发展方针，又开拓了宏观经济管理的新思路，具有重大理论价值和实践意义。

第一，丰富了建设现代化经济体系的内涵。党的十九大提出了建设现代化经济体系的任务，内容涉及发展实体经济、建设创新型国家、乡村振兴、区域协调发展、完善社会主义市场经济体制、全面开放等广泛的领域。供给侧结构性改革既是主线，也是战略措施；既包括一系列产业发展、结构调整的举措，也涵盖了一系列体制创新的任务。在供给侧改革的框架下，改革与发展、速度与质量、传统动能与新动能、虚拟经济与实体经济实现了有机的统一。通过完成供给侧改革的阶段性任务，将有利于我国形成与经济全球化、市场化相适应的现代化经济体系。

第二，健全了宏观经济管理体系。虽然我国宏观经济管理中一直兼顾需求管理和供给管理，但近 20 年来对需求管理手段用得较多，重视程度较高，也形成了较为完善的理论体系和政策体系。提出供给

---

[1]　参见《习近平主持召开中央财经领导小组第十一次会议》，新华网 2015 年 11 月 10 日，http://news.xinhuanet.com/politics/2015-11/10/c_1117099915.htm。

[2]　"供给侧结构性改革"简称"供给侧改革"。

[3]　参见《中华人民共和国国民经济和社会发展第十三个五年规划纲要》，人民出版社 2016 年版。

侧改革，意味着在宏观经济管理中将增加供给管理的分量，协同发挥供给管理与需求管理的作用，有利于推进国家治理体系和治理能力现代化。

第三，坚持和发展了转方式、调结构的既定发展方针。1995年党的十四届五中全会提出转变经济增长方式[1]，"九五"计划作出了具体部署[2]。历经"十五"计划、"十一五"规划，"十二五"规划中将"加快转变经济发展方式"[3]确立为发展主线[4]。也就是说，供给侧结构性改革是与加快转变经济发展方式同等重要的指导方针。强调"结构性改革"，体现了推进经济结构战略性调整是加快转变经济发展方式的主攻方向[5]，是对过去20年转方式、调结构方针的继承。"结构性改革"又将结构调整落脚于改革，强调不是靠传统的计划手段、行政办法，而是靠市场化改革、完善市场机制推动结构调整。从这个意义上讲，结构性改革又是对转方式、调结构方针的进一步深化和发展。

第四，体现了宏观经济管理远近结合的客观需要。凯恩斯主义将需求管理看作短期管理。马歇尔指出，在短期内，需求在市场价值

---

[1]　1995年党的十四届五中全会提出，"实现从传统的计划经济体制向社会主义市场经济体制、从粗放型增长方式向集约型增长方式的两个根本转变"。

[2]　参见李鹏：《关于国民经济和社会发展"九五"计划和2010年远景目标纲要的报告》，人民出版社1996年版。

[3]　2007年党的十七大报告将"转变经济增长方式"调整为"转变经济发展方式"。

[4]　参见《中华人民共和国国民经济和社会发展第十二个五年规划纲要》，人民出版社2011年版。

[5]　参见胡锦涛：《坚定不移沿着中国特色社会主义道路前进　为全面建成小康社会而奋斗——在中国共产党第十八次全国代表大会上的报告》，人民出版社2012年版。

形成时更起作用；而在长期内，供给起着决定性作用。① 我国学者也广泛接受这一观点。在宏观管理实践中，采用需求管理手段解决短期问题、周期问题，将供给管理作为解决长期问题的工具。因此，在经济发展中，供给管理和需求管理不是非此即彼的关系，而是发挥着相互补充、相互支撑的作用。

一些学者认为，我国推出供给侧结构性改革与里根、撒切尔夫人一样，是接受了供给学派的主张。对这一观点应当作具体分析。一方面，中外在供给管理上有一些共同点，如经济发展都面临供给效率不高问题，在政策层面都主张减轻税负、减少政府对微观经济的直接干预等。另一方面，中外供给管理在多个方面存在根本性差异，不能把供给侧结构性改革看成是西方供给学派的翻版。

第一，发展基本面不同。20 世纪六七十年代，美英实施供给学派主张的背景是，经济出现滞胀，需求管理失效，凯恩斯主义束手无策。政府债务激增，财政赤字高企。较高的社会福利增加了生产成本，使企业竞争力下降，拖累了经济增长。我国提出供给侧改革面临的形势与之完全不同：经济发展基本面良好，虽然增长下行压力很大，但仍然保持了中高速，CPI 增速较低，不存在滞胀问题。扩大投资对经济增长起了关键作用，需求管理仍然有效。政府债务水平有所提高，但保持在安全范围内。社会保障体系尚不健全，不存在福利过高问题。

第二，施政方向不同。历史上，美英无论是实行凯恩斯主义，

---

① 参见尹伯成主编：《西方经济学说史》，复旦大学出版社 2005 年版，第 215—222 页。

还是采用供给学派主张，往往倚重于单一学派的理论。为了应对滞胀，几乎都放弃了凯恩斯主义，转向供给管理。与之相比，我国在宏观经济管理实践中，运用了辩证唯物主义思想，不是孤立地进行供给管理或需求管理，而是从供需两端发力，在适度扩大总需求的同时，突出抓好供给侧结构性改革，使供给和需求协同促进经济发展，提高全要素生产率。①

第三，政策措施不同。主要表现在几个方面。一是财政政策。英美大力削减政府开支，减少政府债务。我国则是实施积极财政政策，通过增加赤字、扩大政府支出拉动内需。二是货币政策。英美紧缩货币发行，抑制通货膨胀。我国实行稳健的货币政策，保持流动性合理充裕，努力降低社会融资成本。三是福利政策。英美普遍削减福利。我国虽然要精简归并和降低"五险一金"缴纳比例，但并不减少社会福利，而且要通过"补短板、兜底线"，完善社会保障措施。四是就业政策。英国撒切尔政府实施了打击工会的政策。我国供给侧改革中需要去产能、去库存，对富余职工采取转岗就业、扶持创业、内部退养、公益性岗位安置等方式，维护其合法权益。

---

① 参见李克强：《政府工作报告——2016 年 3 月 5 日在第十二届全国人民代表大会第四次会议上》，人民出版社 2016 年版。

两个维度构建供给侧分析框架

推进供给侧结构性改革，首先需要明确供给侧这一概念的范围。目前，理论界主要有以下几方面的观点。一是从总量角度分析，认为供给侧包括投资、劳动、效率等方面。二是从生产要素的角度进行分析，认为供给侧包括土地、资本、劳动、制度、创新等生产要素。三是从多个视角进行分析，认为供给侧主要包括生产要素、结构调整，以及政府管理体制和国有企业改革等方面。这些分析都有其合理性，但从构建供给侧改革的政策体系看，还应建立对供给侧覆盖更为全面、更容易让实际工作者掌握的分析框架。

微观经济学将市场分为生产要素市场和产品市场[①]，与之相对应，供给侧产品的生产也可以从两个维度去分析，一是生产要素的生产，二是产品和服务的生产。

生产要素是指进行社会再生产所需要的最基本的资源。在现代经济学中，生产要素覆盖了社会生产经营活动所需的各种资源。一般认为，劳动、土地、资本是最重要的生产要素。随着经济社会发展，矿产资源、管理、技术、信息等也被纳入了生产要素范畴。

---

① 参见高鸿业：《西方经济学》第 5 版，中国人民大学出版社 2011 年版，第 15 页；[美] N. 格里高利·曼昆：《宏观经济学》第 6 版，中国人民大学出版社 2009 年版，第 44 页。

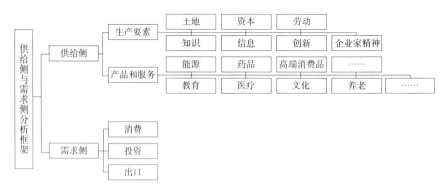

图1　供给侧与需求侧分析框架

　　生产要素以外的产品和服务内容十分广泛，其中大部分在我国实现了供求平衡、市场配置资源，需要纳入供给侧改革分析框架的，是那些存在供给约束、消费者缺少选择权的产品或服务。如能源、部分药品和高端消费品等物质产品，优质教育、医疗、养老、文化娱乐等服务产品（见图1）。主要原因是供给侧体制僵化、行政干预较多、监管失当。

供给侧改革要着重打破供给约束

在我国，供给约束主要表现为，供给方对价格信号不敏感，价格未能对供给变化发挥应有的调节作用，供给结构不能适应需求结构的变化。供给约束的形成主要是来自政府对微观经济活动的干预，如总量控制、准入限制、政府定价等。

供给约束形成机理

这里，从供给侧分析的两个维度出发，选择若干生产要素、产品和服务领域，对形成供给约束的机理进行分析。

土　地

我国城镇化、工业化都需要土地。土地的供给侧只有两个主体——国家和农村集体。土地使用权作为商品，其价格难以反映实际的供求关系，也无法通过市场进行最优的配置，增加了其资源稀缺性。由于土地供给约束，造成供求矛盾突出，城镇化空间不足，各类投资建设用地成本上升、周期拉长。

土地供给约束的原因，一是对土地实行严格的计划管理。任何一个地方的城镇化、工业化进程，对土地需求的数量、位置、时间不同，土地管理部门采用土地规划、用地计划、土地用途管制等计划手段配置土地资源。在计划供地方式下，政府每年根据上年土地利用情况和人口增加规模等因素，几乎是匀速供应土地。这种供地方式难以灵活地满足城市建设、企业发展对土地的需求，造成有的地方供不应求、"地王"频出；有的地方土地供大于求、无人问津。

二是土地审批层次高、重复审批多。除村民建房和乡镇企业、乡村公益设施建设外，建设占用土地均需报国务院或省级政府审批。审批分为直接审批和间接审批，涉及的部门多、事项多、标准多。近年来，一片土地从规划开发到实际开工，拖延的时间越来越长，降低了供地效率，对扩大投资、扩大内需形成巨大制约。

三是土地市场发育严重不足。现行法规将土地按所有制分为国有土地和农村集体土地，政府完全控制国有土地一级市场，并在这个市场中对房地产开发用地、商业用地、工业用地执行不同的价格。国有土地使用权被分割在 3 个市场中进行交易。农村集体土地又分为农用地、宅基地和农村建设用地，其权能受到严格限制，无法自由进入市场交易。

资　本

企业发展和居民生活都离不开各种金融产品，如贷款、股票、债券等。这些金融产品的供给侧为中央银行、金融企业、工商企业和政府。资本市场的供给约束表现为，货币发行总量较大，但金融产品供给不足，资金价格长期居高不下。资本市场低效供给向下传导，造成了实体经济融资难、融资贵，影子银行非正常扩张，金融风险增加等一系列问题。

资本市场供给约束的原因，一是银行贷款规模计划管理。贷款规模管理是计划经济时期国家对现金投放进行管理的主要手段，1998年起改为指导性计划。2011年起，央行通过窗口指导等手段，事实上重拾贷款规模的指令性计划管理，称为"合意贷款"。计划期从过去按年分季下达变为按月甚至按旬下达。在实际执行中，贷款规模层层分解，到基层支行甚至按日制定规模，不得突破，不得借用。由于信贷规模的发放额度、发放时间、发放结构与信贷市场的供求关系脱节，市场需要资金时往往额度不足。在贷款规模指标控制下，造成整体信贷资源稀缺。银行巨额存量信贷资源无法通过正常的信贷渠道发放，只好以创新为名，开展同业、信托、理财等业务，实质是绕开监管变相发放高利率贷款，即影子银行业务。这增加了企业融资成本，其中隐藏的金融风险也不可小视。

二是金融产品发行审批制度。我国股票发行已经从审批制过渡到核准制，注册制改革也已提上日程。但是，债券发行审批改革仍然滞后，抑制了债券市场规模。目前，国家发展改革委和证监会主管的企业债、公司债等品种仍需事前审批。发行审批门槛较高，把大量中小企业拦在门外。不仅如此，近年来地方债发行也实行了审批制。债券市场的规律是高风险高收益、低风险低收益，风险由债权人和债务人自行承担，主管部门完全可以放开审批，满足市场对债券产品的需要。

三是银行政策性业务与商业性业务不分。政策性金融业务带有明显的国家意志，而商业性业务则应当由银行完全按市场规则自主审贷、自负盈亏。在政策性银行成立之前，我国政策性银行业务基本上由工农中建 4 家专业银行① 分担，银行一定程度上成了财政的"提款机"。专业银行为了盈利，倾向于多做商业性业务，少做政策性业务。但是，当商业性业务出现亏损时，又往往归到政策性业务上，最终还是由国家来弥补亏损、承担风险。在 1994 年银行体制改革中，专业银行开始向真正的商业银行转型，同时剥离专业银行的政策性业务，组建了 3 家政策性银行②。但是，近 20 年来，银行政策性业务与商业性业务分离的改革任务不仅没有完成，甚至出现了倒退。政策性银行加大了商业性业务的比重。商业性银行则将部分贷款用于公益性强、回报率低、还款周期长的政策性领域，出现了贷款投向与政策性银行同质化现象，挤占了信贷规模，加剧了期限错配，助长了影子银行发展。政策性业务与商业性业务不应再这样"混搭"下去。

能 源

能源供给侧的产业集中度非常高，主要的供给主体是电网企业和三大油气企业③，它们直接为企业和居民提供电力、成品油、天然气等能源产品。虽然我国掌握了世界上最先进的能源技术，但能源供给约束的问题仍很严重，表现为能源利用粗放、代际更替滞后、能源价格缺乏竞争力、煤电矛盾长期得不到解决等。消费者只能承受低效率、高价格的能源供给。

---

① 工农中建 4 家专业银行指中国工商银行、中国农业银行、中国银行、中国建设银行。

② 3 家政策性银行为国家开发银行、中国进出口银行、中国农业发展银行。

③ 三大油气企业指中国石油天然气集团有限公司、中国石油化工集团公司、中国海洋石油集团公司。

能源供给约束的原因，主要是能源商品属性不完整，市场竞争不充分。一是直接计划。能源是传统计划经济时期计划管理最严格的领域，迄今为止仍保留着大量计划指标。比如，各地制定发电量计划，对各个机组平均分配发电时间；电力的上网电价、销售电价仍由国家定价。由于电量和电价是由计划决定而不是供求关系决定，加剧了煤电矛盾。电煤价格快速上涨，电价调整滞后，造成发电企业大量亏损；电煤价格大幅下降，电力供大于求，但电价不会相应下降。又比如，近年来，全球油气价格大幅下跌，但国内成品油和天然气调价滞后，消费者仍然要承受高油价、高气价。使用计划手段模拟市场的定产量、调价格，无法灵活地适应供求关系和国际市场变化。

二是双重体制。能源领域中很多行业正处在计划经济向市场经济过渡阶段，计划与市场并存的双重体制特征明显。三大油气企业、电网企业的前身是国务院组成部门，虽已转制为企业，但原有运行机制并未得到根本改变。煤炭、电力、油气企业中国有经济比重很高，尽管国家没有向其下达指令性计划，但有关主管部门仍可以通过考核、审批、人事任命、兼并重组等方式，达到管人管事管资产的目的。这类企业很多又是上下游一体化经营，在行业中产业集中度较高，可以利用市场支配地位不向第三方开放、不让社会资本进入，一定程度上抑制了竞争，扭曲了供求关系。

三是监管不足。能源是网络型垄断行业较多的领域，包括电网、油气管网、城市电网和气网。这些网络经营者既是能源的购买者也是销售者，处于自然垄断地位。世界各国网络型垄断行业的改革思路一般是"放开两头，管住中间"，党的十八届三中全会提出"网运分开、放开竞争性业务"①。监管主要体现在对网络输配业务单独定价，监督网络向第三方无歧视开放，网络建设向各类投资主体开放。目前，我国能源主管部门缺少对能源网络型垄断行业的经营成本、合理利润、市场准入的监管。能源消费者缺少选择权，也不具备议价能力，只能被动地接受国家定价。

药 品

人民群众普遍希望用上好药、新药、放心药，但我国的药品供给总体质量不高，"劣药驱逐良药"现象突出，国外发明的新药一般要 10 年以上才能进入我国。

虽然我国药品生产企业众多，但仍不能满足群众用药需求，很大程度上缘于药品监管体制改革滞后，无法优化现有供给结构。世界上绝大部分国家将科学标准作为评判药品安全性、有效性的唯一标准。我国药品监管也坚持这一原则，但在实际工作中，很多因素干扰药品标准制定、审评审批、执法监督。比如，20 世纪 90 年代，由于把关不严，大量没有临床价值的药品由"地方标准"转为"国家标准"；为照顾民族感情，对民族药实行宽松政策；为维护社会稳定，对一些不达标、不合格的药企从轻处罚；等等。在诸如此类的因素影响下，市场上出现了大量"合格的无效药"。

以上在供给侧分析框架下，以土地、资本为例，分析了生产要素的供给约束，以能源、药品为例，分析了产品和服务的供给约束。此外，供给约束现象普遍存在于其他生产要素、产品和服务领域。如各种房屋

---

① 《中共中央关于全面深化改革若干重大问题的决定》，人民出版社 2013 年版。

限购、汽车限购以及捆绑在户籍制度上的社会保障等，抑制了劳动力市场的活力，限制了人才流动；在社会发展领域，优质教育、医疗资源不足；等等。这些问题长期得不到解决，抑制了供给侧的活力。

解困供给约束的思路

虽然我国不再实行高度集中的计划管理，但在各个部门，尤其是与生产要素领域有关的地方，计划管理方式仍在运行，计划与市场并存的现象还很普遍。供给侧改革必须触及这些改革难点。由于改革涉及的利益主体更为多元，只有在矛盾的关键点"切上一刀"，才能真正做到壮士断腕，将改革推向深入。

第一，取消造成供给约束的计划指标。与计划经济时期不同，当前计划管理的特点不是高度集中，而是分散在各部门、各地方。对此，应当抓紧作一次全面清理。一是清理土地计划、贷款规模计划、发电量计划等计划管理方式。对可以取消的计划指标坚决取消，有些一时难以取消的计划可以先转变为指导性计划。二是重新审视各种约束性指标分解下达情况。落实约束性指标要考虑地方实际情况，做到几上几下、上下结合、综合平衡、留有余地。三是对必须保留的计划指标和约束性指标，要引入第三方监督，防止出现部门自定指标、自己落实、自我监督的局面。

第二，清理造成供给约束的审批事项。长期以来，行政审批制度改革在横向分权与集权、纵向放权与收权之间徘徊。供给侧改革应当从根本上改变这种循环。对所有市场主体能够自主决定的交易事项一律取消审批，而不仅仅是下放或分散审批权限。只有这样，才能激发市场活力、从根本上解放生产力。比如，金融产品的发行应以注册制为主，尽量放开审批；在房地产开发的产业链上，从购地到最后商品房成交，一般要经过 200 多道审批程序，极大地增加了交易成本，可以大为简化。

第三，大幅度放开供给侧市场准入。供给侧各产业领域的经营许可应面向所有的企业和居民实行无差别准入，特别是在产业集中度比较高的领域，如能源行业，应取消各种形式的特许经营、国营贸易①，保证各类所有制经济依法平等地使用生产要素、公开公平公正地参与市场竞争。

第四，加大对网络型垄断行业的改革和监管。对油气、电力、城市水电气等网络型垄断行业，应当按照政企分开、主辅分离、网运分开、放开竞争性业务的顺序进行改革。在网运分开后，国家应对网络型企业单独定价、单独监管，确保其获得收益合理，并向第三方无歧视开放。

第五，以问题为导向制定一揽子改革方案。当前突出的供求关系矛盾，表现在交易环节，原因则在供给侧的产业链上。应当由无利益相关性的机构，在全产业链利益最大化的原则下，制定系统性改革方案。

烦苛管制必然导致停滞与贫困，简约治理则带来繁荣与富裕。②供给约束很大程度上来源于不正当的行政干预，这些由政府行为制造的问题，也只有政府采取措施才能根本解决。

---

① 有特殊安全和技术要求的除外，如核电运营。

② 参见李克强：《深化简政放权放管结合优化服务，推进行政体制改革转职能提效能——在全国推进简政放权放管结合优化服务改革电视电话会议上的讲话》，2016年5月9日。

从"点式改革"到"链式改革"

供给侧改革的根本途径是深化改革。[①] 我国在计划经济体制向社会主义市场经济体制转轨过程中，各个行业和地区进度不一，全面市场化改革的任务尚未完成。在条块分割的体制下，经济领域中的问题，如果只对行业自身或在某一地区范围内进行改革已很难找到解决途径，需要探索新的研究视角、分析框架和解决路径。

条块分割带来的改革难题

在我国市场化改革初期，国家只要减少计划、放开市场，就能解放生产力，带来巨大的"红利"。当这些"红利"释放完后，形成了计划、市场并存的局面。虽然中央明确了市场化的改革方向，但各方面对市场化目标、路径、效果的认识并不一致，使改革处于前所未有的复杂局面。这种困难在更深层次上体现为方法论上的困境，主要包括以下几个方面。

问题导向受制于条块分割。1993 年开始，我国从增量改革、局

---

① 参见《中央经济工作会议在京举行》，新华网 2016 年 12 月 16 日，http://news.xinhuanet.com/politics/2016-12/16/c_1120133804.htm。

部改革进入到全面深化改革阶段，但各项改革仍是以"条条"（行业、行政隶属关系）或"块块"（区域）为单位提出方案。这种改革可以看作是"点式改革"。"点"与"点"之间一直没有形成一种有效的办法对改革步调进行协调。近年来，很难为解决某个经济发展和结构调整问题，形成跨部门、跨行业、跨地区、跨所有制的改革方案。局部改革与全局改革缺少统筹协调。

目标模式辨识模糊。改革的目标是建立社会主义市场经济体制。这一点在全国上下基本达成了一致。但是，在实践中，什么是市场化改革，各参与方缺少共识。一些所谓改革措施以市场化的面目出现，实质上是计划手段的变种。

路径设计屈从于主管部门与既得利益。在改革决策过程中，行业主管部门以及行业中具有优势的国有企业具有较大话语权。遇到改革的不同意见，为避免矛盾激化，决策部门往往取"最大公约数"。由于改革路径的选择并不完全基于公共福利最大化，出台的改革方案往往成为权宜之计，达不到预期的效果。

行政主体与改革主体同构。近年来，大量的改革方案出自行业主管部门和地方政府，改革主体与行政主管部门几乎同构。改革主体在制定改革方案时，既要考虑公共福利的最大化，也不可避免地屈从于自身利益的最大化，当二者产生矛盾时，没有一个有效的制度可以保证不使公共福利让位于自身利益。比如，近年来出现的不少"以批代管"、"以审代管"政策，名义上是改革，实际上是加强部门权力。这与市场化改革的目标背道而驰。

现有体制分型的局限性

在以往的改革研究中，主要将经济体制分为计划体制、市场体制两种，也有学者将计划与市场并存的体制称为双重体制。这种粗线条的划分造成现有体制定位和改革目标模式定位的困难。

现有体制类型划分无法解释政府和企业的非典型行为。一般而言，理论界对计划体制和市场体制下政府和企业的行为形成了固定的认识模式，但在实际经济活动中，政府和企业的行为具有非典型性。比如，近年来，地方政府成立的平台公司大规模举债投资。这类公司行为体现了政府意志，但政府对企业没有下达指令性计划，不调拨企业的产品和资产，政府和企业行为不符合计划经济下企业的行为特征。这类公司具有较大的经营自主权，按照市场价格进行交易、招投标等活动，但在市场利率高企时仍在扩大借款和投资规模，不符合市场经济下企业的行为特征。类似这样的企业行为，既不能用计划经济理论也不能用市场经济理论进行解释。这种情况十分普遍。研究经济体制改革时，如何对现有体制进行定位便成了问题。

理论界对现有体制向计划与市场双向演变的可能性、发生条件及内在规律缺少研究。计划经济本质是管制经济，是政府对经济活动的干预。在我国宣布确立社会主义市场经济体制改革目标后，并不等于计划经济体制就消失了。在传统计划经济体制尚未完全改革到位的情况下，又出现了一些新的计划形式。一些行业仍在对企业制定产量、价格指标，并分解下达，以市场经济为名行计划经济之实。对于在什么条件下现有体制会向市场体制演进，什么条件下会向计划体制演进，其发生条件和内在规律如何，理论界研究明显不足。

对双重体制作为单独的制度形态缺少足够认识。理论界普遍认为，双重体制是计划体制与市场体制并存的简单组合，甚至对其积极评价超过了负面评价。事实上，经过长期演化，双重体制已形成一种新的制度类型，在这一体制下，政府和企业的行为与典型的计划体制和市场体制下的行为有很大不同。允许双重体制长期存在，会导致改革停滞，增大企业交易成本，影响经济发展质量。

忽视计划、市场、双重体制3种体制并存带来的危害和风险。这3种体制并存是计划经济体制向市场经济体制转轨过程中的现实存在。在3种体制环境下，不少企业一只眼睛盯着市场，一只眼睛盯着政府，造成了交易成本提高、寻租现象滋生、不公平现象增多，损害了社会公正和公共福利。这种体制带有明显的过渡性。但是长期以来，在实践中对这3种体制并存的现象采取了肯定和默认的态度。为解决这种体制下出现的各种矛盾，政府干预微观经济活动的现象明显增多。

从体制亚型的角度思考改革

制定任何领域的改革方案，首先要明确体制现状，然后才能确定改革目标。由于现有体制的分类方法过于粗泛，不足以解释很多政府和企业的行为，因此，有必要对每一种体制内部作进一步的分类研究。这里引入"体制亚型"的概念，即在同一组织制度下，因局部结构差异导致不同特征的体制类型。区分体制亚型的主要标准是，不同制度安排对企业生产产品的产量、价格、生产方向和生产规模的影响程度和影响方式。这里对每一种制度下的亚型进行初步分类和概述。

第一，计划经济体制及亚型。计划经济体制是指由政府对生产、消费、分配、交换等资源配置活动进行计划安排的经济体制。在确立社会主义市场经济体制改革目标后，计划经济体制在国民经济中仍大量存在，主要表现为政府对企业规模、产量和价格的控制。按计划手段划分，计划体制的亚型主要有两类。（1）直接计划。包括指令性计划和指导性计划。直接计划的方式包括指标控制、项目审批、价格管制等。（2）间接计划。间接计划管理手段也被称为经济杠杆，如国家利用利率、汇率、价格等手段对经济进行调节。我国确立社会主义市场经济体制改革目标后，不再称这些调控为计划管理，但与有计划商品经济时期的调节内容和对象没有本质的区别。

第二，市场经济体制及亚型。市场经济体制是以市场机制作为配置资源基本手段的经济体制。表现为主要依靠供求关系决定企业的规模、产量和价格。现代市场经济体制中政府职能主要体现为管制和市场监管。其体制亚型包括：完全竞争市场、垄断、垄断竞争、寡头垄断4种体制亚型。

第三，双重体制及亚型。双重体制是在资源配置上计划经济体制与市场经济体制并存的一种制度安排。依政府对产量、价格、生产方向和生产规模的影响程度不同，双重体制亚型初步认定有以下几项：（1）影子计划。政府对国有企业干预、考核，虽然没有直接下达指令性计划，也不称为指导性计划，但这些考核相当于计划目标。企业之间不同于传统计划经济时期产品靠调拨，而是按照市场原则与其他企业交易；交易的目的不是股东权益的最大化，而是为满足上级确定的考核指标。（2）垄断计划。有些行业是传统计划经济中实行指令性计划管理的领域，改革后在形式上转变为企业，其运行机制并未得到根本改革。这一体制兼具市场经济中垄断行业和计划体制下计划管理的特征，但并没有形成类似发达市场经济国家政府对垄断行业的有效监管。（3）外生计划。传统的计划手段，无论是指令性计划还是指导性计划，都是对价格、产量、效益等经济指标作出安排。近年来，在经济指标之外，又对企业增加了环保、节能、减排、减碳等方面的指标要求。这些指标同指令性计划指标一样层层分解下达，对企业的经济行为形成约束，但由于这些指标不是对经济指标的控制，可称之为外生计划。（4）差别管理。对产业中不同企业或不同产品实施不同的管理方式。这种差别有的体现在所有制上，有的体现在政府确定的方向和先进性上。体现在价格上即价格双轨制。

双重体制各个亚型的共同特点是，政府对企业的行为进行干预，但干预的方式既不同于传统的直接计划、间接计划，也不同于市场经济条件下政府对企业的正常监管，具有相对独立的特征。

基于体制亚型的全产业链市场化改革分析框架

一个国家的经济体系是由数量众多的产业所组成，经济运行中的问题一定可以具体到某一个产业领域，而所有的产业又都是某个产业链中的一个环节。在我国，造成经济运行问题的体制原因，有的来自问题产业本身，有的则来自其上下游其他产业。现代产业的竞争已经从单个企业的竞争扩展到了产业链的竞争。因此，从产业链的角度研究改革思路，有利于克服条块分割带来的难题。

产业链是对具有供求关系、技术衔接、能够形成上下游关系的产业之间经济活动的集合。一个产业链包括多个环节，每一个环节的体制属于计划体制、市场体制和双重体制中的某种或几种亚型。产业链依其市场化程度，可以分为市场化产业链和不完全市场化产业链。改革开放之初，我国几乎所有的产业链都是不完全市场化产业链。经过近40年的改革开放，一些行业已经实现了市场化，一些产业链成为准市场化产业链，而不完全市场化产业链的存在成为影响我国经济稳定增长和结构调整的重要阻力。

不完全市场化产业链的运行特点：一是每一个改革参与者追求自身利益最大化的改革，不等于全产业链利益最大化。出于自身利益最大化的局限性，行业和地方提出的改革方案，可能是坚持市场化方向，也可能是非市场化。二是一些产业链中，有一个环节是计划体制或双重体制，而上下游环节是与之不同的体制类型。在这种情况下，如果不对这一环节进行市场化改革，产业链上下游就只有选择计划体制或双重体制才能避免全产业链的衰退。在计划体制与市场体制相持的状态下，经济体制经常存在回到老路上去的倾向。三是有强势利益方存在的产业链环节，向非市场化方向演变的动力大于向市场化方向演变的动力。比如，有的行业只有一个主管部门和两三家企业，企业的行政级别甚至高于行业主管部门。这时企业处于强势，企业改革的动力不足，甚至会出现监管俘获的现象。四是由无利益相关性的决策机构和独立研究机构进行顶层设计，有利于全产业链向市场化方向演进。

因此，在不完全市场化产业链的体制构架下，改革停滞和条块分割式的改革都是不能接受的。只有坚持加快改革步伐，才能防止不完全市场化产业链回归计划体制。如果将目前经济体系中的各个不完全市场化产业链改革为市场化产业链，将完成大部分市场化改革任务。

对不完全市场化产业链进行市场化改革大致应当经历以下步骤：一是进行问题识别。判断需要解决的问题是否由体制原因造成。二是对产业链各个环节的体制亚型作出类型鉴别。经过近40年的改革开放，完全典型的计划体制已经不多见，重点是对非典型性制度和制度亚型作出判断。如，是否自然垄断，集中度、竞争性的强弱；政府管制、监管是否正当。三是在分型基础上，分析政府和企业等改革参与主体行为。四是按照行业特点和充分竞争的市场化方向，形成改革目标模式。五是提出具体的改革措施。在政府层面，主要是取消指标控制、减少或取消行政审批、放开价格、计划内与计划外并轨。在企业层面，主要是建立和完善现代企业制度，提高企业的自我约束能力。六是实施改革。在以上一系列努力下，使产业链的制度属性向市场类型演变。但是，实践表明，一次演变往往难以彻底，真正做到全产业链市场化还需要重新进行问题识别，重复这一流程，循序渐进。只有这样，才能不断接近市场化改革的目标。

全产业链市场化改革分析框架若干应用

基于体制亚型的全产业链市场化改革分析框架，在解决经济领域供求矛盾时有广泛的应用。很多困扰我国经济运行的供求矛盾表现为价格矛盾，但在交易环节发生的问题仅仅是表象，更深层次的原因发生在产业链的上下游。一般而言，在发生矛盾的交易环节的上下游会有一个或多个产业环节是计划体制或双重体制，如不对这些环节进行市场化改革，将损害整个产业链的利益，甚至已经市场化的产业环节也有可能回归计划体制或双重体制。利用全产业链市场化改革分析框架，可以十分方便地以问题为导向，提出跨部门、跨地区、跨行业、跨所有制的一揽子改革方案。这里试举几例。

案例一：煤电矛盾与煤运电产业链

煤电矛盾表现为，电煤价格大幅上涨时，电价调整滞后，发电企业亏损严重。解决这一问题已经采取的政策包括：煤电联动，即电煤价格上涨后，国家对发电企业的上网电价和销售电价相应调高；对电煤进行限价；发电企业与煤炭企业联营，使发电企业获得低价煤。这些政策均未彻底解决煤电矛盾。这些方案具有浓厚的计划经济色彩，有的考虑了发电企业的利益，有的损害了下游用电企业的利益，有的损害了煤炭企业的利益，不能满足全产业链利益最大化的要求。

对煤运电产业链的体制类型分析表明，电煤一度采用双轨制，分为计划煤与市场煤，属于双重体制下差别管理亚型。2012年并轨后，有关部门对电煤产量和价格经常直接干预，接近于计划体制下的直接计划亚型。铁路运力属于计划体制下的直接计划亚型。电力属于双重体制下的垄断计划亚型，其中电力行业又可作进一步细分，电网是垄断计划亚型，发电企业是影子计划和差别管理体制亚型。全产业链市场化改革的目标是：取消国家对电煤等的直接计划，使之成为充分竞争的市场体制。铁路运力实行网运分开、放开竞争性业务的改革；运输业务完全市场化；路网保持自然垄断，由国家专业部门监管。深化电力体制改革，实行输配分开，电网退出交易主体地位，实现发电与用户"多买多卖"的直接交易；电网保持自然垄断，电力调度、交易、结算完全独立，电网接受政府部门监管。

案例二："气荒"与天然气产业链

近年来,中外天然气市场出现两个明显反差:全球天然气供大于求、价格迅速下降;我国天然气价格却持续上涨、供不应求。出现这一问题,主要是我国天然气发展选择了上下游一体化的经营模式,在准入、定价、排产、管输等方面仍延续传统计划体制,扭曲了市场价格和供求关系,成为天然气供求矛盾加剧和价格持续上涨的主要原因。

天然气产业链可以大致分为气源(国内开采、国外进口)、网输、城市用户(或企业用户)、居民消费几个环节。对全产业链体制类型的分析表明:(1)气源中,国内开采的区块为登记获得,而不是像国外一般是招标获得,属计划体制中的直接计划亚型。国外采购只有三大油气企业等少数企业具有经营权,属市场体制的寡头竞争亚型。这些企业既要按照市场需求组织生产,也要完成国家的规划和计划下达的任务,同时兼有双重体制中的影子计划亚型的特征。(2)管网运输属市场体制中的垄断亚型。(3)城市管网属市场体制中的垄断亚型。

将天然气这一不完全市场化产业链改革为市场化产业链,需要做的工作包括:(1)在资源勘探开发领域,实行区块出让的招投标制,使之转变为充分竞争的体制亚型。(2)进口环节完全放开,转变为垄断竞争的体制。(3)管网运输业务从三大油气企业剥离,保持自然垄断,但应接受政府监管。

案例三:住宅限购限价与土地房屋产业链

近年来,我国房地产价格持续大幅上升,成为经济领域的突出矛盾之一,一些地方甚至出现了对住宅限购限价的计划管理方式。分析房地产的产业链，包括土地出让、施工安装、房屋销售这几个环节。后两个环节已经完全市场化，但土地出让环节包含了指标控制、项目审批、价格管制，属计划体制下的直接计划亚型。

由于我国土地实行公有制，国家垄断一级市场，对供给造成约束。土地的短缺抬高了地价，进而抬高房价。解决房价过高的问题，关键是要允许有更多的土地进入一级市场。除非国家对土地实行完全的市场化改革，建立充分竞争的市场交易制度，否则，在这一产业链的下游不可避免地要进行计划管控。

发展规划：履行战略导向使命

市场经济下的规划与计划经济下的计划有何不同？规划应以约束性为主还是以指导性为主？没有约束力的规划会不会只是纸上画画、墙上挂挂？

我国中长期规划源于计划经济体制。在市场化改革中，中长期规划从性质、内容到方法都发生了重大转变。规划的重点从偏重于对微观经济活动的干预，转向宏观性、战略性、政策性。党的十九大将规划的任务定位于战略导向。践行这一使命，需要认真研究如何发挥规划的指导性作用，科学界定预期性指标与约束性指标，提高市场经济条件下规划未来的水平。

针对一些领域的规划对微观经济活动管得过多过死的问题，本篇对土地规划、城镇规划和环保规划重点进行了分析讨论，批评了把规划当计划，教条主义式执行规划的做法。提出环保规划要谋大格局，勿使"城规"、"土规"变陈规。

市场经济下如何规划未来

我国是一个十分重视规划的国家，从中央到地方，各行业、各部门都要制定发展规划。规划的前身是国家计划，随着我国确立社会主义市场经济体制改革方向，指令性计划大都退出了历史舞台，年度计划总体上转变为指导性计划。但是，原有的中长期计划改为中长期规划后，不仅没有被削弱，反而在经济社会发展中发挥着日益重要的作用。在市场经济条件下怎样做好中长期规划？对此，理论界和实际工作部门一直在进行探索。

中长期规划的由来

中长期规划起源于计划经济体制。计划经济的基本原理，由马克思、恩格斯创立。列宁在 1906 年首先提出"计划经济"概念。斯大林主持制定了世界上第一个五年计划。我国在苏联的帮助下，实施了"一五"计划（1953—1957 年）。迄今为止，已经执行了 12 个五年规划（计划）。

计划经济有完整的理论体系和严谨的操作流程。传统计划体制与计划手段、公有制、社会主义制度保持了高度的统一。在这一制度下，国家将主要经济社会活动纳入计划；人力、物力、财力和自然资源的开发利用必须在全国范围内统筹安排、综合平衡；各部门、各地区、各基层经济单位必须在国家统一计划下从事经济活动。计划工作者真诚地认为，社会主义有计划按比例地发展，可以克服资本主义的固有矛盾。

从新中国成立到1978年，虽然我国实行的是计划经济体制，但除"一五"计划外，历次五年计划都没有得到很好的执行。改革开放后，从1978年至1984年党的十二届三中全会，计划管理有所加强，暴露出政企不分，条块分割，国家对企业统得过多过死，忽视商品生产、价值规律和市场的作用，分配中平均主义严重等诸多弊端。

之后，理论界和实际工作部门一直在探索计划与市场相结合的方式。1992年党的十四大确立社会主义市场经济体制改革方向后，我国加快了计划体制改革步伐。国家计划突出了宏观性、战略性、政策性，工作重点从偏重于对微观经济活动的干预，转而放到中长期计划上来。从"十一五"（2006—2010年）开始，五年计划改为五年规划。

规划体系与规划职能的转变

目前，国民经济和社会发展形成了"三级三类"规划体系。规划按行政层级划分，包括国家级规划、省（区、市）级规划、市县级规划；按对象和功能类别，分为总体规划、专项规划、区域规划。这些规划中最重要、最核心的是总体规划。它是编制本级和下级专项规划、区域规划以及制定有关政策和年度计划的依据。专项规划是对特定领域编制的规划，是总体规划的细化，也是政府指导该领域发展以及审批、核准重大项目，安排政府投资和财政支出预算，制定特定领域相关政策的依据。

与计划经济时期相比较，目前的中长期规划从性质、内容到方法都发生了重大转变。一是从以直接管理为主的指令性计划，逐步转变为以间接管理为主的指导性计划；二是从面向国有企业和公有制经济，逐步转变为面向各类企业和多种所有制经济；三是从仅限于国内自我平衡与循环，逐步转变为利用国际国内两个市场、两种资源；四是从主要规划经济发展，逐步转变为兼顾经济发展和社会进步；五是从只规划发展，逐步转变为既规划发展又规划改革。

市场经济下规划些什么

规划制定是一个十分复杂的过程。规划部门要组织大量的前期研究工作，规划方案要经过各地方、各部门、相关社会团体、专家学者的反复讨论。规划制定的过程，本身就是一个汇聚民智、协调利益、形成政策、达成共识的过程，体现了民主决策的精神。规划草案经过几上几下的磨合，一般可以得到大部分人大代表的认可。五年规划经人代会表决通过就具有法律效力，各级政府部门要按照规划确定的方向组织实施。结合最近几个五年规划的编制可以看出，中长期总体规划主要包括以下几个方面的内容。

一是判断国际国内形势和阶段性特征。中长期发展必须放在国际政治经济大格局中考虑谋划。这是编制规划的基本前提。判断 5 年的形势和特征，最关键的是要分清哪些是影响形势的主要因素，哪些是次要因素；哪些是有利条件，哪些是不利条件；哪些会变，哪些不会变。对阶段性特征，一般要从经济发展、经济结构、经济体制、人民生活、城乡发展、对外开放、文化建设、社会管理、生态环境等方面进行描述。

二是提出经济社会发展的目标和内涵。一般而言，提出的目标要言简意赅、铿锵有力、贴近群众，能够凝聚力量、鼓舞人心，在广大人民中引起广泛共鸣。比如，"十三五"是全面建成小康社会最后冲刺的 5 年。编制这一规划就做到了远近结合，既以 5 年为主，衔接 2020 年全面建成小康社会各项目标，又考虑更长时期的远景发展。一些国际机构（如联合国、世行）所编制的规划有的时间更长，要编到 15—20 年。

三是形成关系全局的重大战略举措。落实中长期发展规划的目标，需要一系列发展战略作支撑，各个战略要明确目标、互相支持，共同服务于五年规划的总体目标。制定重大战略举措要突出重点，解决主要矛盾。"十二五"规划纲要提到了科教兴国战略、人才强国战略、扩大内需战略、可持续发展战略等九大战略。其中，区域发展总体战略又包括了主体功能区战略、西部大开发战略、东北老工业基地战略。"十三五"规划根据形势的变化，又新提出了国家大数据战略、就业优先战略、藏粮于地藏粮于技战略、制造强国战略、质量强国战略、网络强国战略、海洋战略、慢性病综合防控战略、全民健身战略、食品安全战略、国家安全战略、改革强军战略等战略。党的十九大又提出了创新驱动发展战略、乡村振兴战略、军民融合发展战略等新战略。目前，我国正在实施的、事关全局的重大战略已经不少。对这些战略似应当进一步评估：哪些要坚持、要强化；哪些要调整、要归并；还需要制定哪些新的战略，在今后提出规划时应当充分考虑。只有对全局有至关重要影响、对解决突出问题有关键性作用的行动规划，才能成为国家战略。

四是规划一批重大工程和项目。任何一个好的规划要落到实处，必须有工程项目作支撑，否则只能纸上画画、墙上挂挂。每一个五年规划在充分论证的基础上，都应当实施一批对经济发展和结构调整全局带动性强的重大工程，以及对推进社会建设、生态环保、改善民生作用显著的重大项目。

创新规划编制方法

当前，一些政府部门利用规划的权威性，借规划之名行揽权之实的现象层出不穷，教条主义式执行规划的现象有所蔓延。从现在起到本世纪中叶我国建成社会主义现代化强国，期间还要制定多个中长期规划。制定和执行规划，还需兴利除弊，从规划性质和功能定位、规划编制方法和程序、规划体系和内容等方面进行全面的改革。

第一，体现使市场在资源配置中起决定性作用和更好发挥政府作用的要求。在很长一段时间里，计划和规划往往被一些政府部门当成干预市场的借口。有的部门将规划与行政许可绑定在一定。如在办理施工许可证前，要求项目先办理建设用地规划许可证、建设工程规划许可证、乡村建设规划许可证。一些地方和部门将规划作为审批投资项目的依据，没有纳入规划的项目不批。各种专项规划、行业规划水平不一，很多规划制定时间较早、质量不高、预见性差。在新旧动能转换中，大量先进产能、引领行业发展方向的新项目，因有的政府部门僵化地执行规划无法获得批准。这种现象不能再持续下去。规划要为市场主体创造良好的发展环境，但绝不替代市场发挥作用。在市场可以对资源配置起决定性作用的领域，要少编或不编规划。规划对政府行为要有硬约束，不给政府这只闲不住的手干预市场提供机会。

第二，突出指导性和预期性。在计划经济时期，中长期计划中指令性指标很多，但实际执行情况并不好。经过多年的改革，规划指标大幅减少，保留的主要是预期性和指导性指标。实践表明，规划的可行性、有效性反而得到了增强。对必要的约束性指标要科学论证、审慎设定。设置的指标应当做到可操作、可监测、可评估；在下达时兼顾不同地区的差异，保证规划执行中有一定的弹性。

第三，用科学民主的方法编制规划。科学性是规划的生命线，有科学性才有权威性和可操作性。坚持规划的科学性，就是要按规律办事而不是按长官意志办事；就是要坚持一切从实际出发，准确把握国情世情，找准问题和矛盾，认清能力和潜力；就是要集中力量办应该办的事，办好能办的事。规划目标不宜简单地按行政区划层层分解，不能要求每个地区都同步实现，不能搞"一刀切"、"齐步走"、"上下一般粗"。同时，应当坚持开放民主编规划，充分借用外脑，广泛听取各方面的意见建议。

第四，处理好若干重大关系。规划编制是一项复杂的系统工程，需要统筹发展改革与稳定、中央与地方、空间布局与时序安排等一系列重大关系。规划要调动中央和地方两个积极性。在谋划国家整体发展时，要考虑地方实际和财力；地方也要有大局意识，找准本地在全国发展中的定位。编制规划要上下结合、几上几下，看清了再提，看不清的不要急于下结论。规划提出的战略任务，应当尽可能明确实施主体，理顺中央与地方事权、财权关系。

第五，创新规划的组织管理方式。目前，各类规划数量较多、交叉重复，在空间布局、公共服务配置等方面存在不少矛盾，特别是各类规划谁服从谁的问题十分突出。各部门在编制本领域规划时，应当与总体规划编制做好衔接，并贯穿始终。当前，应当推动多规合一，提高规划的综合性和覆盖面，保证各类各级规划服从国家总体规划的统一部署。防止规划编制的随意性，从总体上减少国务院审批的专项规划、区域规划的数量。国家层面规划的重点应当放在跨行政区、跨部门的重大战略事项上，更小空间尺度、更细领域的规划应由地方和部门编制和审批。

勿使"城规"、"土规"变陈规

不知读者是否有这样的体验，旅行中每当车快要进城的时候，车窗外往往会迎面扑来一排排四四方方、瘦瘦高高的楼群。坐在车里猛一抬头，看到它们整齐划一地突兀在眼前，有时能把人吓一大跳。

现在，越来越多的城市，用这种高度在自身与乡村之间划出明显的分水岭，也为城市勾勒出一道道棱角分明的天际线。走近一看，楼与楼间距狭窄，公共空间窘迫逼仄，给人一种压抑窒息的感觉。令人不禁怀疑，这是人们向往的宜居城市吗？

作为一个发展中的人口大国，我国在城镇化进程中人地矛盾、城乡矛盾、拆旧与建新的矛盾、经济发展与资源环境的矛盾十分突出。各级政府通过制定城乡规划（以下简称"城规"）协调城乡空间布局、改善人居环境；制定土地利用总体规划（以下简称"土规"）和年度计划，促进节约集约和合理利用土地。应当说，这些规划和计划在一定时期内，为统筹城乡发展、保护土地资源、制止非法占用土地发挥了积极作用。但是，随着时间的推移，这些规划和计划也暴露出管得过多过细、执行中过于僵化等问题，一定程度上抑制了市场主体的活力。

首先，加剧土地供给约束。我国土地按所有权分为国家所有和农村集体所有；按用途分为农用地、建设用地和未利用地。目前，我国的建设用地总量为 3906.82 万公顷，占国土面积的 4%。只有这部分城市国有建设用地使用权才可以交易。

每年建设用地的供给由有关部门进行计划管理，逐级下达新增建设用地计划指标、土地整治补充耕地计划指标（占补平衡）、城乡建设用地增减挂钩计划指标等。其中，新增建设用地计划指标一年一定，不得结转、不得突破。有限的用地指标到了各级政府手里，又要分为居住用地、工业用地、教科文卫体用地、商业旅游娱乐用地等多个类别，在不同的市场上实行不同的交易价格。

由于每年给各地下达多少指标，主要依靠人为的判断测算。虽然会考虑经济社会发展速度、产业政策、人口流动等因素，但与土地实际需求、土地利用效率、人口增长不直接挂钩，经常出现每年的计划有的地方用不完、有的地方不够用的现象，真正发展需要土地的地方往往受到了土地供给约束。

目前，我国采取逐年减少建设用地增量的政策。城市建设用地实行严格的计划管理始于 2004 年。当时，为了防止经济过热，抑制固定资产投资增长过快、规模过大，国家严把土地和信贷两个"闸门"，实行了严格控制新增建设用地、限制农用地转非农建设用地的政策。这一举措原本是抑制经济过热的临时性调控政策，在一定历史时期发挥了积极作用。但是，时至今日，从紧的土地政策已从短期政策变成长期政策。在城市建设用地供求矛盾十分尖锐的同时，农村有大量的宅基地、建设用地处于闲置状态，没有得到有效利用。

其次，城规土规调整难。我国土地规划、城镇规划普遍存在规划期长、审批层次高、规划调整慢的问题。土地规划一般一定 15 年，目前大部分地方的土地规划期为 2006—2020 年。城市和镇总体规划一般规划期为 20 年。全国有 106 个大中城市的土规、108 个城市的城规要逐级上报至国务院审批。

城规和土规的调整，一般要由原组织编制规划的单位提出，按照原审批程序逐级报原批准机关批准。在实践中，城镇建设和铁路、公路、水利等线性基础设施建设，往往会遇到用地性质发生变更的情况，如农用地转非农用地。这就需要对规划进行调整后，有关部门才能批准用地。县市一级规划调整要报到省级主管部门；如果占用基本农田、一般耕地超过 30 公顷等情况，要报国务院审批，耗时冗长。由于审批和规划调整的环节多、时间长、难度大，规划往往滞后于经济社会发展形势的变化。

第三，项目报建效率低。近年来，中央加大了简政放权的力度。2016 年，国务院决定将投资项目报建审批事项从 65 项减少为 42 项，大量原来串联审批的事项改为并联核准、联合评审。改革后，仍保留了规划选址、用地预审（用海预审）两项前置审批（这两项前置审批的依据主要是城镇规划和土地规划）。项目单位普遍反映，这两项是最难通过的门槛。

审核往往包括专家论证、第三方机构评审、实地踏勘、听证、处室征求意见、部门征求意见等十分复杂的程序。在土地预审中，办理耕地占补平衡、增减挂钩、农用地转非农用地耗时最长。这些审批都涉及各种用地指标。城镇规划和土地规划的很多内容是原则性要求，如涉及建筑风格、布局、色彩等问题，意见往往不易统一。越是个性鲜明、风格独特的建筑，越是难以顺利落地。项目报建中，当城规和土规不一致时，又存在谁服从谁的问题。

长期以来，很多部门和地方政府期望通过完善规划、制定计划解决这些问题，但实际执行情况并不理想。现在，城镇化建设中到处都有城乡规划、土地规划和土地计划的影子，项目建设的每一环节都涉及政府部门依规审批，但实际效果没有达到规划和计划的初衷，这就需要重新审视现有的规划和计划，处理好政府与市场的关系，切勿使规划和计划成为制约新型城镇化的"陈规"。

一是坚持市场配置资源。经济学的理论和实践已经反复证明，计划导致短缺。城市在建设初期人口密度较低，但从发达国家的经验看，对新增建设用地的需求不会无限增长。当经济发展到一定阶段，对新增建设用地的需求就会下降。我国是发展中大国，从现在到本世纪中叶建成社会主义现代化强国，都处在大规模建设阶段。对新增建设用地的需求还会增长。对土地这种稀缺资源，市场配置会比计划配置更有效率。

二是改革计划管理方式。党的十四届三中全会制定的社会主义市场经济体制框架中明确，"国家计划要以市场为基础，总体上应当是指导性的计划"，"计划工作要突出宏观性、战略性、政策性"。这是总结我国长期计划经济经验教训得出的结论。土地规划和城镇规划也不应当例外，需要降低约束性，增强指导性。

三是正确履行政府职能。按照"简政放权、放管结合、优化服务"的改革精神，当前，有必要简化土地规划、城镇规划内容，下放审批权限。在土地计划上，从紧的土地管理政策可以考虑转变为积极的土地政策。同时，简化优化规划选址、用地预审程序，取消和归并不必要的审批流程。减少政府部门的自由裁量权，提高项目业主的自主权。

城镇化要有施展的空间

一直以为坐落在北京北海的团城是世界上最小的城，但最近搜索互联网却发现，西班牙、南斯拉夫、海牙等很多国家都自称拥有世界上最小的城。这些小城虽各具特色，但共同之处是住的人很少，城市功能健全，否则不能称其为城。如果天下之城皆以小巧玲珑为美，恐怕解决我国数亿人口的城镇化问题将遥遥无期。

城镇需要足够的空间才能容纳较多的人口、提供宜居的生活环境，而对空间的规划水平很大程度上决定了城镇的魅力和活力。目前，我国的城镇建设多是千城一面，土地供求矛盾尖锐。一方面，国土部门的供地计划连续数年"超支"，似乎土地供应强劲；另一方面，"地王"频出，地方政府急呼建设用地指标不够。造成这些问题，与我国城镇规划及土地制度直接相关。

首先，我国城镇规划编制和审核的权限比较集中。城镇规划大都由住房城乡建设部门所属的少数几个城市规划设计机构制定，再经住房城乡建设部门逐级审核。尽管在编制规划中会考虑人文历史、地理、环境等地区特色，但长期由同一支队伍编规划，难免陷入路径依赖，成为各地千城一面的重要原因。

我国主要城市规划的审批权集中于中央政府，各地政府对下一级城镇规划进行审批。每经过一道审批都要组织专家论证，相关政府部门召开专门会议研究。由于审批环节多、时间长，往往造成规划批准滞后于形势发展。在规划执行中难免出现边调整边申报新规划的情况。规划层层审批、集中审批，却并没有树立权威。

其次，土地计划管理方式不适应城镇化发展规律。从国外经验看，在城镇化初期会划定较大的面积进行规划。这时城镇人口密度会较小。随着基础设施和公共服务的完善，城镇人口密度逐步提高。我国目前的供地方式是，每年根据上年土地利用情况和人口增加的规模，几乎是均等供应土地。这实际上不利于制定和实施城镇发展的整体规划。

土地是城镇的载体，也是促进城镇发展的生产要素。既是生产要素，就应当让市场在资源配置中发挥决定性作用。土地的计划管理抑制了土地市场发育。政府完全垄断土地一级市场，并对房地产开发用地、商业用地、工业用地执行不同的价格，扭曲了价格和供求关系。为应对经济过热，2004 年，国家加大了土地计划管理力度。这一举措原本是抑制经济过热的临时性调控政策，但时至今日已从短期政策变成长期政策，难以适应当前城镇化进程加快的新形势。

第三，城镇规划与其他规划衔接不够。城镇规划要对一定时期内城镇发展目标、发展规模、土地利用、空间布局以及各项建设进行全面部署。但是，目前涉及城镇发展的规划较多，包括土地规划、经济社会发展规划、产业发展规划等。这些规划往往与城镇规划提出的空间布局、基础设施和公共服务设施的配置存在矛盾。特别是土地规划与城镇规划谁服从谁的问题显得更为突出，增加了城镇规划统筹城镇整体和长远发展的难度。

综观世界城镇化程度和质量较高的国家，在处理规划与土地供应关系上有很多经验值得借鉴。一般而言，城镇的总体格局、规模需要政府干预，但生产要素特别是土地供给主要由市场调节。大部分城市在发展初期需要较多土地供给，发展到一定程度对土地的需求开始减少，最终不再占用新地。

为满足新型城镇化建设需要，我国应当对城镇规划方式与土地供应方式同步进行改革。结合党的十八届三中全会简政放权的改革思路，当前有必要调整中央和地方对城镇规划的审批权限，简化规划审批内容，把规划审批权限主要交给地方。国务院相关主管部门的职责应主要是提出城镇规划编制的原则，指导地方编好规划。同时，各地应统筹考虑国民经济社会发展规划、土地利用规划和城镇规划"三规"的衔接和协调。在一个平台上，使"三规"涉及的发展目标、人口规模、建设用地指标、城乡增长边界、功能布局、土地开发强度等方面统一落到"一张图"上。

城镇化作为我国经济的重要引擎，需要有施展的空间，须保障城镇化的土地需求。当前，应退出经济过热时土地计划供应管理模式，建立城乡统一的建设用地市场，允许农村集体经营性建设用地出让、租赁、入股，实行与国有土地同等入市、同权同价，增加建设用地供给。允许农村对宅基地使用权、土地承包经营权、林权等"三权"开展抵押、担保等，建立农村产权流转交易市场，盘活土地资源。

环保规划须谋大格局[①]

改革是解决环境问题的必由之路

《21世纪》：现在社会各方面高度关注环境保护，这些年国家在环保方面的投入也不少，但效果仍不尽如人意，您认为深层次原因是什么？

范必：我们平常所说的环境问题主要包括，水、大气、土壤污染，生态恶化，温室气体排放增长，生物多样性下降等方面，集中体现了经济社会发展与资源环境的矛盾。造成这些问题最直接的原因是经济粗放发展，部分行业特别是重化工业出现产能过剩，能源结构调整滞后，城镇化迅速发展，环境监管不到位等。在这些直接原因的背后，还有深层次的体制原因。

《21世纪》：您曾经提出过，造成大气雾霾的重要原因是"体制雾霾"。

范必：是的。经济的粗放发展与不合理的制度安排有直接关系。比如，大家看到重化工业出现了产能过剩，小钢铁、小化工、小造纸等高排放行业在各地迅猛发展，对环境造成很大破坏。这与我们的财

①《21世纪经济报道》（以下简称《21世纪》）采访于2015年10月。

税体制和项目审批制度有很大关系。

现在，世界上大部分发达国家是以直接税为主，我国是以间接税为主，其中增值税中央和地方分成。发展重化工业可以增加地方增值税的收入，地方政府又缺少其他主体税种。这就加剧了他们吸引重化工业、加工工业投资的冲动。

重化工业的特点是规模效益明显，规模越大边际成本越低，处理污染的能力也越强。但是，这类项目是按规模划分审批权限，大项目由相关部门乃至国务院审批，中小项目地方批。大项目批不了，中小项目便纷纷上马，于是"几小工业"遍地开花。

又比如，在电力工业中，出现弃水、弃风、弃光的现象。这些可再生能源发展遇到的限制与电力体制改革不到位有关。

再比如，我国长期处在煤炭时代，无法进入油气时代。这又与油气体制改革不到位有关。

我国中长期发展规划的特点是，既规划发展，也规划改革。无论是制定"十三五"经济社会发展规划，还是环境规划，都应当把这些改革置于重要位置。改革不应仅限于环保体制，而是要在财税体制、能源体制、项目审批制度等诸多方面，都体现出保护环境的要求。

创新环境保护规划

《21世纪》："十三五"经济社会发展规划会有专门环境保护的内容。此外，国家还要制定环境保护专项规划。读者们关心，规划如何落地？

范必：这涉及规划的有效性问题。需要明确的是，规划不是传统计划经济时的计划。经过计划体制改革，规划总体上是预期性、指导性的。规划形成的过程实际上反映了政策制定中统一思想、凝聚共识的过程。计划经济时期，国家把计划指标定得很死，实际完成情况并不理想。在市场化改革中，减少了规划对微观事务的干预，增强了规划的宏观性、战略性、政策性，规划的实际效果反而更好。

为了进一步增强规划的有效性，我认为在规划的形式、内容和制定执行方式方面都有待创新。比如，环保规划的规划期就可以长一些。从 20 世纪 90 年代开始，国家就提出要"遏制环境恶化的趋势"，到现在 20 多年过去了，还是在遏制趋势，尚未根本改观。从其他国家的经验看，改善环境不是几年就能完成的任务。我认为环境规划的规划期就可以超出 5 年，编成 10 年或更长一些。

制定环境规划应当与其他规划搞好衔接。首先是与经济社会发展规划衔接。现在不是说把发展停下来就可以保护好环境，保护环境需要一定的经济实力和广泛的社会参与。在规划中，环境保护可以达到的水平要与经济发展、社会发展水平相协调。其次是与其他专项规划的衔接，如财政规划、土地规划、城镇规划、产业规划等。这里我要特别强调与财政规划的衔接，没有一定的财力支持是无法完成环境保护任务的。

《21 世纪》：为了提高规划的成效，是不是规划的约束性越强越好？

范必：规划能不能得到落实，既要看规划目标定得是否合理，也要看规划对象是否建立起了有效的激励约束机制。为了落实环保目标，现在较多地采用了指标控制、项目审批、价格补贴等直接调控的措施。对这些措施的实际效果有必要作进一步的评估。

比如，现在把较多的精力放在分解下达节能减排指标，很多地方到中央来争取多要一些排放指标，以便给发展留出更大空间，很少说是主动来要求少给一些排放指标的。这与科学发展的要求背道而驰，也说明靠指标控制并没有形成一种减排的正向激励。因此，实现环境保护目标应当更多地着眼于体制机制的建设。

宏观调控：用好财政、货币、投资手段

社会主义市场经济条件下的宏观调控有哪些手段？怎样保持宏观调控的权威性和有效性？

传统意义上的宏观调控，包括财政政策和货币政策两个手段。西方国家在实行扩张性财政政策时，会加大政府投资力度，投资政策被当作积极财政政策的组成部分。考虑到政府投资在我国调整经济周期中扮演的重要角色，以及有相对独立的部门组织实施政府投资，客观上我国的宏观调控包括了财政、货币、投资三大手段。

保持宏观调控的权威性和有效性必须有相应的制度安排。2008 年国际金融危机以来，我国一直实施积极的财政政策和稳健的货币政策，但在实际执行中，不同程度地存在着积极的财政政策不够积极，稳健的货币政策偏紧的问题。从体制层面分析，金融计划管理、对直接融资的过度审批、政策性金融与商业性金融"混搭"、信用"双轨制"，一定程度上都加剧了融资难、融资贵。积极财政政策在执行中也存在着地方债务风险。受审批事项过多、周期过长、土地供给偏紧等因素的制约，固定资产投资整体增速下降。

解决这些问题，可以考虑采取的措施包括，借鉴美国地方债管理经验，不再将建设性债务纳入财政赤字，发挥市场对地方债的激励约束作用。取消对贷款规模的计划管理，降低直接融资门槛，分离银行的政策性和商业性业务。与政府的投资职能相配合，滚动编制投资中长期规划和资本预算。清理取消各部门下达给地方的多重控制性指标，改革投资报建审批制度，提高投资对经济增长的支撑能力。

借鉴美国地方债风险防控经验[①]

当前，控制和化解地方政府性债务风险，合理拓展地方政府建设融资渠道，是经济工作的重要任务。中美之间在财政制度上有不少相似之处，美国管理和防控地方债的很多经验值得借鉴。

防范地方政府流动性危机

美国底特律政府破产在全球引起很大震动，城市经济凋敝、社会治安混乱的报道经常见诸我国媒体。2008 年国际金融危机以来，美国已有 40 多个地方政府按照破产法申请破产保护。一些人担心，我国地方政府债务负担过重是否也会破产。带着这个问题，我们访问了美国加州橙县、圣贝纳迪诺市两个破产的地方政府。所到之处，政府运转井然有序，社会治安平稳，与底特律的情况完全不同。

一般谈到政府破产，总会联想到企业破产。美国无论政府还是企业，破产都意味着遇到流动性困境，无法清偿到期债务，但二者有很大不同。企业破产往往意味着运营休止、资产清算和债务清偿，政

---

① 为借鉴美国地方债管理的有益经验，由国务院研究室牵头，有关部门和地方政府专家组成考察组于 2015 年 3—4 月间在美国进行了专题调研，形成了系列政策建议。

府破产则不然。

第一，地方政府破产不能影响其履行公共服务职能。联邦破产法明确规定，地方政府在濒临破产时需要向联邦法院提出破产保护申请，得到核准后，无论是债权人还是法院，在破产保护期间都不能干预地方政府行使行政权力，不能干涉税收和政府财产，不能干扰政府开展公共服务，只能参与协商和监控地方政府的债务重组计划。

第二，破产后地方政府要进行债务重组，而不是清算政府所有财产。地方政府在破产保护期间要提出债务重组计划，如延长还债期限、减免部分债务、对存量债务再融资、承诺以未来税收偿还等。债务重组计划征得债权人同意后，在联邦破产法院和债权人的监督下执行。比如，橙县政府在金融衍生品投机中失败造成破产，由于当地旅游业和农业发达，税源丰沛，政府破产后通过债务展期可以全部还清。底特律主要因为产业空心化造成萧条，圣贝纳迪诺因为军事基地撤并失去了主要收入来源。这两个地方经济比较困难，主要通过削减债权人权益甚至包括养老金债权以化解政府债务危机。

第三，地方政府破产只能适当兼顾债权人利益。企业破产意味着要用全部资产清偿债务。由于破产后政府仍要履行公共服务职能，因此，不能把保护债权人的利益放在首位。比如，一般责任债券占政府债务的80%以上，通常被看作风险比较低的投资，但在进入破产程序后则恰恰相反，被视为无担保的债券。依据联邦破产法，地方政府没有必须偿还一般责任债券本金和利息的义务。当然，这种规定也带来了道德风险。美国为了防止地方政府通过破产恶意逃废债务，也在不断提高破产的门槛。

需要特别指出的是，地方政府破产时，联邦政府原则上不救助，州政府可以参与流动性救助。这一点与我国是一样的。由于美国地方政府破产是分散事件，影响范围有限，演变成全国性经济危机的可能微乎其微。

美国地方政府破产实际上是在遇到流动性危机时进行的一种债务重组。这种流动性危机我国地方政府也有可能碰到，对此不应回避。一旦地方出现债务偿付的流动性危机，在处置中应首先保证政府履行正常的公共服务职能，不轻易清算政府财产。为了防止处置不当，我国应当对地方政府出现流动性危机后的债务重组、流动性援助、政府履职、债权人保护等制定相关预案，以便危机发生后有章可循、从容应对。

建设性债务不纳入财政赤字

美国州及地方政府预算的基本原则是，经常性预算收支平衡，资本性预算量力而行。地方政府基础设施建设和各类公益性项目主要由资本性预算管理，其资金来源以债务直接融资为主。有以下几个特点。

一是资本项目融资独立于经常性预算。一般而言，美国地方政府不能为经常性预算融资，只能为资本项目融资，主要采取债券融资方式。美国有超过 8.3 万个不同层级的地方政府有权发行债券。债券主要分为两种：（1）一般责任债券（General Obligation Bonds，GOB），以政府信用为担保；（2）收入债券（Revenue Bonds），以项目本身的收益（如高速公路收费）作为偿债来源。若项目收益未能覆盖到期本息，政府没有义务用税收偿还。无论是一般责任债券还是收入债券，所筹集的收入均纳入资本预算管理，而不是纳入经常性预算管理。

二是资本项目债务不纳入政府赤字。美国绝大部分州和地方的法规规定，经常性预算要遵循"平衡预算法则"。其地方财政赤字，仅指经常性预算中出现的收支缺口。由于资本预算一般被用来为基础设施投资提供资金，一个项目从融资到回收，时间跨度往往要经过十几年甚至几十年，将所有的资本性债务计入一年的赤字显然不合理，因此，资本预算不受"平衡预算法则"限制，为项目建设筹集的债务收入也不计入当年财政赤字。

三是对资本项目融资严格监管。政府部门或机构不能擅自举债。大部分州和地方立法规定，资本项目负债必须得到有关机构甚至全体公民的授权和批准。各州年度债务发行一般不超过当年经常性预算的20%。全美有33个州对债务利息支出设有上限，其中不少州规定债务利息支出不能超过经常性收入的5%—8%。

我国与美国一样，也实行复式预算，但在实际执行中，经常性预算与建设性预算（相当于美国资本性预算）往往混编在公共预算中，建设性负债与经常性财政赤字不分，易造成赤字比例偏大。既不利于国际比较，也不利于扩大积极财政政策的空间。目前，世界各国大都将马斯特里赫特条约规定的3%的赤字率作为衡量财政健康度的标准。按照我国目前的赤字率统计口径，2015年赤字率预算为2.3%，如果扣除5000亿元地方政府一般债券额度，实际赤字率就降低到1.6%。

我国有必要改革预算管理方式，今后用于地方基础设施等建设的一般债券不再纳入全国赤字口径。这有助于中央更好地对地方债务实行余额管理，进而从宏观上增强财政政策相机抉择的余地。同时，可为地方政府扩大投资提供更大空间。

编制中长期建设投融资规划

美国虽然是市场经济国家，但政府对公益性项目管理的计划水平很高。为了确保用于基础设施建设和民生保障项目的资金来源和投资绩效，各地大都制定了跨年度的 CIP，统筹衔接项目的资金来源、支出、偿还和中长期发展规划，较好地把控了债务风险。

CIP 是政府投资项目的全面计划。内容包括政府购买有形资产（办公楼、设备等）、基础设施建设、教育、住房项目建设以及大型维修支出等。CIP 要编列项目总投资、建设内容、融资方式、还款来源、建设和还款进度等内容。纳入 CIP 的项目将被列入财政资本预算的某个时段或者某个部分。

美国地方政府编制 CIP 的意义在于：

一是有利于用长远眼光开展当期建设。CIP 计划期一般为 5—7年，每年滚动编制，而不是等计划期结束后再编下一个计划。各地的 CIP 已成为中长期发展愿景、资本项目建设、财政收支三者之间的综合性计划。纳入 CIP 的项目必须具有前瞻性，与地方的中长期利益相一致。在制定债务规模时，在确保续建项目完成的基础上，根据财力和融资能力设立新项目，兼顾需要与可能。

二是政府科学理财的重要手段。资本预算是美国地方政府预算编制的基本制度，其核心是项目决策和融资计划。由于纳入资本预算的资本项目，如教育、公共服务工程、基础设施建设等，具有资金量大、跨年度等特点，且与过去和未来年度资本预算和经营预算相关。因此，地方政府必须先编制一份多年度的 CIP，统筹提出未来一段时间本地区需要新建和改建的项目。这些项目将分别纳入本年度和未来年度资本预算，从而有效保证资本预算编制的质量。

三是可以有效防范地方政府债务风险。虽然美国 CIP 的资金来源主要是债务融资，但大部分地方没有发生债务风险。其主要的防范机制包括以下几方面：（1）公众参与度、计划透明度高，在项目决策过程中形成了较强的外部约束，有利于优化政府投资规模和投资方向。（2）所有项目融资需要比较论证后选择最优方案，有助于控制融资规模，降低融资成本。（3）只有纳入 CIP 的项目才有资格进行债务融资，以保证债务的专用性。（4）CIP 往往规定，融资主要通过资本市场采取直接融资方式，借助资本市场完备的信息披露制度，可以确保投资者对政府财政的全面了解和评估。

我国地方政府中长期规划与年度财政预算缺少衔接，五年规划中的项目只是一个目录，内容比较笼统。大量建设性资金分布在财政、发展改革、水利、交通等部门，分散融资、碎片化使用、资金沉淀等问题长期得不到解决。

各级政府可以借鉴美国的做法编制"中长期建设投融资规划"。内容包括所有的地方政府投资项目，并与中长期财政规划相衔接。这样可以准确掌握未来建设的资金规模、明确资金来源、盘活资金存量，并按照财政可承受能力，做好重大项目建设周期与不同融资工具之间的合理搭配与整体平衡。这有利于用长期眼光开展当期建设。

发挥市场对地方债的激励约束作用

目前，美国市政债存量达 3.7 万亿美元，约占整个债券市场规模的 9%。市政债主要用于基础设施建设和各类公益性项目，与我国的地方债十分类似。其发行、交易、监管有以下几个特点。

一是地方政府自主发行、自控风险。美国市政债的发行与其他商业债券没有太大区别，主要采用注册制。只要地方政府通过承销商和市政债顾问向市政债规则制定委员会（MSRB，行业自律组织）提供发行文件和信息，就可以发行，不需向证监会直接或间接申请。发行规则和管理办法与其他债券基本一样。各级地方政府一般采取设置债务规模上限、设立债务比例限制、建立预警机制等措施控制债务风险。

二是利息免税有利于吸引个人投资者。美国市政债大都免交联邦、州和地方的利息收入所得税（银行一般不免），风险低，收益较高。个人投资者一般偏爱购买本州发行的市政债，主要原因，一方面，持有跨州发行的市政债要征收州所得税；另一方面，投资者对当地政府的财务状况和项目情况比较了解。这在无形中构成了投资者对当地政府的监督。

三是信用评级直接影响投资者决策。市政债券发行时要由两个评级机构对其进行信用评级。评级机构会定期审查和更新市政债的信用级别，以反映债券发行人的最新信用状况。市政债信用评级体系主要由地方经济发展情况、地方政府债务规模、债务结构、财政可持续性、地方政府税收收入等因素组成。对于收益债券，评级主要关注融资的项目能否产生足够的现金流。

四是事后监管、行业自律规范市政债市场。美国证监会（SEC）等监管机构虽然没有直接监管市政债发行人的权力，但根据反欺诈条款可以进行事后监管。MSRB 作为自律组织，通过制定市政债券承销及交易规则、建立市政证券从业人员的职业标准、收集和发布市场信息、宣传教育和引导等方式，发挥实际监管作用。券商自律委员会

（FINRA）协助证监会监管从事市政债业务的券商及从业人员。

五是信息披露对发行主体形成硬约束。为了保护投资者利益，地方政府必须遵循政府会计准则委员会确立的政府债务报告基本准则，记录和报告政府债务。在市政债券存续期内对于财政和法律状况发生的任何重大变化，都必须及时披露相关信息。2008 年 MSRB 按证监会授权建立了全美统一的市政债券信息披露电子系统（EMMA），方便所有市场参与者、投资者及社会公众查询。美国政府财务师协会（GFOA）和美国市政债券分析师协会（NFMA）等自律性组织，也制定了很多债券信息披露的规范性文件。

我国地方债市场刚刚起步，存在的主要问题是，行政干预较多，重复设置审批事项，难以实现市场化定价。在现有的银行间债券市场和交易所债券市场外，又建立了新的地方债市场，加剧市场分割。信息披露不够全面及时，信用评级制度不健全。投资主体以发债地方当地的商业银行为主，其他投资者（如居民、社保基金、住房公积金、企业年金、职业年金和保险公司等）投资意愿不强。

从发展趋势看，地方债发行标准应当与现有市场化债券发行标准并轨，不应再由国家有关部门审批和下达债务规模，从现在起有必要做好预算法相关条款修改的准备工作。同时，落实好有关部门关于地方债信息披露和信用评级的要求，提高发债透明度，切实保护投资者利益，为地方债市场化创造条件。

利用 PPP 模式优化地方债务结构和管理

美国传统的基础设施投融资模式与目前我国的很多做法十分相

似，主要是依赖政府财政资金，发债融资的压力很大。存在的主要弊端，一是各级政府发债受经济周期影响较大。每遇经济下行周期，地方政府往往赤字大增，基础设施建设投资与运营资金出现困难。二是地方财政负担过重。美国地方政府基础设施建设投资增速往往高于财政收入增速。不断增加的基础设施存量，需要更多的管理和维护费用，而大多数基础设施是免费或低收费供应，需要政府提供补贴，财政负担难以为继。三是城市基础设施建设、运营和管理效率低下。在传统以政府为主导的模式下，缺乏竞争机制、激励机制和约束机制，导致投资浪费、效率低下、服务质量差等问题。

20 世纪 70 年代末 80 年代初，为了缓解财政压力、弥补基础设施建设的资金缺口，美国政府引入并推广 PPP 模式。通过项目未来运营收入和适当补贴，撬动私人资本参与项目"全生命周期"，减轻当期财政支出压力，平滑年度间财政支出波动，提高基础设施建设、运营的效率。

通过采用 PPP 模式，私人资本已成为美国城市基础设施建设的主体，参与的领域包括：收费公路、铁路、地铁、港口、机场、电厂、水利、学校建筑、医院、污水和垃圾处理等。例如，马里兰州乔治王子郡水利设施 30%—40% 的建设资金、污水处理设施近 80% 的建设资金来自私营部门。

PPP 模式的形成和发展，改变了公共设施的建设和运营主要由公共财政承担的观念，突破了传统的政府与私人部门的分工边界，构建了公共产品新的产权关系。

第一，引入私人资本缓解地方政府债务压力。引入 PPP 模式后，地方政府以较少的资金引导，撬动了大规模的私人资本进入基础设施建设领域，置换和替代政府债务，减少了政府补助支出。这既有效抑制了政府债务规模过度扩张，又在很大程度上解决了城市建设的资金来源问题。采用PPP模式的项目，地方财政部门要采用公开招标等竞争性方式，做到政府财政支出公开透明，也有助于公众监督政府负债。

第二，对项目实行"全生命周期"管理。传统的基础设施建设期与运营期是两套班子，由于管建设的不管运营，管运营的不负责建设，在投入阶段往往难以控制质量和成本，造成长期运营负担过重。为了解决这一问题，美国PPP项目都建立了规范的特别目的机构（Special Purpose Vehicle，SPV）。这一机构为非营利性质，既有传统的融资平台功能，也有协调监督职能。其构成比较灵活，一般覆盖了投资方、金融机构和政府部门。政府部门中既有出资的财政部门，也包括其他相关职能部门。比如，美国有些机场项目的SPV，除投资方外，地方政府的交通管理部门在不出资的情况下也参与其中。这样在项目融资、建设、运营的各个阶段由一个机构负责，确保项目"全生命周期"各个环节有效衔接。

第三，形成政府与私人资本间公平对等的合作关系。PPP模式体现了市场经济下的契约精神。PPP模式下，美国政府与私人资本是在平等协商、依法合规、诚信互惠的基础上达成合作关系，而不是利用管理优势获取强势谈判地位，挤压私营方的合理收益。

第四，保证项目建设与运营的可持续性。为了保证PPP项目对私人资本的吸引力，美国地方政府建立并完善了定价与风险分担机制。企业可以自主定价，确保私营部门获得合理回报；风险由最适宜的一方承担，即政府承担政策、法律变更等风险，私营部门承担项目融资、建设、运营和技术等风险，避免了政府为吸引社会资本而承担过多风险，或将过多的风险转嫁给私营部门。

第五，提高基础设施项目运营效率。对于拟采用 PPP 模式的项目，美国地方政府往往与传统投融资模式进行比对。比对遵循"物有所值"原则，不是简单地追求采购价格最低，而是更多关注成本、质量、风险、效益等因素。如果增加的成本能够带来更高的效率或质量，则采用 PPP 模式。该模式把政府的政策意图、社会目标和私营部门的运营效率相结合，实现了"让专业的人做专业的事"，使基础设施建设和运营的质量水平、绩效水平、管理水平得到明显提升，也提高了私人资本的回报。

我国推进 PPP 项目中还存在一些等待观望的情况。为了调动参与各方的积极性，亟待在项目公开透明、合同履约、组织管理模式，以及定价机制与合理分担风险等方面，出台更有针对性的措施。政府各相关部门需要进一步优化服务、转变职能，从公共产品、服务的提供者，转变成参与者和质量监督者。改革基础设施项目实施的组织模式，今后在 PPP 项目中不再设立各类工程建设指挥部，而是正式注册成立一个非营利性 SPV，在 PPP 项目融资、建设、运营的全周期内，通过协调、监督机制，保障各投资主体、政府各相关部门协调合作，使项目建设预算控制在合理范围内。

重估金融计划管理^①

我国在资金总量宽裕的情况下，却有大量需要贷款的企业得不到信贷资源支持。产生这一问题的主要原因是，对银行信贷规模和存贷比实行计划管理，人为造成金融约束。为缓解当前经济下行压力和融资难、融资贵问题，亟须盘活银行资金存量。国家应当减少直至取消对银行信贷规模的计划管理；采用国际通行的资本充足率^②、流动性覆盖率^③、净稳定资金比例^④等综合性指标管理代替存贷比管理，从而全面改善经济发展的金融环境。

---

① 本文完成于 2015 年 1 月。

② 资本充足率反映银行在存款人和债权人的资产遭到损失之后，能以自有资本承担损失的程度。规定该项指标的目的在于抑制风险资产的过度膨胀，保护存款人和其他债权人的利益、保证银行等金融机构正常运营和发展。各国金融管理当局一般都有对商业银行资本充足率的管制，目的是监测银行抵御风险的能力。资本充足率有不同的口径，主要比率有资本对存款的比率、资本对负债的比率、资本对总资产的比率、资本对风险资产的比率等。

③ 流动性覆盖率（LCR）是银行优质流动性资产储备除以未来 30 日的资金净流出量，主要反映短期（未来 30 天内）特定压力情景下，银行持有的高流动性资产应对资金流失的能力。

④ 净稳定资金比例（NSFR）是银行一年以内可用的稳定资金与业务所需的稳定资金之比，主要衡量一家机构在特定压力情景下，可用的长期稳定资金支持业务发展的能力。

造成金融约束的体制原因

我国贷款规模管理起源于 1984 年，是计划经济时期国家对现金投放进行管理的主要手段。1998 年，央行将贷款规模管理改为指导性计划，各商业银行对资金来源和用途自求平衡。2008 年后，为应对国际金融危机，国家加大了信贷投放力度。为解决一度投放过快过猛的问题，2009 年下半年开始，银监会要求严格贷款规模管理，前后持续了一年多。2011 年，央行通过窗口指导等手段，事实上重拾贷款规模的指令性计划管理，称为"合意贷款"。计划指标从过去按年分季下达变为按月甚至按旬下达。一度已经取消的贷款规模管理，在金融危机后从短期应急政策变为了长期政策。

存贷比指标设立于 1994 年。当时，存款几乎是银行的唯一资金来源，存贷比管理有效控制了商业银行信贷资产过快扩张。1995 年，该指标写入商业银行法。"贷存比不得超过 75%"作为监管指标，由银监会负责执行。

从国际上看，欧美发达国家历史上曾使用过贷款规模管理，但随着金融市场的发展，这些国家都放弃了这一数量管理方式。存贷比在发达国家基本上是监测指标，只有美国个别州使用存贷比管理，要求银行存贷比不得低于 50%。管的是下限，而不是像我国这样管上限。我国通过贷款规模和存贷比对银行实行高度集中的计划管理，管得过多过死，抑制了银行的活力，带来了一系列问题。

第一，扭曲了货币政策。2012 年以来，我国经济下行压力持续加大，中央实行稳健的货币政策，以适度的流动性保证实体经济的融资需求。与此同时，有关部门执行了严格的贷款规模管理和存贷比管理。贷款规模层层分解下达，到基层支行甚至按日制定规模，不得突破，不得借用。2009 年以后，由于多种原因造成银行存款增速下降，但仍在使用抑制贷款规模膨胀时制定的 75% 存贷比标准。2014 年，银监会、中国人民银行调整了存贷比中存款贷款的统计口径①，但并未有效增加商业银行的贷款能力。在这两个指标控制下，银行信贷投放受限，稳健的货币政策在实践中变形为从紧的货币政策。

第二，扰乱银行与实体经济的正常经营。在存贷比考核下，信贷投放不是完全依据项目实际需求和银行资金状况，而是与存贷比的考核周期同步。每当临近月末、季末、年末考核时点，银行都要调整资产负债表，大量提前回收贷款、高息揽储、延后发放贷款。在考核时点前，借款企业往往要从小贷公司、典当行等民间机构借高利贷提前偿还银行贷款。考核时点过后银行再向借款企业重新发放贷款。这期间，企业不但要向高利贷付息，而且面临银行不续贷的风险。遇到银行延后发放贷款，企业往往错失商机。提前收贷和延缓贷款的对象往往是实体经济中相对弱势的中小企业、民营企业。这也是 2012 年后这类企业大量倒闭的重要原因之一。信贷规模控制更是造成整体信贷资源稀缺，年初信贷猛增，年底惜贷甚至停贷，人为放大了经济波动。

第三，提高了融资成本。我国几乎所有股份制银行、中小银行

① 2014 年 7 月 1 日起，银监会调整商业银行存贷比计算口径，少计 3 类贷款，多计两类存款，存贷比计算中的分子（贷款）变小，分母（存款）变大，使计算出来的存贷比率变得更小。2015 年 1 月 15 日，中国人民银行修订存款和贷款口径，将非存款类金融机构存放在存款类金融机构的各项款项，纳入"各项存款"类统计；将存款类金融机构拆放给非存款类金融机构的各项款项，纳入"各项贷款"口径。

的存贷比早已达到 75% 的上限。这些银行有的选择贷款之外的其他方式为企业融资，如发债、非标等；有的采取高息揽储，靠恶性竞争增加存款。无论哪种办法，最终增加的成本都转嫁给了企业。根据兴业银行的估算，2011 年 6 月至 2014 年 8 月，存贷比造成企业融资成本上升约 1.38 个百分点。央行对各商业银行信贷规模进行总量分配和投放节奏控制。由于信贷规模的发放额度、发放时间、发放结构与信贷市场的供求关系脱节，市场需要资金时往往额度不足，进一步间歇性地拉高了融资成本。

第四，加剧了影子银行的非正常扩张。严格的存贷比考核和信贷规模控制，使银行的巨额存量信贷资源无法通过正常的信贷渠道发放。银行往往以创新为名，开展同业、信托、理财等业务，实质是绕开监管变相发放高利率贷款，即影子银行业务。这些业务规模的迅速扩张，掩盖了期限错配、信用违约等问题，超出了常规的统计和监测范围，成为央行和银监会都无法掌握的监管盲区，其中隐藏的系统性风险不可小视。

改革思路和举措

贷款规模管理产生于传统计划经济体制，在资本市场发育不健全、市场主体对利率不敏感的情况下，曾经对宏观调控和金融稳定发挥了积极作用。当年在制定存贷比 75% 的监管比例时，并无国际国内经验可供参照，从风险控制的角度看，留出的安全余量过大，明显偏严。随着金融创新的发展，监管对象日益复杂，原有的贷款规模管理和存贷比管理已无实际意义，甚至束缚了银行业的健康发展，对经济持续健康发展的影响总体是负面的。2014 年，国务院要求有关部门改进"合意贷款"管理，增加存贷比指标弹性①，这对于改善融资难、融资贵发挥了一定作用。但是，这些措施仍主要是量的调整，尚未从根本上解除信贷计划管理对金融市场的约束。

我国经济已融入全球化，利率市场化和人民币国际化是大势所趋。对银行业的监管方式也必须与国际接轨。当前，有必要改革信贷资源管理方式，逐步取消各类不合理的计划指标，运用国际通行的监管手段，充分发挥市场对信贷资源配置的决定性作用，从而在根本上消除金融约束。在不实行强刺激政策的情况下，通过改革盘活资金存量，满足经济持续平稳发展对资金的需求。

第一，取消信贷计划管理。无论何种形式的贷款规模管理，既无法律依据，也无行政许可。对实际执行的信贷规模管理方式，如"合意贷款"，应予取消。

第二，取消存贷比管理。尽快修改商业银行法，删除存贷比管理的相关条款，银监会作为监管部门可以将存贷比作为监测指标②。

第三，建立与国际接轨的银行业监管方式。按照巴塞尔协议 III，将资本充足率、资产负债率③、流动性覆盖率、净稳定资金比例作为对银行风险的主要监控指标。这些指标不但能够覆盖贷款规模管理和存贷比管理的监管范围，而且更加科学有效。

---

① 见 2014 年 11 月 19 日国务院常务会议相关内容。

② 银监会于 2015 年 10 月 1 日取消了存贷比管理。——编者注

③ 资产负债率是负债总额除以资产总额的百分比，也就是负债总额与资产总额的比例关系。资产负债率反映在总资产中有多大比例是通过借债筹资，也可以衡量银行在清算时保护债权人利益的程度。资产负债率 = 总负债 / 总资产。

　　第四，提高商业银行自身风险管理能力。作为市场化的经营主体，大部分商业银行已经建立起完善的法人治理结构。监管部门的角色主要是提出指导意见，完善商业银行的自我约束机制，提高风险控制水平。

　　通过信贷资源管理体制的市场化改革，可以消除计划管理对信贷的约束，影子银行中的巨额存量资金可以回归正常的银行信贷渠道，重新纳入监管体系，降低企业融资成本，在很大程度上缓解融资难、融资贵的问题。

深化企业债券市场改革①

发达国家大都将债券市场作为实体经济直接融资的主要渠道。我国由于企业债券发行管理体制僵化，市场分割，限制了实体经济特别是中小企业通过债券市场融资。为了应对经济下行压力，拓宽实体经济融资渠道，应进一步深化企业债券市场管理体制改革，统一债券发行规则，简化发行流程，降低发债门槛，赋予企业较大的发债自主权，降低直接融资成本。

我国企业债券市场现状及主要问题

我国从 1984 年开始发行企业债券。长期以来，把这类债券作为商业银行贷款的补充手段。2005 年之前，企业债券只有国家发展改革委主管的企业债一个品种（一般 5 年以上），用于支持特定产业发展。由于融资成本低，相当于政策性融资，主要是解决商业银行短存长贷问题，满足特定行业发展的长期资金需求。从 2005 年起，国家发展改革委、中国人民银行和证监会逐步允许企业发行多种类型、多种期限的债券，包括短期融资券（1 年及以下）、公司债券（3—5 年

① 本文完成于 2015 年 6 月。

076

为主）、中期票据（3—5 年为主）等。目前，已基本形成覆盖各期限的债券品种格局。

截至 2014 年底，我国存量债券 12.7 万亿元，占社会融资规模的比重从 2007 年的 3.8％提高到 10.4％。企业债券融资成本一般比商业银行贷款低，条件灵活，分担了金融体系间接融资比重过高的风险，支持了实体经济生产经营活动的资金需求。但是，与发达经济体相比，我国企业债券市场发育仍然滞后，主要表现为以下方面。

重股轻债。发行债券与发行股票都是企业直接融资的手段，相比之下，股票发行条件要严于债券，投资股票的风险高于债券。发达国家债券市场规模一般远远高于股票市场。如，美国 2013 年底债券市场上存量企业债券为 20 万亿美元，是股票总市值的 2 倍；德国企业债券是股票总市值的 1.5 倍。与欧美相比，东亚国家这一比例较低，但债券市场规模与股票市场也基本相当。目前，我国企业债券市场规模仅为股票市场的 1/3 左右。企业融资更倾向于银行贷款和 IPO 股权融资，而不是发行债券。

重大轻小。大型国有企业发债容易，中小企业、民营企业发债困难。2014 年，全国共有 1757 家企业发行 3720 只债券，融资 4.5 万亿元，基本集中在基础设施、能源和房地产行业。其中，国有企业达 1328 家，融资占比超过 90％。发债企业年销售收入和资产总额大多在 5 亿元以上。债券市场成为这些行业大企业的低成本资金来源，而对中小企业支持严重不足。

产生这些现象的主要原因有以下方面。

一是发行审批制度改革滞后。我国证券发行制度改革的总体方向是从行政审批转向注册制。债券的投资风险远小于股票，但发行改革的推进步伐滞后于股票发行，抑制了债券市场规模。从 1999 年开始，我国新股发行已经从审批制过渡到核准制，注册制改革也已经提上日程。但是，目前国家发展改革委和证监会主管的企业债、公司债等品种仍需事前审批，对发债企业的资质进行行政审核，力求债券兑付"零风险"。债券市场的规律是高风险高收益、低风险低收益，风险应由债权人和债务人自行承担，与政府无关，主管部门完全可以放开注册。

二是发行标准不合理。如，企业债发行除需要符合国家产业政策和行业发展规划外，还要求连续 3 年盈利；公司债虽不要求 3 年连续盈利，但净资产要求超过 3000 万元；中期票据发行则要求主体评级 AA⁻ 以上。这些发行条件基本是从规避违约风险的角度出发设定的，对中小企业而言，门槛较高。目前，符合这些标准的企业基本都已发债，进一步扩大企业债券市场规模的空间非常有限。应当看到，评级机构对企业发债信用的评定有一套系统的指标体系，比主管部门设定的门槛更为科学合理。考虑到债券市场上投资人依据评级自主承担决策风险，继续由政府设定企业债券准入门槛已无必要。

三是交易市场分割。目前，我国企业债券市场主要分割为交易所市场和银行间市场两部分，各由不同的政府部门主管（见图 2）。一般而言，投资者购买企业债券既可获得稳定收益，也可保持资金的流动性。如果一个市场上流通的品种到另一个市场上变现，要经过非常复杂的程序，客观上会限制债券的流动性，也降低了债券的投资价值，妨碍了债券市场做大规模。在市场分割的情况下，每个市场的主管部门都不愿意看到自己管辖的市场出现兑付风险，因而倾向于对中小企业设置各种门槛限制其在自己的市场融资。

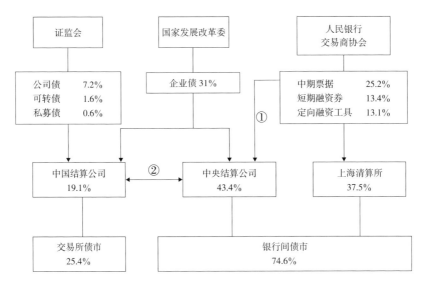

图2　非金融企业债券市场格局

注：图中数字为市场份额。① 2013 年 6 月起，新发行的中票需到上清所登记托管，原有中票到期前继续在中央结算公司托管。② 2009 年 6 月起，企业债可以跨市场转托管。

做大债市化解企业融资困境

债券市场具有长期资金充裕、融资成本低的优势。但是，2015 年前 5 个月，一年期以上企业债券融资规模仅 6076 亿元，同比少增 1860 亿元。当前，在化解企业融资难、融资贵的各项政策中，尚未充分利用债券市场融资渠道。未来一个时期，做大债市可以有效解决银行期限错配、实体经济融资成本过高、中小企业借贷无门等突出问题。具体思路可以概括为替换、承接、支持 3 种方式。

替换。利用中长期企业债券融资替换银行中长期贷款。我国商业银行资金较多地投向基础设施、国有企业的中长期项目，出现了短存长贷的期限错配问题。这些长期贷款占用信贷规模，加上受存贷比考核指标约束，使看似庞大的银行资产实际资金使用规模并不大。企业债券融资期限可以长达 10 年以上，而且融资成本也较银行贷款低。截至 2015 年 5 月，我国企业贷款余额 87.5 万亿元。其中，中长期信贷高达 49 万亿元，贷款加权平均利率 7%。而企业债券融资平均票面利率在 6% 左右，低大约 100 个基点。如果这些中长期项目用发行企业债券融资替换部分中长期贷款，既可以实实在在地降低企业融资成本、扩大融资规模，也可以使银行减少中长期贷款占用的信贷规模，把这些盘活的资金用于扶植中小企业、实体经济。

特别需要指出的是，债市替换功能也有助于化解地方政府债务风险。2015 年，有关部门在对 2014 年地方政府性债务清理甄别的基础上，将部分 2015 年到期、地方政府负有偿还义务的债务置换为地方政府债券。财政部 2015 年 3 月份下达第一批 1 万亿元置换债券额度，不久，又下达第二批 1 万亿元额度。另外，2016—2017 年地方政府没有偿还义务的融资平台债务约 1.6 万亿元到期。然而，第一批债券发行并不顺利，商业银行购买积极性不高。实际上，另一个可行的措施是，借助债券市场将一部分债务置换为各类企业债券。这有利于缓解地方政府的偿债压力，盘活商业银行资产，降低平台公司融资成本，从而化解债务风险。

承接。用正规的直接融资承接非常规融资。近年来，在日趋严格的银行贷款规模管理和存贷比管理之下，中小企业、实体经济想要获得银行贷款十分困难。很多银行资金通过证券、信托等通道，以非标形式迂回贷给企业，拉长了融资链条，企业到手的融资成本一般都在年利率 10% 以上。如果放开企业债券融资市场，将这部分融资需求通过发行企业债券解决，就可以省掉不必要的中间环节，融资成本可以降低至 6% 左右。

支持。通过企业债券市场支持不同信用等级的企业融资。中小企业、实体经济可以在债券市场上直接发债融资。民营银行、小贷公司等中小金融机构也可以直接发债融资，它们的服务对象也主要是中小企业，客观上有利于解决中小企业融资难的问题，也有利于解决中小企业债信不足难以发债的问题。

深化企业债券市场改革的思路

发挥债券市场作用化解企业融资困境，还是要在深化改革上寻找出路，增强债券市场的融资能力。具体可以考虑采取以下措施。

第一，全面推行企业债券发行注册制。中国人民银行主管的中期票据 2007 年实行注册制发行以来，从无到有，已占据债券市场 1/3 的规模，说明注册制有利于企业债券市场扩大规模。按照证券法第十条规定，包括债券在内的证券发行要经国务院有关部门批准。[1] 我国应尽快修订证券法相关条款，允许国家发展改革委和证监会主管的债券品种实施注册制。

第二，放宽企业债券发行标准。国家发展改革委、中国人民银行和证监会应当取消对企业债券发行设置的各种不合理限制，制定各部门统一的发行注册条件和规则。完善债券评级机构的相关制度规范，逐步使债券评级客观、真实地反映发债风险程度。

---

[1] 中国人民银行发行的中票依据的是票据法。

第三，面向中小企业、创新企业发行新的债券品种。在没有修改证券法、企业债券尚未全面实行注册制之前，可以考虑针对盈利和净资产水平不高的创新创业企业定向发行债券，支持大众创业、万众创新。

第四，建立互联互通的交易市场。允许交易所市场和银行间市场的不同品种能够到对方市场挂牌交易，优化各家债券托管机构的电子化链接，提高债券跨市场转托管效率。提高债券市场流动性，吸引更多社会资金入市。

深化企业债券市场改革、降低发债门槛、增强债券流动性，将有利于提高企业发债意愿，降低企业融资成本，盘活银行资金存量，从而改善中小企业和实体经济的融资环境。这是企业、银行、投资者共赢之举。

政策性金融与商业性金融勿"混搭"①

　　我国设立政策性银行以来，通过发行政策性金融债筹集资金用于政策性项目，为实现党和政府一定时期的政策目标发挥了重要作用。为了充分发挥政策性金融债在中长期融资中的作用，积极应对经济下行压力，应当进一步深化政策性金融改革，坚持银行政策性业务与商业性业务分离的改革方向，在厘清两者性质的基础上，政策性银行依靠国家信用，进一步扩大政策性金融债发行规模和范围，高效率地把企业、个人短期零散小额资金转化为长期中大额资金，用于国家政策需要支持的贷款方向。同时，对国家开发银行重新进行定位。

政策性金融债融资现状

　　政策性金融债是从事政策性金融业务的银行依托国家信用，为筹集信贷资金向市场发行的金融债券。政策性金融债由央行审定计划，发行主体包括国家开发银行、中国农业发展银行、中国进出口银行。1994年，国家开发银行发行第一笔政策性金融债，分3年期、5年期、8年期3个品种。采用派购发行的方式，向邮政储汇局、国有

---

　　①　本文完成于 2014 年 1 月。

商业银行、区域性商业银行、城市商业银行、农村信用社等金融机构发行。1998 年，国家对发行机制进行改革。1999 年，全面实行市场化招标发行政策性金融债券，推出的品种期限从 3 个月到 30 年不等，分为浮动利率债券、固定利率债券、投资人选择权债券、发行人选择权债券等多种类型。

截至 2014 年 10 月，我国累计发行政策性金融债券 16.78 万亿元，存量债券 9.63 万亿元，在整个债券市场上占比 27.66%，成为债券市场上发行规模仅次于国债、存量规模最大的券种。这些债券主要用于"两基一支"（基础设施、基础产业和支柱产业）、城镇化、民生（棚户区、"三农"或小微企业）、"走出去"战略等领域和方向，成为政策性投资项目中长期资金的重要来源。但是，政策金融债发行规模日渐不能满足政策性投资的需要，存在以下主要问题。

一是国家计划统得过多过死。央行在确定政策性银行金融债发行规模时，主要按照上年金融债发行基数，结合从事政策性业务的银行上报的信贷发放、回收计划，经与其他商业银行平衡、讨价还价后，按一定的增长比例确定本年度金融债发行规模。央行对各行政策性贷款规模实行指令性计划管理，逐年甚至逐季下达指令性计划。由于不同年份国家政策性项目对资金的需求不同，不同时点的融资成本不同、发债期限不同，每年制定的金融债发行计划、贷款规模计划往往赶不上变化。在发债总量和发债时间严格限制下，各行政策性金融债难以完全按照市场资金供需状况发行。在资金投放上，即便国家政策性投资有较大需求，也不得突破贷款规模。这不利于服务国家战略和宏观调控。

二是债信不足。从事政策性业务的银行依靠国家信用发行金融债券，理论上具有最优的债券信用，可以低成本筹集资金。但是，对发债规模最大的国家开发银行，财政部和银监会要每一两年核定一次金融债债信，造成市场预期不确定，使发债难度加大、发债成本上升，降低了发行金融债的融资能力。

三是监管错位。从事政策性业务的银行本质上是依托国家信用的非营利机构，但在监管和考核上，没有体现出这一特点。比如，要求这些银行与商业银行一样，也要达到 10.5% 以上的资本充足率；国家开发银行主要从事政策性业务，但由于采用与国有商业银行相同的利润考核办法，导致其将大量精力放在盈利上。为了达到盈利目标，从事政策性业务的银行也会将发行金融债融到的资金用于商业性业务，不利于其全力以赴服务国家政策性投资需要。

产生这些问题的根本原因，是政策性金融改革尚未到位。在我国政策性银行成立之前，政策性银行业务基本上由工农中建 4 家专业银行分担。银行一定程度上成了财政的"提款机"。专业银行为了盈利，倾向于多做商业性业务，少做政策性业务。但是，当商业性业务出现亏损时，又往往归到政策性业务上，最终还是由国家弥补亏损、承担风险。在 1994 年银行体制改革中，专业银行开始向商业银行转型，国家要求"将商业银行办成真正的银行"。同时，剥离专业银行的政策性业务，组建了 3 家政策性银行。

近 20 年来，银行业中政策性业务与商业性业务分离的改革任务不仅没有完成，甚至出现了一些倒退。政策性银行加大了商业性业务比重；商业银行则将部分贷款用于公益性强、回报率低、还款周期长的政策性领域。由于一些银行仍兼有政策性与商业性业务，央行将其视为商业银行进行贷款规模管理，银监会按商业银行标准监管考核。2008 年，国家开发银行向商业银行转型后，虽然主要承担的仍是政策性业务，但市场已将其视为商业银行，很难获得永久性的国家债信。

政策性业务与商业性业务分离改革滞后，也增加了商业银行风险。2008 年之后，为应对国际金融危机，国家在一些重点领域扩大投资规模，需要银行提供配套资金。大量政策性项目在无法得到银行政策性资金足够支持的情况下，转而使用了部分高利率的商业贷款。商业银行将大量资金投放到"铁公基"、地方融资平台等方向，出现信贷资金短存长贷、贷款投向与政策性银行同质化的现象，加剧了商业银行期限错配。由于这些资金投放长期挤占商业银行的信贷规模，商业银行不得不在贷款规模和存贷比监管外，开展大量的表外业务，并助长了影子银行过快发展，埋下了金融风险的隐患，提高了实体经济的融资成本。

扩大金融债发行规模的思路

我国作为发展中大国，在今后很长一段时期内，仍需要政策性金融持续发挥作用。为了提高金融债融资规模和使用绩效，更好地满足国家战略和宏观调控的需要，可以考虑采用以下改革思路。

第一，分离银行的政策性和商业性业务。将国家开发银行重新定位为政策性银行，名正言顺地成为服务国家战略的中长期投融资机构。今后，政策性银行只从事政策性业务。对各银行已有的政策性业务与商业性业务，实行分账管理、分类考核、分类监管。建立两种业务的防火墙，银行内部不再进行交叉补贴。在政策性银行业务扩大后，各商业性银行逐步过渡到只从事商业性业务，不再为公益性项目提供高利率的中长期商业贷款。

第二，建立政策性金融债发行动态调整机制。在当前经济下行压力较大的情况下，政策性金融债规模偏小的问题尤为突出。今后，应从根本上改革政策性金融债的计划管理方式，发行规模应根据实际需要动态调整，提高从事政策性业务的银行在金融债发行额度、期限、对象、方式上的自主权。

第三，完善政策性银行运营模式。确立单一政策性业务功能后，政策性银行在运营上应当坚持贷款项目的战略必要性、财务可平衡性、机构发展可持续性三者的有机统一。继国家开发银行建立住宅金融事业部后，应当进一步扩大政策性业务的专营范围，金融债要向这些专业领域倾斜。借助政府担保、长期债信、税收优惠等系统性制度安排，创新政策性业务模式。

改革路径选择

发挥政策性金融债主权债信高、融资成本低的优势，提高融资规模，是扩大投资、应对经济下行的有效措施。实现这一目标关键是深化政策性金融改革，消除制约政策性金融债发行的各项政策。

第一，合理确定近期政策性金融债发行规模和范围。（1）在现有基础上大幅扩大政策性金融债发行规模，加大其对国家重大决策的支持力度。（2）央行不再下达政策性金融债发行规模的指令性计划，而是制定一个金融债发行量区间。在该区间内由从事政策性业务的银行根据业务需要、市场状况自主动态调整发债的时间和规模。（3）考虑到国家每年明确了金融债的发行限额，已经对贷款规模形成了约束，可以取消对从事政策性业务银行的贷款规模管理。（4）扩大金融债发行范围。从主要由金融机构认购扩大到企业、个人，从国内发行扩大到国外发行。

第二，稳定主权债信，扩展资金来源。政策性银行的主权债信应当是长期债信。财政部门应当明确国家开发银行的政策性银行属性，对其主权债信由目前的一两年一定，改为长期债信。同时，批准国家开发银行受托管理和运用财政资金、社保资金、住房公积金等政策性资金，拓展其多元化的中长期资金来源。

第三，改革监管与考核模式。由于政策性银行拥有主权债信，一般而言，国际上对资本充足率的要求低于商业银行。我国对政策性银行在资本充足率、收益率、不良贷款划分标准和容忍度、项目评审标准等方面，应实行与商业银行不同的监管考核标准。目前，商业银行有商业银行法、贷款通则，建议国务院针对政策性银行的特点，制定政策性银行条例及相关法规。条件成熟时，推行政策性金融立法。

第四，完善政策性银行重大事项决策机制。可以考虑成立跨部门专门委员会，根据党中央、国务院的决策，明确需要政策性银行支持的战略方向；根据形势的变化，动态界定调整政策性业务的范围；确定年度金融债发行规模区间；为政策性银行建立系统、配套的制度安排和政策支持。

建立与政府投资职能相适应的规划和预算制度

2009 年以来，我国一直实施积极财政政策。这对于稳增长、调结构发挥了重要作用。但是，在实际执行中，存在着政府投资总量不清、进度不明，分散融资、碎片化使用，资金沉淀、债务风险累积等问题，削弱了积极财政政策的效能。2015—2017 年，中央经济工作会议和政府工作报告连续强调，积极财政政策要加大力度，更加积极有效。但是，在现有的政府投资管理和预算体制下，还难以很好完成这一任务。

政府投资统筹规划不足

政府运用自身财力扩大固定资产投资，是中外实施扩张性财政政策的重要内容。我国在应对 1997 年亚洲金融危机、2008 年国际金融危机和本轮经济下行压力中，都通过扩大政府有效投资拉动需求，促进了经济增长。但是近年来，投资增速放缓，全社会固定资产投资增速从 2013 年的 19.6% 降至 2018 年上半年每月 6%—7% 的水平。同期，以政府投资为主的基础设施建设投资增速也出现下滑，从 2013 年初每月 23%—25% 降至 2018 年的 7.3%。甚至使用中央预算资金项目的开工率、中央预算资金到位率在 2017 年上半年一度出现负增长。这反映出，积极财政政策落实不够有力，中央政府对全国政府投资尚未做到有效调控。

一是政府投资缺少统一规划。长期以来，中央政府用于固定资产的投资由多个渠道下达，各部门和各级地方政府分散使用。每年政府工作报告中确定的固定资产投资规模，称为中央预算内投资①，由国家发展改革委负责分配。其他各部门掌握的一般公共预算、基金预算、国有资本预算中也有相当一部分资金用于投资。这些资金分别由中央本级和地方使用，全国没有统一规划。大部分基金预算的收入项目是以建设和发展名义设置的，如铁路建设基金、民航发展基金、南水北调工程基金等②。但是，这些基金究竟有多少用于投资，中央投资主管部门和财政部门并不清楚。地方政府用于固定资产投资的资金，包括来自中央的一般转移支付和各种专项转移支付③以及地方本级收入。地方政府同中央政府一样，缺少统一规划。各个渠道的政府投资大都由各主管部门自行制定计划、自行下达执行，既不透明也缺少有效监管。

---

① 这部分资金在政府工作报告、国民经济和社会发展计划报告中称为中央预算内投资，在财政预算报告中称为中央基本建设投资。2017年实际执行为5076亿元，2018年预算安排5376亿元。

② 纳入政府性基金预算管理的基金共43项。按收入来源划分，向社会征收的基金31项，包括铁路建设基金、民航基础设施建设基金、港口建设费、国家重大水利工程建设基金等。其他收入来源的基金12项，包括国有土地使用权出让收入、彩票公益金、政府住房基金等。按收入归属划分，属于中央收入的基金9项，属于地方收入的基金20项，属于中央与地方共享收入的基金14项。按支出用途划分，用于公路、铁路、民航、港口等建设的基金9项；用于水利建设的基金4项；用于城市维护建设的基金8项；用于教育、文化、体育等事业发展的基金7项；用于移民和社会保障的基金5项；用于生态环境建设的基金5项；用于其他方面的基金5项。

③ 含国家发展改革委下达的中央预算内投资。

二是政府投资项目进度不清。目前，由国家发展改革委下达给地方的投资，对每个项目的投资规模、资金来源、项目进度等都建立了台账，有关部门能准确掌握其实施情况。但是，这类项目在政府投资项目中占比不高。对部分省区市的抽样调查表明，地方政府使用中央财政资金的固定资产投资中，由国家发展改革委渠道下达地方的约占资金总规模的33%。也就是说，中央政府投资的2/3是由国家发展改革委以外渠道下达。如果算上中央财政用于支持中央本级的规模以上固定资产投资①，初步判断，投资和财政主管部门对中央政府投资中超过76%的资金不掌握其进度情况。而这部分资金的沉淀和低效率问题比较突出，成为使用中央预算内资金的项目开工率低、资金到位率低的主要原因。

三是地方政府投资的债务与还本付息缺少统筹安排。各级地方政府对使用预算内资金的投资项目、政府负有偿债责任的投资项目普遍缺少统一管理。大部分地方政府既不掌握债务规模，也没有全面的偿债计划。地方政府、审计部门、财政部门、金融部门对于同一地区的政府债务往往有不同的统计结果，甚至彼此间差距很大。这些因素为准确判断地方债务风险增加了难度，不利于地方政府发债融资、确定合理的投资规模。

造成上述问题的原因在于，我国对使用政府财力进行固定资产投资和偿付投资债务缺少有效的计划和预算管理。新中国成立到改革开放之初，政府投资的资金基本来源于中央预算内，决策权高度集中于国家计划部门。改革开放后，随着地方和部门自主权扩大，预算外

---

① 中央本级的规模以上固定资产投资指单个投资总规模500万元以上的项目。

资金和投资增长加快。20 世纪 90 年代以来，我国逐步将预算外资金纳入预算内管理，形成了一般公共预算、政府性基金预算、国有资本经营预算和社会保险基金预算并存的财政预算 4 本账体系。从这 4 本账中，看不出全部政府投资和债务的来源与去向。预算与中长期发展规划脱节，与年度发展计划衔接也不够紧密，体现不出政府投资在积极财政政策中的作用。

匹配政府投资职能需要编制专门预算

世界各国的财政预算编制方式一般分为单式预算和复式预算。单式预算是把国家财政收支归并到一个统一的预算中；复式预算是把国家财政收支按经济性质归类，分别编成两个或两个以上的预算，一般包括经常性预算和资本性预算。从各国财政制度的变迁看，一国采用什么样的预算编制方式与发展阶段和政府职能直接相关。一般而言，政府投资建设任务重的国家，或者建设任务重的发展阶段，会采用复式预算，编制专门的资本预算。

资本预算在帮助美国走出 20 世纪初的经济"大萧条"中发挥了重要作用。[①]1933 年，为配合罗斯福新政，美国联邦政府施行复式预算，将联邦预算分为"正常预算"和"非正常预算"。"非正常预算"

---

① 20 世纪 30 年代经济大萧条之后，美国和北欧等国家进行预算制度改革，施行复式预算，但在具体形式上略有不同。例如，瑞典分为经常收支与资本收支，美国分为正常预算和非正常预算等。但是，实质内容各国大体相同，即经常预算、正常预算和循环预算是一般行政上的经营收支，其支出经费的来源以税收为主，以维持平衡为原则；资本预算、非正常预算和非循环预算一般包括公共工程、公营事业和战时或经济危机时期的临时性支出，其资金来源以发行公债为主。

实质上就是资本预算，依靠国债融资，执行赤字政策，将资金用于投资项目建设，促进经济发展。随着经济逐步复苏，联邦政府退出反危机措施，恢复单式预算。

目前，美国州及州以下地方政府仍实行复式预算。地方政府基础设施建设和各类公益性项目主要由资本性预算管理①，其资金来源以债务直接融资为主。为了确保用于基础设施建设和民生保障项目的资金来源和投资绩效，美国各地大都制定了跨年度的资本改善计划（Capital Improvement Program, CIP）②，统筹衔接项目的资金来源、支出、偿还和中长期发展规划，较好地把控了债务风险。CIP计划期一般为5—7年，每年滚动编制，而不是等计划执行结束后再编下一个计划。各地的CIP已成为统筹中长期发展愿景、资本项目建设、财政收支三者之间的综合性计划。

我国也曾经尝试编制复式预算。1992—1996年，在全国人大审议的财政预算报告中，对政府建设性资金来源与支出都进行了详细说明。但是，编制建设性预算只进行了短时间的探索。1994年预算法和1995年预算法实施条例虽然保留了复式预算的提法，但之后不再单独编制建设性预算。2014年预算法中取消了复式预算的提法。目前，我国预算体制中关于政府投资只在一般公共预算下单独编列基本建设预算，即政府工作报告中的中央预算内投资，仅反映了国家发展

---

① 参见本篇《借鉴美国地方债风险防范经验》。

② CIP是政府投资项目的全面计划。内容包括政府购买有形资产（办公楼、设备等）、基础设施建设、教育、住房项目建设以及大型维修支出等。CIP要编列项目总投资、建设内容、融资方式、还款来源、建设和还款进度等内容。纳入CIP的项目将被列入财政资本预算的某个时段或者某个部分。

改革委下达的投资。

党的十九大提出，我国在全面建成小康社会基础上，分两步走在本世纪中叶建成社会主义现代化强国。实现这一目标，在未来相当长的时期内，仍然需要大量的基础设施建设和公共服务投资，政府投资在其中扮演着重要角色。在当前经济下行压力仍然较大的情况下，我国将继续实施积极财政政策。为了保持政府投资的规模和速度，有效管控和化解地方政府债务风险，需要建立与之匹配的预算制度。严格区分"吃饭财政"和"建设财政"，对所有政府投融资编制专门预算，予以全面、系统、科学的管理。

建立政府投资规划和资本预算制度

为了更好地挖掘政府投资潜力，发挥其在实施积极财政政策中的作用，迫切需要建立与政府投资职能相适应的管理体制和运行机制。综合国内外经验，当前有必要制定覆盖所有政府投资的中长期规划，并编制相应的资本预算。

第一，滚动编制政府投资中长期规划。2015 年起，国家发展改革委开始对分管的中央预算内投资试编 3 年滚动计划。在总结经验的基础上，可以考虑扩编为政府投资中长期规划。具体措施包括：（1）中央和地方分别编制政府投资规划，地方政府使用中央资金的，要与中央投资规划相衔接。（2）体现政府投资的中长期特点，规划期可以考虑设置为 3—5 年，每年滚动编制。（3）规划范围扩展至所有政府投资项目，包括国家发展改革委以外各渠道下达的中央投资。（4）中长期投资规划对每一个政府投资项目的投资规模、建设内容、融资方式、还款来源、建设和还款进度等进行跨年度的全面规划和管理，做好项目建设周期与不同融资工具之间的合理搭配与整体平衡。

第二，滚动编制资本预算。与制定覆盖全部政府投资的中长期规划相适应，财政预算制度也要作出调整，在财政4本预算之外应当建立资本预算。具体措施包括：（1）中央和地方分别编制资本预算，地方使用中央资金的收支要并表到中央预算。（2）资本预算与政府投资中长期规划相衔接，编制3—5年资本预算，每年滚动编制。（3）预算覆盖所有政府用于固定资产投资的资金，包括一般公共预算、政府性基金预算、国有资本预算中用于投资的部分，以及政府负有偿还义务的债务。（4）考虑到大部分基金预算用于投资，国有资本预算收入是国有资产的投资回报，今后，在资本预算编制成熟后，可以逐步取消基金预算和国有资本预算，将其统一于资本预算。

第三，建立投资主管部门、财政部门和其他部门间相互协调的机制。编制政府投资中长期规划和资本预算，涉及分散在各部门、各地方的所有政府投资。用好这些投资，既要发挥部门和地方的积极性，也要体现国家对政府投资的统筹安排、有效监管。在投资规划和预算编制的流程上，由各部门、各地方提出投资计划，中央和地方各级投资主管部门汇总审核，分级编制政府投资中长期规划，财政部门同时编制与之匹配的资本预算。各年度编制的投资中长期规划、资本预算报本级政府批准后，纳入本级政府工作报告、计划报告、财政报告，经同级人大审议后执行。

滚动编制政府投资中长期规划和资本性预算，有利于实现经济社会发展规划、年度计划与财政预算的衔接，从而提高发展规划与计划的可操作性。比如，在安排年度经济社会发展工作时，由于有了详尽的中长期投资规划，可以用长远眼光安排当期建设。建立资本预算后，地方政府负有偿付责任的债务及偿债计划能够做到完全透明。资本市场可以根据负债水平对各地的政府信用进行评级，从而利用市场的力量抑制债务风险较大的地方过度举债，防范地方政府债务风险。综合看，滚动编制政府投资中长期规划和资本预算，将提高对政府投资的调控能力，更好发挥政府投资在积极财政政策中的作用。

松绑抑制投资增长的多重约束

近年来，我国固定资产投资增速下降较多。2018 年 1—8 月全社会固定资产投资（不含农户）累计同比增长 5.3％，创有统计以来最低增速。如果扣除投资价格指数，全国投资增长速度是负增长。投资失速成为拖累当前经济增长的重要因素，其中基础设施投资增速下降带动全社会投资增速回落。

制约投资增长的主要因素

当前制约投资的因素主要来自舆论压力和各个"条条"的政策。一些智库学者片面阐述投资对高质量发展、经济结构调整的负面影响，在投资大幅减速，甚至很多地区出现零增长和负增长的情况下，仍不负责任地建议政府控制投资规模。一些部门没有认识到扩大有效投资、增量结构调整对促进高质量发展、中高速增长的重要意义。在释放内需潜力、实施积极财政政策的形势下，仍在制定执行抑制投资的紧缩政策，形成逆向调节。

第一，多项生态保护政策同时形成约束。近年来，我国加强了生态文明建设的力度，有力遏制了一些地方生态环境恶化的趋势，但也存在出台政策急于求成的问题。自然资源、生态环境、海洋、林业等部门按照各自职能争相"划线设区",出台限制开发政策。现在已划定的各种禁止开发区、限制开发区门类众多。在同一行政区划中,往往有生态控制线、生态保护红线、永久基本农田、生态公益林、湿地、自然保护区、风景名胜区、地质公园等限制开发的区域。

2017年以来,各主管部门在既有限制政策基础上又普遍收紧了审批。比如,占用永久基本农田的项目用地预审按规定必须报国家土地管理部门。现在该部只受理国家部委立项的重大项目(包括交通、水利、军事等项目)、列入国家高速公路网的高速公路、委托地方审批的铁路等3种类型项目用地预审,其他项目均不受理。又比如,国家海洋主管部门2017年先后暂停渤海围填海项目审批、2018年地方年度围填海计划指标安排、全国范围内区域用海规划审批,只有国家重大项目、民生项目、重大基础设施项目,才能采取"一事一报"的办法进行审批。

这些从严的审批措施只对"国字头"的大项目开口子,大量民间投资、地方投资项目被排除在外,甚至很多使用中央财政资金的投资项目也未能幸免。比如,公路、铁路、水利等线性工程在选址时,往往难以避让永久基本农田。收紧审批后,新项目无法获得批准。很多沿海地区不让用海几乎无法发展。海域限批后,2018年福建、山东两省沿海无新开工项目,甚至连渔港、避风港、海堤维护这样的项目都无法建设。

这些与生态保护有关的"线"和"区",很多是在短时间内划定的。由于缺乏长期的观测数据,划定的科学依据不足,随意性大,相互间缺乏协调。各部门各划各线、各设各区,经常出现交叉重叠,项目占用同一地块需要多个部门审批。

第二，多项直接调控措施影响投资者信心。2017年以来，有关部门集中出台了去产能、煤炭消费总量控制、环保整治、重大活动错峰生产、新旧动能转换等政策措施。有些政策在执行中不是按照市场化的原则，而是采用直接调控、行政命令的办法，扭曲了供求关系和市场价格，甚至侵害了投资者的合法权益。

在政策执行中，存在层层加码、歧视非公经济现象。有的地区对重点行业、重点园区排查时实行"一刀切"式停产整治。全限产停产范围由高载能、高排放行业延伸到采矿、农副产品加工、造纸、机械等行业。一些地方去产能中采取差别政策，民营企业的产能先去、国有企业的后去。部分地区环保政策执行标准不公开、不透明，许多企业反映"看不到底"、"前后不一致"，影响了企业经营预期和投资信心。

有些部门和地方不顾实际情况，层层分解下达指标，利用去产能、环保整治借机巩固行政审批权力。一些地方新上的能源、冶金、化工等项目生产规模大、技术先进、污染排放少，但因个别手续未及时完成补办不得不停产。用行政办法去产能，落后产能没有减下来，反而淘汰了先进产能。

有关部门还将降低煤炭使用的指标硬性分配到各省，省政府又层层分解到各地市。一些能源利用效率高、排放少的项目，因为没有用煤指标无法落地。我国燃煤造成的大气污染主要是散煤燃烧造成的，用行政办法控制集中燃烧的用煤项目，看上去用煤量有所下降，但对改善空气质量没有实质性帮助。

第三，投资项目报建审批周期过长。经过2016年以来精简审批事项，采取并联审批、联合评审等措施，一定程度上优化了流程，但报建审批环节仍多达 40 项。存在以下几个突出问题。

一是项目启动难。现在各地、各部门审批投资项目大都以规划、产业政策为依据，没有纳入规划的不批，不符合产业政策的不批。但是，各种专项规划、行业规划、产业政策水平不一，很多规划和政策制定时间较早、质量不高、预见性差。在新旧动能转换中，大量先进产能、引领行业发展方向的新项目，因僵化地执行规划和产业政策无法获得批准。

二是批地周期长。新建项目往往会遇到办理农用地转非农用地、调整土地规划、耕地占补平衡或增减挂钩、国有建设用地使用权招拍挂（或协议出让、划拨）等手续。这些手续很多要上报一个或两个行政层级批准，耗时较长。2018 年，土地管理部门又严控成片未利用土地开发，进一步加大了土地占补平衡的难度。

三是重复审批多。在批准用地这一件事上，国土部门要进行土地预审，住建部门要办理用地规划许可证。住建部门在办理施工许可证前，要求项目先办理"三证一书"，即建设用地规划许可证、建设工程规划许可证、乡村建设规划许可证和建设项目选址意见书。这些"证"和"书"均由同一部门发放，很多内容雷同，完全可以归并。

四是"土规"、"城规"调整难。土地规划一般一定 15 年，目前，大部分地方的土地规划是 2006 年前后制定的；城市和镇总体规划期一般为 20 年。全国 106 个大中城市的"土规"、108 个城市的"城规"，以及占用基本农田、一般耕地超过 30 公顷等事项，要逐级上报至国务院审批。这些规划制定时间较早，经常需要根据建设需求进行调整，也是由国务院审批。由于这些"陈规"调整的环节多、时间长、难度大，经常迟滞项目的报批进度。

五是施工许可证搭车审批多。与工程建设没有必然关系的很多事项，如广播电视设计方案审核、通信施工许可、供气施工许可、供热施工许可、夜间施工许可、特种设备开工、农民工欠薪保证金证明、农民工意外保险等，均列为发放施工许可证的前置事项。虽然这些前置审批都有法规依据，但均不是项目开工的必要条件，完全可以取消。

第四，建设用地供求矛盾突出。土地管理部门采用土地规划、用地计划、土地用途管制等计划手段配置土地资源。近年来，各种计划越收越紧。2012年起，全国国有建设用地供应量逐年下降。在新增供地总量下降的情况下，发展快的地方指标严重短缺，大量拟上投资项目无地可供。发展慢的地方供地指标用不完，反映出土地计划与实际用地需求之间未能有效匹配。土地作为经济发展最基本的生产要素，由于管得过多过死，人为造成资源稀缺。

第五，各类投资主体资金来源不足。2018年初市场普遍感到流动性紧张。央行通过3次降准和公开市场操作，银行间市场流动性有所改善。7月，有关部门对去杠杆政策作了调整，资管新规实施步骤有所放缓。尽管如此，实体经济融资难、融资贵的局面仍未改观，金融市场波动加大、活力不足的问题十分突出。前三季度，全社会融资规模比上年同期少增2.32万亿元。9月末，M_2余额180.17万亿元，同比增长8.3%。M_1增速由1月的15%迅速下降到9月的4%，表明企业流动资金出现大幅减少。因融资环境趋紧，债市违约增多。资本市场环境的恶化直接影响了各类投资的融资能力。

一是大量政府投资项目资金难以为继。2016年以来，财政部等部委相继出台清理和规范地方政府土地质押借款、融资平台、政府和社会资本合作（PPP）项目等政策，地方政府融资能力下降，融资渠道收窄。随着金融监管加码、国开行棚改贷款收紧、各部门去杠杆政策密集出台，基本阻断了地方政府获得低利率中长期融资的渠道。

二是对金融机构的各种计划管理、指标考核造成资本约束。央行对贷款规模的控制仍采用计划经济的管理方式，定规模、下指标、层层分解落实，造成整体信贷资源稀缺。MPA 考核看似覆盖了所有金融业务，但很多考核指标流于形式。商业银行在考核日前通过抽贷、断贷等方式粉饰报表、"冲时点"。考核扰乱了银行与实体经济的正常经营秩序，却很难达到风险监管的初衷。

三是金融机构对国企和民企实行"信用双轨"政策。企业普遍反映，银行对国有企业贷款相对宽松，一般采用基准利率。对民营企业贷款则持谨慎态度，客观上普遍存在慎贷、畏贷、惜贷，以及压贷、抽贷、断贷现象。

四是对直接融资管得过多过死。有关部门对于股票上市、发行债券进行严格审批。股票市场"难进不出"，在现行 IPO 审核标准下，新上市企业进入缓慢、质量不高。债券上市审批内容包括产业政策和行业规划审查，盈利年限、净资产规模、主体评级等审查，对中小企业构成了较高门槛。

打破投资增长的多重约束

我国投资增长出现持续性回落，很大程度上是多部门投资约束政策叠加出台、集中发力的结果。面对当前内外部风险较大的严峻形势，很多抑制经济过热、防止产能过剩的政策应当作出必要的调整。

可以考虑采取扩张性的投资政策，继续大幅度简政放权、减少政府对微观经济的干预，统筹各项监管政策的力度和出台节奏，为各类投资主体创造宽松的发展环境。

第一，全面清理取消各部门下达给地方的土地、环保、能源、海洋控制性指标。经过计划体制改革，在"十五"计划时，我国就取消了绝大部分指令性计划。近年来，很多部门不是靠完善体制机制解决问题，而是将下指标、分任务、签责任状当作"抓手"，把责任下移，是一种新形式的懒政。当前，自然资源、环境保护、发展改革、林业等部门可以考虑开展以下工作：

一是对分解下达给地方执行的指标进行一次系统清理。坚决取消没有法律法规依据的计划指标；有法律法规依据的计划指标可转为指导性计划，按程序对法规进行修订；禁止各部门要求各地对计划指标层层分解、层层落实；禁止各地在执行计划时层层加码。

二是对划定的各种禁止开发、限制开发区域进行清理整合。对各部门"划线设区"的情况进行一次系统排查，能合并的尽量合并。在这项工作开展的同时，对各部门"划线设区"生效前申请的项目抓紧进行审批。对已生效的各种禁止开发、限制开发区域内进行投资的项目申请，不得拒绝受理；经过科学论证、综合评判后，根据实际情况进行审批，加快审批进度。

三是便捷高效地满足新建项目用地、用海需要。调整土地供应计划，大幅增加各地新增建设用地指标。允许耕地异地占补平衡、增减挂钩，简化办理程序。减少土地规划调整、城镇规划调整审批环节，将"土规"、"城规"调整权下放至同级政府。取消海域限批，海洋管理部门不得拒绝受理各地用海申请。同时，下放用海审批权限。

第二，投资项目报建审批事项从"多头审批"改为"一道审批"。目前保留的 40 项投资项目报建审批事项，大部分是企业投资自主权范围内的事，没有必要进行审批。考虑到各部门都不愿意放弃审批，进一步精简的难度很大，改革可以从"精简"改为"精选"。即停止执行原有的报建审批流程，只赋予投资主管部门对投资项目的核准或备案职能。项目业主在向投资主管部门申报的文件中，对于法律法规需要履行的义务，如符合环保标准、用地规划、安全消防标准等自行作出承诺。项目经投资主管部门对承诺的合法合规性进行程序性审查，核准或备案后即可开工。其他相关主管部门对项目业主承诺事项进行事中事后检查。实行这一改革后，投资主管部门兼有推进投资的职能，对于调整投资结构、促进新旧动能转换很有意义。

第三，新上一批投资项目。重点可考虑以下几方面。

一是扩大新放开领域的投资。新公布的《外商投资准入特别管理措施（负面清单）（2018 年版）》，对 22 个领域推出开放措施。这一清单应当同样适用于国内民营企业。各类生产要素主管部门在用地、用海、用能、融资等方面应尽可能向新开放的领域倾斜，使这些领域成为新的投资热点。

二是新开工一批重大能源项目。虽然我国目前能源总体供求平衡，一些地方供大于求，但整体能源结构不够合理。当前有必要进一步扩大能源投资，开工一批油气管网、液化天然气（LNG）接收装置、储气库投资，新开工一批水电核电项目。适度放开大容量高参数燃煤火电机组建设，替代小规模高排放的火电机组。

三是提升基础设施建设投资水平。在前期清理 PPP 项目工作的基础上，对符合规范的 PPP 项目应尽快满足其融资需求，确保工程顺利完工。在部分财政条件好、基础设施建设需求迫切的地区试点地方自主发债。

四是支持扩大房地产投资。加大房地产投资建设力度，是平抑房价、扩大居民消费的重要手段。可以从积极供给土地、改善融资环境等方面入手，促进房地产投资建设。

第四，加大地方财政融资开"前门"的力度。近年来，地方债务管理堵"后门"成效显著。下一步，"前门"要开得更大一些，允许债务信用高的地区扩大地方债发行。根据各地负债水平和偿债能力差别，允许财政状况良好、偿债能力强的地方政府增加一般债券和专项债券的发行。建立地方政府债务信用评级机制，创造条件使地方债发行标准与现有市场化债券发行标准并轨。将现在由财政部门分配发债指标的做法，过渡到由市场决定地方政府发债规模和价格。当然，为防止出现新的债务风险，应当建立上级政府对下一级政府的债务风险预警机制，适时采取早期纠正措施。

第五，改善市场融资环境。继续实施稳健的货币政策，从全面去杠杆转为结构性去杠杆，尽最大努力满足实体经济对流动性的需求。

一是加强监管政策之间的协调性。完善国务院金融协调机制，统筹监管政策出台的节奏和力度，防止不必要的叠加和共振。对已出台的资管新规等市场影响较大的监管政策，有必要逐项评估其合理性，并进行适当的修改完善。对监管政策中的原则性要求，加快制定具体实施办法，并公开征求意见，稳定市场预期。

二是拓宽金融服务实体经济的渠道。推行股票、企业债券发行注册制。降低直接融资门槛，赋予企业较大的上市、发债自主权。放宽企业债券发行标准，面向中小企业、创新企业发行更多新的债券品种。

产业发展：构建新产业革命的政策体系

在市场化、全球化条件下，制定产业政策究竟有无必要？靠行政手段可以化解产能过剩吗？适应数字经济发展需要构建怎样的政策体系？

纵观世界上有较强国际竞争力的经济体，大都经历了相近的发展阶段。对发展负有责任的政府，在每个阶段应当选择不同的竞争策略。这一点对后发国家尤为重要，可能就是产业政策的要义所在吧。

林毅夫、张维迎两位学者之争再次把产业政策的臧否推上舆论焦点，众多学者参与了讨论。很多学者将产业政策与长官意志、计划经济画上等号。实际上，我国上世纪90年代出台的产业政策目标，基本上已经实现。本篇试用一些案例说明，目前拿得出手的"中国名片"，其背后大都有产业政策的身影。

近年来，我国面临一些领域产能过剩的新问题，也迎来数字经济蓬勃发展的新机遇，其应因方略和政策设计，对政策制定者而言，无疑是一场新的考验。

选择正确的竞争策略

怎样才能长期保持经济稳定增长的活力？这是历史和现实中经久不衰的话题。瑞士有两家独立研究机构，每年发布全球各主要经济体竞争力排名报告。中国大陆的排名在发展中国家长期名列前茅，但也出现过下降的年份。一个有意思的现象是：当排名上升时，很多媒体赞誉之声鹊起；当排名下降时，又责怪某些势力唱衰中国，作出不屑一顾的表情。这表明，对大部分人而言，关心的只是排名结果，而不是背后的机理。

19 世纪以来，大部分关于竞争力的讨论，是沿着古典经济学比较优势的分析思路展开的。一般认为，一国的竞争力主要来源于劳动、自然资源、金融资本等生产要素的投入。各国生产要素在生产效率上的差异导致了生产成本的不同。只有那些价格低廉、具有价格竞争力的商品才能占有较大的市场份额，从而具有国际竞争力。在实践中表现为，发达国家进口劳动密集型或资源密集型产品，出口资本或技术密集型产品；发展中国家则相反。东亚国家以及我国沿海地区以出口为导向的发展模式，在很大程度上体现了不同经济体比较优势不同所形成的国际贸易和分工格局。

但是，传统的比较优势分析无法解释，为什么有些国家资源禀赋不佳，要素成本偏高，却很有竞争力。20 世纪 80 年代以来，全球化成为当代经济最显著的特征。生产要素和资源能够在国际间自由流动；自然资源通过技术进步可以被改良、人工合成或被新材料替代；人力资源可以用质量上的优势弥补数量上的不足。因此，大部分发展中国家所具有的传统的静态比较优势，在全球化条件下不一定具有竞争优势。

按照波特的竞争优势理论，一个国家提高竞争力不仅仅要提高比较优势，而且要全面改善发展环境。至少有以下几方面内容，一是生产要素。它包括人力资源、自然资源、创新能力、资本、基础设施等。初级的生产要素是自然形成的，如矿产资源；高级的生产要素，如人力资源、基础设施，则是人为创造的，必须依靠大量的投入。一个国家要获得竞争优势，高级要素远比初级要素重要。二是需求因素。巨大的国内市场有利于形成产业规模经济，高层次的消费者有利于提高产品的质量、性能和服务。三是关联产业的支持度。包括企业的上游产业在设备、零部件等方面的纵向支持，以及相似企业在生产合作、信息共享等方面的横向支持。四是企业战略、企业结构和竞争对手状况。

当然，良好的发展环境不是短时间形成的。纵观世界上有较强国际竞争力的经济体，大都经历了类似的发展阶段，即生产要素驱动阶段、投资驱动阶段、创新驱动阶段和财富驱动阶段。在经济快速发展之初，几乎所有成功的产业都依赖基本的生产要素。它们可能是自然资源，或是适合农作物生产的自然环境，或是廉价丰富的劳动力。在投资驱动阶段，国家竞争优势确立在国家和企业投资能力的基础上，特别是企业对技术进行消化、吸收、升级尤为重要。在创新驱动阶段，企业在应用和改进技术的基础上，开始具备独立的研发能力，技术创新成为提高国家竞争力的主要因素。也就是说，创新驱动是相对生产要素驱动、投资驱动更高级的发展阶段。

改革开放近40年来，我国主要靠廉价劳动力投入、大量资源消耗和大规模投资实现了经济的高速增长。但是，外延式、粗放型发展模式已难以为继。我国经济的转型升级，就是要改变对传统经济增长动力的过度依赖。从生产要素驱动阶段、投资驱动阶段，迈向创新驱动阶段；从过度依赖人口红利、土地红利，转向依靠改革形成制度红利。

当然，由于我国经济发展存在着不平衡，转型升级不可能全国齐步走。譬如，长三角、珠三角、京津冀地区经济较为发达，现在已明显感到传统发展模式的局限性。因此，这些地区应当率先从生产要素驱动阶段、投资驱动阶段走向创新驱动阶段；而中西部很多地区，可能还处在生产要素驱动和投资驱动阶段。这是不可避免的。

在生产要素驱动阶段和投资驱动阶段，一个国家和地区发展模式很难有更多选择的余地，到了创新驱动阶段情况则不同。竞争力的大小不再由与生俱来的自然禀赋所决定，很大程度上取决于政府是否选择了提高生产率的政策、法律和制度。在这一阶段，国家竞争优势的提升，有赖于政府发挥正确的作用。政府不仅要承担一些基本公共服务的职能，而且要承担培养高级生产要素的职能；政府应致力于营造健康的市场环境，使各类生产要素充分竞争；放宽对微观经济活动的干预和市场管制，以开放的姿态促进各贸易国相互开放市场。

回到篇首，关注国际机构对我国竞争力的排名，有助于时刻提醒：只有在发展道路上作出正确的选择，才能实现转型升级，才能使我国不断走向新的繁荣。

"中国名片"背后的产业政策

　　林毅夫、张维迎两位学者关于产业政策之辩，引起业内广泛关注。笔者作为亲历者、见证者不得不说，我国在一些产业领域达到世界先进水平，产业政策功不可没。产业政策犹如国之重器，不可轻视，不可轻易言弃。

产业政策溯源

　　我国最早使用"产业政策"这一概念是"七五"计划（1986—1990年）。之后，历次五年规划和年度计划中，产业政策都是重要内容。早期制定得比较系统全面的产业政策，是1989年出台的《国务院关于当前产业政策要点的决定》、1994年国务院发布的《九十年代国家产业政策纲要》。

　　在不同发展阶段，国务院和有关部门还出台了一系列产业结构调整政策、产业振兴规划、产业发展指导目录等。这些政策性文件，共同构成了较为完整的政策体系。讨论产业政策问题，需要对此有全面的把握。

　　制定和执行产业政策是计划体制改革的成果之一。计划体制改革总的方向是，大幅度减少指令性计划，减少政府对微观主体的干预。到 1998 年，我国绝大部分商品已经实现了市场配置资源，制定的年度计划和中长期规划，总体上是指导性和预期性的。

产业政策虽然代表着政府促进产业发展的思路，但与计划经济下的指令性计划、政府干预相比，无论在形式、内容和执行方式上都截然不同。运用产业政策促进关键产业的发展，更加符合市场经济的规律。

民主决策产业政策

在产业政策制定过程中，有关部门会邀请政、产、学、研各界有识之士参与。现在很多有成就的学者、企业家，都曾受邀到国家计委或后来的国家发展改革委就产业政策提出意见和建议。可以说，产业政策的制定过程，本身是统一思想、达成共识的民主决策过程，而不能看成是长官意志的结果。

比如，《九十年代国家产业政策纲要》提出，加强基础设施和基础工业，振兴机械电子、石油化工、汽车制造和建筑业，使之成为国民经济的支柱产业。这些政策取向反映了各界共识。当时制定的政策目标现在已经基本实现。

产业政策实践

产业政策的内容很多，但国家在执行产业政策时，并不是对每一个产业平均发力，而是针对国民经济的重要领域和关键环节采取措施。这里，主要谈一下装备工业。这是一个大国综合国力和经济实力的重要表现，也是工业化、现代化的标志。

20 世纪八九十年代，我国轻工、纺织和一般机电产品在国际上已经有一定优势，但生产这些产品的生产线大都依靠进口。当时，巴黎统筹委员会和一些发达国家，对华实行出口管制和军售禁令。这些限制很多是针对装备制造业产品。我国的决策者很早就意识到，像我们这样一个发展中的社会主义大国，不引进国外先进技术装备不行，但完全靠买也买不来现代化，必须在引进的同时实现重大技术装备自主研发和自主制造。

2005 年开始，我国实施了振兴装备制造业的政策，制定了重大技术装备研制和重大产业技术开发专项规划。当时支持的产业，包括百万千瓦级核电机组、超超临界火电机组、大型水电机组、特高压交直流输电、大型乙烯成套设备、大型薄板冷热连轧成套设备、大型集装箱船、LNG 运输船、高速列车等几十个门类。现在这些产业大都达到了世界先进水平，成为装备制造业的"中国名片"。

支持一个产业，不是写在文件上就可以发展上去的，实际工作中会遇到很多困难。比如，国内企业研制重大装备，往往遇到资金短缺、跨国公司不转让技术、新装备客户不信任等问题。针对诸如此类的问题，政府部门在执行产业政策中探索出了很多成功做法。包括依托重大工程实现重大技术装备自主化、支持一批大型装备制造企业和工程公司、实施国家重大技术专项、鼓励使用国产首台首套技术装备、引进消化吸收再创新，等等。

我国依托三峡工程制造出 70 万千瓦水轮发电机组，就是一个成功案例。按照设计，三峡工程建设需要 32 台 70 万千瓦水轮发电机组，加上与三峡工程同期筹建、在建的大型水电站，全国市场超过

100 台，是上千亿元规模的大蛋糕。20 世纪 90 年代，国内只能制造 30 万千瓦机组。为了让国内装备占领国内市场，国家决定 70 万千瓦水轮发电机组要实现国产化。1997 年，国家组织对三峡工程水轮发电机组供货商全球招标。当年 8 月，三峡总公司与两大国际联合体签订了左岸 14 台机组、8 亿美元的合同，四川德阳东方电机股份有限公司分包了 2 台。按照合同约定，外方与中方联合设计、联合制造。7 年后，2004 年 3 月，三峡右岸机组 12 台机组招标采购时，投标的不仅有国外跨国公司，我国东电、哈电都同台竞标。我国从过去的配角变成了主角，在大型水轮发电机组设计制造领域达到了国际领先水平。

勿失国之重器

当我们今天细数制造业的"中国名片"时，都与当时决策者的战略抉择、与产业政策的有力支持密不可分。这些年来，国家每支持一个产业、一项技术装备，就要打出一套或者几套组合拳。一批批财经官员，站在国家利益的角度，为支持一个产业、一个项目，慎思谋局、殚精竭虑。在国内进行了大量策划协调，对外进行了无数次谈判磋商。期间的波澜起伏，利害较量，可以写出最惊心动魄的报告文学。他们默默无闻的工作不应被忘记，更不应被误解、被嘲讽。

供需两端发力化解产能过剩①

钢铁煤炭等行业产能过剩是当前困扰我国经济的突出矛盾。在解决这一问题时需要看到，供给过剩与需求不足是一个问题的两个方面。化解产能过剩似有必要探索从供给和需求两侧发力寻找解决途径。

供给侧分析

钢铁煤炭都是国有经济比重较高的行业。近年来，国有企业的资产规模增长较快，但体现为国有资本预算的上缴利润总量变化不大。主要原因是，有关部门对国企评判的标准偏重资产规模，资产排名靠后的企业容易被兼并重组。因此，国企大都愿意将收入用于投资，而不是上缴财政。按照规定，国企投资方向原则上不能偏离主营业务，钢铁煤炭企业只能再投钢铁煤炭，于是加剧了这些领域的产能过剩。

中央与地方按投资规模划分项目审批权限的做法，是钢铁煤炭产能过快增长的另一原因。我国钢铁产能 3 亿吨时就开始控制规模，

---

① 本文完成于 2016 年 9 月。

有关部门很少批准新项目，但这并没有阻止产能扩张。其内在机理是，国家不批准大项目，土地、银行贷款等一系列配套就很难落实，各地只能根据现有条件上马规模小一些的项目。在经济快速增长的情况下，这些企业效益尚可；一旦经济增速放缓，成本压力就会明显增加甚至出现亏损，从全行业看就表现为产能过剩。

必须指出的是，我国以流转税为主的税收体制，是地方政府发展钢铁煤炭的内在动力。钢铁煤炭企业往往是地方政府重要的税收来源，看上去企业经营亏损，但给地方政府的税收不会少缴。只要企业资金链不断就有可能存续到市场好转的那一天。这样，未来的税源就能有保证。地方政府普遍事权多、财权小、财力薄弱，很难下决心出清产能、消灭僵尸企业。如果以流转税为主的税收制度不变，地方政府发展重化工业的动力就不会消失。

需求侧分析

目前，我国对钢铁煤炭仍有大量的有效需求。在钢铁方面，我国人均消费水平远低于发达国家水平。随着城镇化推进，基础设施建设、房屋建筑、地下管廊建设等仍需要消耗很多的钢铁。我国经济长期向好局面没有改变，传统产业改造升级、新兴产业加速发展、城乡基础设施建设等都需要大量钢铁产品。从技术水平看，我国钢铁行业的过剩产能不都是落后产能，新建项目仍有较强市场竞争力。

在煤炭方面，我国电力结构以燃煤火电为主，电煤过剩很大程度上是电价调整滞后制约了电力需求。近年来，在电煤价格跌幅超过一半的情况下，上网电价和销售电价仍基本保持煤价高点时的水平，广大工商企业没有因为电煤价格下跌相应降低用电成本。如果销售电价下降，将促进电力消费增长，进而带动火电发电量提高，从而扩大电煤需求。

扩大需求是化解产能过剩的重要手段。这方面光伏产业的经验值得借鉴。2011年，随着美欧发起"双反"，我国光伏组件在国际市场的份额大幅萎缩，光伏产能严重过剩。为了应对这一局面，国家出台了支持国内开发光伏发电的政策。具体措施包括：利用可再生能源附加基金、"金太阳工程"和"屋顶光伏计划"的资金，专项补贴光伏发电；补贴方式从补贴装机改为补贴发电量，从补贴发电端改为补贴用户端，放大带动效应；通过招标降低光伏补贴成本。2013年，通过总理外交，打掉了欧盟"双反"，我国光伏重返欧洲市场。这一系列举措，不仅保住了国内国际两个市场，而且充分利用了过剩产能，使我国光伏产业在世界上保持了领先地位。

解决思路

化解钢铁煤炭产能过剩，需要供给和需求两端发力。一方面，应在供给侧去产能的同时深化改革，搞好生产与消费的衔接；另一方面，应扩大国内有效需求。

一是提高标准，扩大钢铁消费。我国应大幅提高建筑钢结构应用比例，推进钢材在汽车、机械装备、电力、船舶等领域扩大应用和升级。有关部门可以考虑提高建筑交通建设标准，如延长建筑使用寿命，要求新建桥梁以钢结构为主，等等。在审核扩大内需的投资项目时，也要对新建项目使用钢材的数量、质量以及项目寿期等提出要求，从而扩大钢铁需求。

二是调整电价，带动电煤消费。全面下调上网电价和工商业电价，将各类电价调整到与历史煤价相当的电价水平。与此同时，大幅度扩大电力直接交易比重，提前完成输配电价改革，电网企业加快退出购电和售电主体地位。通过这些市场化改革手段，使电煤、发电、售电这一产业链完全实现市场化定价。由此引起的电力需求增长将会在很大程度上消化电煤过剩产能。

三是加快煤炭电力企业改革和行业改革。以煤炭、电力行业为突破口，改革国有资产监管方式。将这些企业上缴国有资本预算多少，作为考核企业的主要内容；允许和鼓励煤炭钢铁国企出售资产，从事其他更有效益的行业，而不是在本行业继续扩张产能。在钢铁煤炭领域弱化按规模审批，鼓励以先进生产能力淘汰落后生产能力，进而推动企业的兼并重组。加快推进既定的财税体制改革，弱化地方大规模从钢铁煤炭过剩产能中增收的动力。

促进数字经济发展的制度安排

在数字经济的促进下，我国产业发展的动能出现新变化。传统发展动能主要是依靠土地、资本、劳动、能源资源等传统生产要素，以及制造业、房地产等传统产业。在第四次工业革命中，知识、信息、创新成为新生产要素，一大批颠覆性创新催生出高端制造、普适计算、智慧城市等新业态、新模式，共同构成了未来发展的新动能。

数字经济改变了社会再生产方式

马克思认为，社会再生产包括生产、分配、交换和消费4个环节。其中，马克思又特别重视生产方式的研究。他认为，生产方式决定了其他的几个环节。数字经济的出现代表了先进的生产力，使整个社会再生产的每一个环节都发生了革命性的变化。

一是生产方式。传统生产方式的特征是，大规模、集中式、工厂化、标准化生产，远距离输送。新的生产方式则表现为智能制造、柔性化生产、分布式生产、个性化定制。与传统生产方式相比，重塑了产业链、供应链、价值链。

二是分配方式。传统的分配方式主要是一次分配、二次分配。初次分配实现效率，再分配保证公平。在数字经济时代，一次、二次分配的界限开始变得模糊，出现了众创经济、共享经济，人人可参与、人人可受益。

三是交换方式。支付革命降低了交易成本。互联网、大数据使消费者随时可以对不同商家出售的同一产品进行价格对比，有望破解以往商品交换中信息不对称问题。产品生产和交易成本越来越低，有利于价格保持在低位。经济学中的通货膨胀理论、价格理论面临挑战。

四是消费方式。电子商务打破了交易的时空界限，增加了消费者的选择权。消费决策周期缩短，消费更加个性化，私人定制日益普遍。消费也不完全是个体行为，通过互联网分享体验，可以带动更多的消费产生。

数字经济带来的机遇和挑战

数字经济带来的产业革命代表着时代进步的方向。随着颠覆性创新增多，后来者在很多领域不需要模仿前人就可以做得很好。这比较像电子管、晶体管、大规模集成电路间的代际更替，后来者可以忽略做电子管、晶体管，直接研发集成电路。我国作为具有后发优势的国家，在数字经济时代可以利用颠覆性创新的机会实现超越。

但是，新产业革命与数字经济对经济发展的挑战也不容忽视。第四次工业革命已有十多年，在此期间爆发了国际金融危机，各种颠覆性创新并没有带动发达经济体全面复苏。不仅如此，新技术的不断涌现，也会加剧经济发展失衡，掌握先进技术和创新能力的技术型人才和普通劳动者之间的贫富差距将会加大。

促进新产业革命、发展数字经济需要新的制度安排。在传统生产要素领域（如土地、资本、劳动）和传统服务业领域（如教育、医疗、科技）的供给侧结构性改革应当在第三次工业革命结束前完成，但到目前为止仍在进行。

以劳动为例，人是最有活力的生产要素，发展新产业革命和数字经济发展都要依靠高素质人才，但现有体制不利于人才的成长和流动。在企业支付给员工的全部报酬中，"五险一金"要占一半左右，加大了创新企业的用人成本。北上广深这些创新企业集中的地方，高薪聘请的人才如果户口不在本地，就不能马上买车、买房，不能痛快让孩子上学，要等待多年才能凑够条件解决这些问题。而这中间如果到另一个大城市工作，这些问题又会重新出现，优秀人才哪能安心创新创业！此外，在其他生产要素领域，土地没有完全实现市场配置资源，企业在资本市场上融资难、融资贵、融资渠道窄。这些也是供给侧结构性改革需要解决的问题。

新产业革命、数字经济对就业的影响也需要从正反两方面看。传统经济理论一般认为，随着经济增长，单位 GDP 吸纳的就业人数会减少，但这几年，单位 GDP 吸纳就业的人数在增加。比如，2011年经济增长 9.5%，全年新增 1200 多万人就业。这几年经济增长 7% 左右，每年却解决了 1300 多万人就业。这可以解释为新业态带来就业的增长，像电商、快递、网约车等吸纳了很多就业。

应当看到，现在新吸纳的就业大部分是低学历、低技能的岗位。这类岗位的增加会有一个极限，不能认为现在的就业增长势头是一个长久现象。一般而言，新技术对于人工的替代远多于新产业创造的就业。马克思指出，资本有机构成提高带来失业。凯恩斯认为，发现节约劳动力使用方法的速度，远远超过为劳动力开辟新用途的速度。发达国家已经淘汰了很多职业，如超市收银员、接线员等，以后被淘汰的工种还会很多。

在新产业革命、数字经济作用下，企业不变革就死亡。日本有很多百年老店，但新的百年老店很难再出现。即便是很成功的企业，在市场上占据支配地位的时间也越来越短。新形势下，国有企业很大程度上仍在沿用实物管理的方法，主要表现为管人管事管资产。在新产业革命和数字经济时代，如何转向以管资本为主，如何在管理中体现人才、创新的核心价值，是国企改革不可回避的问题。

新产业革命和数字经济直接影响到政府管理和社会治理。各种新技术的出现，使信息公开性、管理精细化程度得以大幅提高。但是，也要看到，社会结构已经出现了重大变化。传统社会结构表现为金字塔型、信息单向传播。现代社会结构则表现为扁平化、去中心化、社会思潮多元化。与以往相比，社会治理对象的期望值更高，公众意见表达渠道增多，瞬时回应难度加大。这就要求政府的组织决策、组织形态、组织方式、组织行为、决策机制等都需要进行深刻的变革。

数字经济发展需要构建新的政策体系

近年来，我国在双创、"互联网＋"、《中国制造 2025》、大数据、物联网等多个领域出台了一系列政策措施，但也要看到，新产业革命和数字经济是一项全新的事业，在扶持政策上还没有一步到位。比如，现在出台的政策大多着眼于生产环节，涉及分配、交换、消费的政策不多，说明政策覆盖面还不够全。整理各部门出台的政策发现，很多含金量高的政策前面往往冠之以"积极探索"、"有序放宽"、"研究制定"等限定词，说明相关政策一时无法出台，扶持力度还不够。

值得注意的是，一些部门仍然在用旧思维管理新产业和数字经济。如，很多扶持政策都要满足一定的条件，而企业是否符合条件要由有关部门进行认定。如果把微软、谷歌放在我国，创立初期可能都难以满足这些条件；也有一些部门和地方，在新兴业态还没有充分发展的情况下，就急于加强管理，甚至出台逆向调节的措施。对网约车的不同态度，就反映了这一点。

我国经济体制的特点是条块分割。推动一项事业，条条出条条的政策，块块出块块的政策，容易出现各自为政的现象。新产业革命和数字经济发展不是靠一两项政策可以解决的，需要突破条块分割体制，构建新的政策体系。这一体系应当包括财政政策、税收政策、金融政策、投资政策、土地政策和行业政策等一揽子政策。这些政策又需要各地有针对性地制定配套措施。

新产业革命和数字经济的互动发展，意味着政府管理和服务的对象发生了重大变化，是主动变革、积极引领，还是静观其变、固步自封，在很大程度上决定着我国未来经济社会发展的命运。

装备制造业走出去须打破融资困境①

经过多年的努力，我国已经拥有一批具有国际竞争力的装备制造业产品，如火电、高铁、核电等。但是，融资难、融资贵、融资效率低、金融服务不配套，仍是制约装备制造业走出去的突出问题。

很多企业反映，在海外争项目、谈合同时，利率、汇率是压在身上的两座大山，难以轻装上阵。出口信贷是装备制造业走出去最初的资金来源，但中资银行比外资银行信贷利率报价普遍高出 1—1.5 个百分点。由于装备制造业项目投资规模大、期限长，1 个百分点的利差常常相当于几亿甚至十几亿美元。再加上信用担保等其他成本，外方业主往往不愿意接受如此高昂的买方信贷，导致一些项目难以落地。

汇率风险也在侵蚀企业利润。2005 年以来，人民币兑美元累计升值近 36%，近几年平均升值幅度也在 2% 以上。一般而言，装备制造企业海外项目建设周期需要 3—5 年，毛利率也就 10% 左右，项目几年做下来，汇率风险就可能把利润全部抵消。

企业在海外投资和大型成套设备出口，需要出口信用中长期保险。相关承保公司承保的信用额度较小，国别风险评估和分类覆盖不

---

① 本文完成于 2014 年 9 月。

全、险种单一，难以反映实际经营风险。承保费率管理办法缺乏弹性，高昂保费加大了企业经营成本。承保公司对中长期险自批权限较小，超过一定额度就要报国家有关部门层层审批，难以适应项目时效性的要求。

发达国家海外投资的重要经验是，产业资本与金融资本紧密结合，以金融资本划分势力范围，以产业资本抢占市场和战略资源。当前，大部分国际装备市场已经被发达国家占领。在此背景下，我国企业作为后来者，主要是在发达国家资本输出相对不足的亚非拉国家开展业务，这些国家十分依赖我国提供资金支持。但是，我国银行在这些地区的境外分支机构网点少，业务领域狭窄，不具备提供大规模融资的能力；相反，我国银行主要在发达国家设立分行，明显存在着业务区域错位。

解决走出去企业的融资困境，关键是找到便宜的资金来源。目前，国内的融资成本、资本收益率普遍高于发达国家，金融市场期限错配问题比较严重，走出去企业很难从国内资本市场拿到低利率的长期资金。相反，国内外汇储备充足，通过一定转化机制，可以成为走出去的资金来源。

同时，也要看到，国际资本市场流动性充裕，利率较低，可以大胆使用，弥补走出去过程中的资金不足。目前，比较现实的选择是，把我国装备制造业竞争优势和外储实力、全球金融体系充足的机遇结合起来，探索出一条适应中国国情的金融资本与产业技术能力相结合的走出去路子。

具体而言，一是内保外贷，借船出海。由于我国企业在境外的分支机构大都成立时间不长，信用等级低，在资本市场直接融资有难度。针对这种情况，近年来，国内开展了内保外贷业务。主要做法是，国内母公司向国内银行担保，国内银行为该公司在境外的子公司出具保函，该银行的境外分支机构为子公司提供融资业务。

目前，国家外汇管理部门对各商业银行的内保外贷业务进行额度控制。在额度内，银行开展内保外贷业务无须向外汇管理部门逐笔申报。这一业务审批较快，手续方便，受到企业的青睐，但也存在套利风险和额度较小的问题。为了满足装备企业走出去大额、长期、低息融资的需要，应当在加强风险防范的前提下，增加一定额度专门支持装备企业。同时，加强与国外实体经济、金融、法律、会计、咨询等机构合作，借用其技术、资金、渠道和商业模式，开展多元化融资。

二是用活外储，重点布局。我国外汇储备是中央银行投放基础货币购买外汇形成的，由于不需要还本付息，实际上是国民财富的一部分。将充足的外汇储备转化为长期投资，可以借鉴日本"黑字还流"的做法，把满足经常国际收支平衡和稳定汇率市场需求以外的超额外汇储备，拿出一部分以委托、借贷或注资的方式，转化为政策性金融机构的运营资金，专项用于装备制造业走出去的重点项目。这种做法，既把超额外汇储备转化为可回流、能增值的金融机构借贷资金，又可以扩大对外投资，还可降低储备贬值风险，能够起到一举多得的效果。

国企改革：向国有企业要股东回报

国有企业问题何在？国企改革难在哪里？改到什么程度才算成功？

国有企业是新中国成立以来全国人民积累的一笔巨大财富，但现状堪忧，不容回避。在本篇中，我们将直面国企问题。如，国有企业对国家的股东回报很低，国有企业自主权收缩，国有资本布局不合理。大而全小而全，"吃大锅饭"，企业办社会等问题在今天依然普遍存在。

当然，有些人认为国有企业为国家掌握了事关国家安全、国家经济命脉的行业。事实上，国有经济布局于广泛的竞争性行业，在一些行业中居于垄断地位，但这些行业大都已供大于求甚至产能过剩，国有经济在这些行业并非不可或缺。

国有企业问题的体制根源在于双重体制的影响。传统计划体制中，国有企业是政府的生产车间。目前，政府对企业直接下达生产计划的情况已不多见，但双重体制下政府对国企的干预有了新的形式，如影子计划、分散计划、垄断计划、外生计划、差别政策等。

突破国企改革的徘徊局面，关键是打破双重体制，对国有企业进行资本化改造，大胆进行国有经济的重新布局，并将股东回报作为考核国有企业的主要标准。

国有企业既有所有制属性，也有行业属性。国企改革要成功，必须与行业改革相统筹。本篇以能源国企改革为例，提出了二者衔接的方案。

国有企业亟待正视的问题

推进国有企业改革应当以问题为导向。当前，各方面对国有企业的问题比较一致的看法是，一些企业市场主体地位尚未真正确立，现代企业制度还不健全，企业办社会职能和历史遗留问题还未完全解决等。然而，国有企业的问题远不止于此，还有很多长期积累的尖锐矛盾有待进一步认识。

国有资本回报很低

近年来，国有资本增长速度较快，形成了庞大的规模，但上缴国家的利润较少。以中央国有及国有控股企业①（以下简称"央企"）

---

① 包括国资委监管企业 98 户、所属企业 32 户，最高人民检察院所属企业 2 户，教育部所属企业 377 户，工业和信息化部所属企业 82 户，民政部所属企业 5 户，司法部所属企业 1 户，环境保护部所属企业 2 户，水利部所属企业 8 户，农业部所属企业 5 户，商务部所属企业 1 户，文化部所属企业 10 户，卫生计生委所属企业 6 户，新闻出版广电总局所属企业 1 户，体育总局所属企业 46 户，国家林业局所属企业 1 户，国家旅游局所属企业 2 户，国家海洋局所属企业 2 户，民航局所属企业 9 户，国家文物局所属企业 1 户，中直管理局所属企业 2 户，共青团中央所属企业 3 户，中国文联所属企业 5 户，中国国际贸易促进委员会所属企业 25 户，财政部代表国务院履行出资人职责的中央文化企业 117 户和中国烟草总公司、中国邮政集团公司、中国铁路总公司等，以及新疆兵团所属国有企业。

为例，2016 年央企资产总额 69.5 万亿元，中央国有资本经营收入
1430 亿元①；2017 年资产总额 75.1 万亿元，中央国有资本经营收入
1300 亿元②。2016 年、2017 年，央企上缴利润与总资产之比分别为
0.2% 和 0.17%，低于同期银行存贷款利率，也低于同期通货膨胀率。
2018 年，中央财政本级支出 3.2 万亿元，其中，中央国有资本经营预
算支出仅占 3.7%。③

即便是数额不大的国有资本预算，也主要用于国有企业。以
2018 年为例，当年国有资本预算 1168.87 亿元，中央调入一般公共预
算用于保障和改善民生支出仅占预算支出的 27.6%。④ 其他中央国有
资本预算主要用于解决国有企业历史遗留问题、国有企业改革成本
支出、国有资本金注入、政策性亏损补贴等方面。2018 年地方预算
支出 1204.71 亿元⑤，主要是中央国有资本经营预算增加对地方转移支
付，用于支持"三供一业"⑥分离移交、厂办大集体改革等。

2016—2017 年央企的资产总额增长了 5.6 万亿元，上缴国家的
利润却只增长了 130 亿元。国企将大量的经营收益留在企业，但新
形成的国有资产大都是沉没资产。虽然看上去资产规模很大，但由
于缺少流动性，无法灵活地退出低回报行业投入高回报行业，限制

---

① 参见财政部：《2017 年中央财政预算》，http://yss.mof.gov.cn/2017zyys/。
② 参见同上。
③ 参见财政部：《2018 年中央财政预算》，http://yss.mof.gov.cn/2018zyys/。
④ 参见财政部：《关于 2017 年中央和地方预算执行情况与 2018 年中央和
地方预算草案的报告》，http://www.mof.gov.cn/zyyjsgkpt/zyzfyjs/zyys/ndysbg/201804/
t20180413_2867180.html。
⑤ 参见同上。
⑥ 指企业的供水、供电、供热和物业管理。

了国有资本增值的空间。

国有企业自主权收缩

国有企业的自主权主要包括经营权、定价权、销售权、采购权、投资权、用人权、分配权。1978—1986 年，国有企业改革第一阶段是扩大自主权。1987—1992 年在国企推行经营承包制，企业自主权进一步放大。但是，目前有关部门对国有企业的管理越来越细。国有资产监管体系包括了董事会管理、监事会管理、股东会管理、投资管理、产权管理、评价考核、反腐败、"三重一大"①、风险预警等广泛的内容。

这里仅以评价考核为例。1982 年，国家对国企的考核是 16 项经济效益指标，1992 年为 6 项。1999 年，财政部建立了 8 项基本指标、16 项修正指标和 8 项评议指标的三层考核体系。目前，国企主管部门对央企绩效考核指标有 30 项；对企业领导人的考核指标有 40 项，包括 24 项年度指标和 16 项任期指标。这一庞大的指标体系直接影响着企业的经营决策。

国有经济布局不合理

新中国成立后，我国在建立完整的国民经济体系和工业体系中，受苏联计划模式的影响较深。在建设布局上，主要满足封闭条件下国内供给和需求平衡的需要。经过近 40 年改革开放，国有经济退出了

---

① 指重大问题决策、重要干部任免、重大项目投资决策、大额资金使用。

一些竞争性行业，但总体上延续了计划经济时期的布局。

当前，有关部门确定的国有资本投资方向主要包括以下几方面：一是关系国家安全，需要保障能力显著提升的行业，包括国防、能源、交通、粮食、信息、生态等；二是关系国计民生和国民经济命脉，需要控制力明显增强的行业，包括重大基础设施、重要资源以及公共服务等；三是需要影响力进一步提高的行业，包括重大装备、信息通信、生物医药、海洋工程、节能环保等；四是需要带动力更加凸显的行业，包括新能源、新材料、航空航天、智能制造等。

这种布局带来的问题是，国有经济分布范围过宽，整体素质不高，资源配置不尽合理。很多定义为国家安全和国民经济命脉的行业，在计划经济和冷战时期大都供给不足，需要国家严格计划、重点投入。目前，这些领域基本实现了供求平衡、供大于求，甚至出现产能过剩。今后对哪些领域、哪些环节仍然需要国有经济保持控制力、影响力，恐怕需要作出新的考量。

国企在一些领域集中度较高

在部分基础产业领域，少数国企占有经济总量的大部分，如石油石化、地质勘查主要是三大油气企业和延长油气，电力主要是两大电网企业和五大发电集团，铁路以一家国企为主。卫生体育福利、教育文化广播、科学研究领域虽然大都是轻资产单位，但运营主体也主要是国有单位。

一个行业如果是以高产业集中度和单一国有经济为主，往往会排斥潜在市场主体进入，抑制竞争，造成价格杠杆失灵。消费者在这些领域缺少选择权，会出现产品使用成本提高、相关产业竞争力下降的现象。比如，电网企业在电力市场上是单边购买者，靠买电卖电获取价差收入。国家对燃煤火电上网电价和销售电价按照煤电联动的原则调整电价。由于发电方与用电方不能直接交易，煤价变动无法直接反映在电价变动上。近6年来，在电煤价格跌幅超过一半的情况下，我国上网电价和销售电价仍基本保持煤价高点时的水平，下游工商企业没有因为电煤价格下跌相应降低用电成本。

国企改革须把握四大关键领域

　　党的十八届三中全会以来，特别是中共中央、国务院《关于深化国有企业改革的指导意见》（以下简称"22号文"）出台后，国企改革进入了新阶段。2016年9月，笔者参加了中共中央党校第二期"深化国有企业改革研讨班"。全班100名学员中，大部分是各地国有企业主要负责人，以及中央和地方主管部门负责同志。学员们普遍反映，各级政府高度重视国企改革，但改革进展低于预期，一些关键领域的难点亟待突破。学员们反映的改革一线中遇到的问题和困惑具有一定代表性。现将其归纳总结如下。

混合所有制改革

　　混合所有制改革（以下简称"混改"）是促进国有企业转换经营机制、放大国有资本功能的关键性改革。当前混合所有制企业数量不少，但质量不高，多数混而不合。主要表现在以下3个方面。

　　一是形似而神不至。上市公司是混改比较彻底的形式，但很多上市公司并没有因为股权融合而使各种所有制优势得以发挥。一些国有绝对控股的上市公司负责人表示，上市实现了股权多元化，也按照监管要求建立了股东大会、董事会等现代企业治理结构，但在人事任免、薪酬考核、公司治理、经营决策等方面与传统国企相比变化不大，没有达到转变经营机制、增强企业活力的目的。

二是国有股"一股独大"。国有资本作为财务投资者的混合所有制企业，整体上发展比较健康，而国有控股企业问题较多。很多国企混改后，国资凭借大股东地位，通过表决权和影响力令企业作出符合自身利益的决策。比如，在一些国有控股企业中，国资利用大股东地位影响分红决定，甚至不分红，使非国有资本权益受损。由于以往混改中这种情况较多，民营企业普遍担心混改后自己的决策权、话语权难以得到保障。

三是混而不合、混后冲突。国企和民企在管理机制、企业文化方面差异较大。国企存在着行政化倾向，管理体制比较僵化，竞争意识和市场化程度不高。民企大多起步于个人或家族，管理和文化上家族化、人治化倾向明显，但对市场敏感，经营机制灵活。一些管理现代化程度较高的民企，则更倾向于职业经理人经营，薪酬与业绩挂钩。民企的这些管理文化与国企相距甚远，往往导致混改企业在运行中产生冲突。

进一步深化混改主要存在 4 个方面的顾虑。

一是不想混。很多国有企业虽然经营状况一般甚至恶化，但小日子还能过得去，改革缺乏内在动力。不少国企职工担心，一旦取消国企身份，在社保、养老、医疗、子女教育等方面的保障水平可能会下降。民营企业则担心，一旦混改有可能移植国企现有的管理制度、方式，企业经营不自由、不方便。也有不少民企担心混改成为政府甩包袱的手段。

二是不敢混。国有企业普遍存在怕流失、怕出事、怕问责的心理。不少国企负责人反映，混改后如果企业发展好了，会被说成低估和贱卖国有资产；如果发展得不好，又会被说成是利益输送。混改后要随时准备向监管者回答"你为什么选择他？"这样的问题，使国企和主管部门普遍对混改望而却步。

三是不会混。国企和主管部门对混改的尺度把握不住，普遍对混改的操作程序、细则，以及哪些行业领域可以混、能混多少不太清楚。国企领导对混改以后员工身份转化、党组织作用的发挥心里没底。

四是不好混。目前，大多数国有企业仍承担着企业办社会职能，很多企业没有完成厂办大集体分离、主辅分离、辅业改制等任务，还有不少企业每年要承担高额的统筹外支出，补贴未完全纳入政府社保体系退休职工的医疗养老费用等。这样的国有企业与民企混合，民企很难有积极性。

国有资产管理体制改革

党的十六大以来，我国逐步建立了中央、省、市三级国资监管机构，明确了政府层面的出资人代表，大部分经营性非金融国有资产纳入监管体系。当前，国有资产监管体制还没有完全理顺，主要表现在以下方面。

一是出资人职责不到位。我国建立国有资产管理机构的初衷，是由这一机构代表国家履行出资人职能，而不是履行社会公共管理职能。在建立现代企业制度中，国有资产管理机构与国有企业间应当形成"委托—代理"关系。各级国资委作为出资人机构建立 10 多年来，

"政府—出资人机构—国有企业"之间行政化管理色彩依然浓厚，出资人机构名不副实，尚未实现改革的初衷。

二是国有企业自主权减少。国有企业的自主权主要包括经营权、定价权、销售权、采购权、投资权、用人权、分配权。1978—1986年，国有企业改革的主要任务是扩大自主权。1987—1992年推行经营承包制，企业自主权进一步放大。目前，国资监管部门对国有企业的管理越来越细，包括董事会管理、监事会管理、股东会管理、投资管理、产权管理、评价考核、反腐败、风险预警等广泛的内容。各种对标、评比、审计数量众多，且日益常态化。这些监督考核很多是必要的，但数量过多和内容重复的监督考核占用了企业负责人大量时间精力，也使他们在投资经营中极力规避风险，一定程度上制约了企业的发展。

三是为国有企业设置多元目标。民营企业的经营目标主要是股东回报。国有企业除经营业绩外，还有多重目标。仅以2016年为例，中央企业除完成各项业绩考核目标外，还要完成节能减排、自主创新、社会责任、走出去、化解过剩产能、处置僵尸企业等任务。此外，还需要根据形势变化，完成不同主管部门领导交办的其他任务。

四是国有投资公司和运营公司形同虚设。党的十八届三中全会提出国有资产管理体制改革的方向是，以管资本为主加强国有资产监管。各级国资监管机构仍然将重点放在管人管事管资产上。一些地方虽然组建了国有资本运营公司或国有资本投资公司，但基本上是原有集团公司换个牌子。有的将若干国有企业合在一起，上面组建一个投资公司或运营公司。原来的总公司变成子公司，子公司变成孙公司，等于在企业与国资监管部门之间又多了一个"婆婆"，企业决策效率更低了。

国企分类改革

22号文明确了国企分类改革的思路，要求将国有企业分为商业类和公益类，实行分类改革、分类发展、分类监管、分类定责、分类考核。目前，各地分类改革进展缓慢，主要问题是国企分类标准界定存在困难。

很多国有企业既有公益性业务，又有商业性业务，而且利用商业性业务的收益补贴公益性业务的亏损，形成内部交叉补贴。如电网、油气管网、电信企业都要承担一定的普遍服务职能，但电网企业、油气企业赚取购销差价，电信增值业务又是典型的商业活动。这样的企业无论划为公益类还是商业类都不合适。

企业领导选任与激励

国有企业经营管理人员行政化、官本位现象仍然突出。国企经营管理者大多是由地方党委、政府委派，可随时调动到政府机关或别的单位担任相应级别的干部。企业管理者能进不能出、能上不能下、能增不能减；不犯错误不下、不到年龄不退。在培养、选拔、评价、使用方面常常套用党政领导干部的做法。

薪酬制度改革基本解决了部分管理者薪酬过高的问题，但在很多地方出现了新的平均主义。各地国企薪酬制度改革基本参照央企做法，在实际执行中比央企"卡得更紧"。以广东为例，省属企业主要负责人基本年薪根据上年度企业在岗职工平均工资的2倍确定，董事长分配系数为1，总经理为0.95，其他副职岗位依次降低；绩效年薪以基本年薪为基数，最高不超过 1.5 倍；任期激励不超过年薪总水平的 30%。各地薪酬制定的办法基本相似，企业负责人从任职开始就可以看到薪酬"天花板"，经营好坏与薪酬水平关系不大，没有对真正有贡献的人员建立起有效的激励机制。

薪酬制度改革还出现了"双轨制"现象。企业中组织任命的干部按国家标准定薪，职业经理人的薪酬一般由董事会决定，其标准与市场接轨。于是出现了企业内同样的岗位和业绩，职业经理人的薪酬往往远高于体制内管理人员，影响了体制内管理者的积极性。

双重体制对国企改革的影响

理论界一般认为，计划与市场并存的双重体制是计划体制向市场体制过渡的一种制度形式。由于我国从计划经济向市场经济转型的任务长期没有完成，双重体制已演化成一种新的制度形态，形成了相对稳定的体制框架和市场主体行为方式。国有企业面临的问题，很大程度上来源于双重体制的影响。

一是影子计划。在计划经济时期，企业相当于政府的生产车间，企业间产品交换靠调拨，现在这些情况已经消失，但并不等于没有干预。有关部门对国有企业有多重考核，甚至将一些规划中的预期性指标、约束性指标分解下达给企业。虽然政府没有直接下达指令性计划，也不称为指导性计划，但这些考核、指标对企业是必须完成的任务，相当于计划目标；企业间交易的目的不是股东回报最大化，而是为满足上级确定的考核、规划指标。

二是分散计划。传统计划经济体制的特点是高度集中。国家计划部门与各行业部门、各地方政府衔接，几上几下制定计划、下达计划、执行计划。随着市场化改革的推进，原来的指令性计划大部分改为指导性。但是，由于改革中尚未打破条块分割的体制，原来高度集中的计划管理已变为分散的计划管理，"条条"、"块块"都有自己的计划干预企业经济活动。传统计划经济中对国有企业管得过多过死的

142

问题以新的形式仍在继续。

三是垄断计划。有些行业是传统计划经济中实行指令性计划管理的领域，改革后在形式上转变为企业，但其运行机制并未得到根本改变。这些行业兼具市场经济中行业垄断和计划体制下计划管理的特征，尚未形成类似发达市场经济国家政府对垄断行业的有效监管。比如，油气行业从原来的石油部、化工部转制为公司，形成了三大油气企业，它们至今仍承担一些政府职能。电力行业从原来的电力部转制为电力公司，又拆分为两大电网企业[1] 和五大发电企业[2]，但现在电价仍由国家制定，每台机组每年的发电量计划都由地方有关部门下达。

四是外生计划。传统的计划手段，无论是指令性计划还是指导性计划，都是对价格、产量、效益等经济指标作出安排。近年来，在经济指标之外，又对企业增加了节能、减排、减碳等方面的指标要求。这些指标管理有一定的必要性，但在管理方式上仍同指令性计划指标一样层层分解下达，对企业的经济行为形成约束。这些指标不是对经济指标的控制，故而称之为外生计划。

五是差别政策。有关部门对产业中不同企业或不同产品实施不同的管理方式。这种差别，有的体现在所有制上，有的体现在政府确定的方向和对先进性的判断上，表现在价格上即价格"双轨制"。

六是多元目标。民营企业的经营目标主要是股东回报；国有企业除经营业绩外，还有多重目标。仅以2016年为例，央企除完成各项

---

① 指中国国家电网公司、南方电网公司。

② 指中国华能集团公司、中国大唐集团公司、中国华电集团公司、中国国电集团公司、中国电力集团投资公司。

业绩考核目标外，需要完成节能减排、自主创新、社会责任、走出去、化解过剩产能、处置僵尸企业等任务。此外，还要根据形势变化完成领导交办的其他任务。

由于存在影子计划、分散计划、外生计划、多元目标，国有企业在经营活动中要完成多方面的任务。向国家上缴利润仅是任务之一，且处在次要地位。相对于巨额国有资本存量，国企上缴利润调入一般公共预算对国家作出的贡献很不相称。这些影子计划、分散计划、外生计划和各种差别管理政策又分别出自"条条"和"块块"，直接或间接地干预企业行为，造成近年来国有企业自主权明显收缩。垄断计划的存在，使国有企业部分行业集中度过高，抑制了竞争和市场机制发挥作用，加剧了国有经济布局不合理。

以管资本为主推进国企改革

国有企业改革看上去千头万绪、困难重重，但归根结底是要摆脱双重体制和计划体制的束缚。党的十八届三中全会决定强调，使市场在资源配置中起决定性作用。这进一步明确了改革的方向，不是计划与市场结合的双重体制，更不是计划体制，而是社会主义制度下单一的市场经济体制。为了突破国企改革的徘徊局面，可以考虑有针对性地采取以下措施。

第一，国有企业资本化改造。对于主要资产已经上市的大型国有企业，可以将母公司改组为国有资本投资公司。上市公司主要由董事会和管理层经营决策，母公司主要进行资本运营。对于竞争性领域的巨额存量资产，可以通过资产证券化、出售变现等措施，转变为流动性较强的资本，并组建专门机构运营。按照国有经济有进有退、有所为有所不为的原则，将这部分国有资本投入财务回报较高的领域，从而提高国有资本预算规模。国有资本预算收入大部分应当转入一般公共预算，用于民生和公共服务。

第二，大胆推进混合所有制改革。"混"要从根本上实现混资本、混资源、混人员、混文化；"合"就是要在混的基础上实现融合，要合出有效的治理结构、高效的运营机制、灵活的用人机制。在一些关键问题上，应当突破一些旧观念束缚。如在股权结构上，要敢于让非国有资本持大股，国有资本可以只做财务投资者。真正建立国企改革的容错机制，营造想干事、敢干事、干成事的改革和发展氛围，使国企主管部门和国有企业敢于大胆推进混改。

第三，让企业自主权真正归位。监管部门应当取消过多的指标管理，将人权、事权、财权交给企业。对国有企业的监督考核可以考虑归并整合，考核的重点放在国有资本预算的回报上。

第四，完善分配激励机制。对愿意承接任务指标的国企负责人，可以进行身份转换，按照职业经理人的管理办法实行聘任制，形成良性的激励约束机制。在市场化程度较高的行业实行选人用人与薪酬制度的"并轨"，真正做到"去行政化"。

第五，统筹制定国企改革与行业改革方案。在金融、油气、电力、核电、铁路、粮食等经济领域，以及卫生、体育、福利、教育、文化、广播、科学研究等社会领域，制定国企改革与行业改革相衔接的改革方案。

第六，实施全产业链市场化改革。为克服条块分割体制对改革的影响，应当在供求矛盾突出的领域进行全产业链市场化改革，目标是将不完全市场化产业链改革为市场化产业链。在"煤—运—电"产业链，重点改革铁路运输体制和电力体制；在油气产业链，重点是放开矿权出让、勘探开发，对长输管网、城市管网实行网运分开、放开竞争性业务的改革。同时，放开油气进出口、批发、零售等流通领域的市场准入。

衔接国企改革与能源改革

我国能源行业产业集中度高、国有企业比重大，推进电力、油气改革无法回避国有企业改革，国企改革也不能回避能源改革。如何将能源行业改革与国企改革统筹考虑，是当前面临的突出问题。

国有能源企业如何分类

这一轮国企改革的重点之一，是将国企按商业类和公益类进行分类改革。国有能源企业属于哪一类？

能源是商品，应当由市场对能源资源配置起决定性作用。从这个意义上讲，能源企业属于商业类。但是，部分国有能源企业又负有普遍服务职能，如满足弱势群体用能需求、为农业生产提供低价电、低价油等。这些业务具有一定的公益性。电网企业和油气企业将商业性业务与公益性业务混在一起，内部形成了交叉补贴，无论将其归为哪一类似乎都不够准确。

解决这一难题，关键在于划清政府和企业的职能。即政府为公民和企业提供基本公共服务，包括对困难群体用电用油提供补贴；能源企业则要按供求关系定价，按商业原则经营；工商企业和居民用能则按市场价格付费。

147

在明确政企职能的前提下，可以将本应由政府承担的公共服务职能从能源企业中剥离出来。尽管政府满足特殊群体能源基本服务需求的职能仍然要由能源企业完成，但政府与能源企业的关系是政府购买服务，而不是通过能源企业内部的交叉补贴来解决。在剥离公共服务职能后，能源企业才能真正成为商业类企业。

交叉补贴落谁家

国有能源企业中发生的交叉补贴，一般理解为企业以低于边际成本的价格向公益性业务提供商品或服务。这部分补贴需要由企业商业性业务的盈利承担。从理论上讲，剥离企业承担的公共服务职能后，这部分交叉补贴支出责任应当转由政府公共预算承担。这势必增加财政支出。在当前经济增长放缓的形势下，财政收支矛盾已十分突出，能否推进这项改革需要作认真的测算。

长期以来，国有能源企业反映交叉补贴数量很大，但究竟大到什么程度，一直没有准确的数据。财政支出都要有预算，哪些可以纳入预算，哪些不能纳入预算，有严格的规定。能源企业的很多公益服务支出事项，按照财政的标准是不应支出的。一旦将交叉补贴的支出责任转到财政，支出数额会受到严格控制。

比如，工商企业用电用气价格高，城市居民价格低，能源企业用工商业电价气价补贴居民消费。这在交叉补贴中占了很大一部分。一般而言，城市中越是收入高的家庭用能越多，享受的交叉补贴就越多。这是不公平的，也违反了交叉补贴的初衷。真正的困难群体家庭实际用电用气量比较少，政府已经为他们建立了最低生活保障和各种救济制度，不必由能源企业进行补贴。因此，将企业交叉补贴的支出责任交给政府，政府的实际支出非但不会增长太多，而且补贴也会更加公平合理。

网络监管不可少

党的十八届三中全会和之后出台的多个改革方案都明确了网运分开、放开竞争性业务的改革方向。电网、油气管网都是网络型行业，此举意味着今后有可能在这些领域进行企业资产和业务重组。这是国企改革与能源体制改革的重要结合点。

对网络型行业而言，加强政府监管是改革的应有之义。重点要监管几个方面：一是政府对网络输配业务单独定价、单独监管；二是网络向第三方无歧视开放；三是网络建设投资向各类投资主体开放。

政府作为监管主体应当加强监管力量建设，在制度安排上要解决政监合一还是政监分开、统一监管还是分段监管、垂直监管还是分级监管等问题。这些问题目前尚无具体的解决方案，应早日提上改革日程。

向管资本为主转变

现行的国家对国有能源企业管理方式与其他国资无异，主要是管人管事管资产，股东回报在其中处于次要地位。过多的直接管理极大地制约了企业的自主权，不利于企业参与市场竞争。

国资监管转到以管资本为主，体现了国家在国有资产经营目标上的重大转变。具体到能源企业，首先，可以通过资本运营实现转型升级。目前，大量的国有能源企业是按能源品种建立的，有关部门也是按资产量对能源企业进行排位，如发电企业看装机容量、油气和煤炭企业看资源储量。以管资本为主后，应当允许能源企业根据世界能源格局的变化和我国能源代际更替的需要，更灵活地处置资产，从事投资回报更高的能源业务。

其次，国有能源企业可以出让部分股权解决历史遗留问题。这对很多目前陷入困境的煤炭企业、老工业基地企业有很强的现实意义。

第三，提高能源国有企业国有资本经营预算规模。与能源国企动辄上万亿元的资产相比，其上缴的国有资本预算规模偏低，而且大量的预算又用于国有能源企业，有的还在享受国家补贴。这种情况必须改变。今后，国家应当将能源企业国有资本股东回报的多少，作为衡量企业业绩和社会责任的主要标志。

能源革命：还原能源商品属性

世界缺少能源吗？我国能源安全吗？能源是一般商品还是特殊商品？在即将万物互联的时代，我国离能源互联网还远吗？

进入新世纪以来，世界能源供求格局发生了逆转，能源界对我国资源禀赋也有了新认识。我国获取充足、廉价、清洁、安全的能源供给，面临较为宽松的内部和外部环境。

尽管如此，我国用能成本仍然较高。大量能源产品的价格、产量由政府有关部门决定。供给约束特征明显，价格既不反映电力、油气的供求关系，也不能有效发挥调节供求的作用。能源消费者对能源产品缺少选择权。2014 年 6 月，习近平总书记在论述能源革命时提出，还原能源商品属性，构建有效竞争的市场结构和市场体系，形成主要由市场决定能源价格的机制。近年来能源体制改革举措不断，但实际效果有限。

能源体制改革怎样才能获得根本性突破？首先，要树立新的能源安全观，充分肯定能源的商品属性，打消对能源市场化改革不必要的顾虑。其次，摆脱行业政策调整的路径依赖，构建涵盖资源产权制度、产业集中度、所有制结构、流通体制、财税体制、监管体制在内的改革框架。依据这一框架，本篇提出电力体制、油气体制改革的思路，形成解决煤电矛盾、实际用电成本过高、"气荒"等现实问题的具体方案。

解构中国能源体制

宇宙大爆炸后，世界充满了能量。如果会用，它就是能源；如果不会用，它仅仅是能量。地球上从不缺能量，缺的只是能源。将能量转化为能源并善加利用，关键取决于两个因素，一是技术，二是制度安排。

目前，从能源利用技术看，我国已步入了世界前列，能够自主生产百万千瓦超超临界火电机组，掌握了 70 万千瓦及以上水轮发电机生产技术，三代压水堆核电站的两个主流机型 AP1000 和 EPR 我国都会造，风能和太阳能发电技术、高压输电技术等也达到了世界先进水平。

尽管如此，我国能源领域仍存在很多问题。如，能源利用粗放，优质能源比重低，能源价格居高不下，电力、油气改革徘徊不前，煤电矛盾周而复始，可再生能源并网困难，水电、核电发展争吵不休，等等。

这些问题很难归咎于能源技术落后，更需要从能源的制度安排上找原因。匈牙利经济学家科尔内总结出"计划导致短缺"。这个结论在能源领域表现得尤为突出。计划经济时期，能源是国家实行严格计划管理的产品。煤电油运计划是制定其他计划的基础。能源供不上，别的都免谈。经过近 40 年的改革开放，我国大部分商品已经实现了供求平衡或供大于求，但能源仍然是供给约束严重的领域。突出表现为，价格既不反映电力、油气的供求关系，也不能有效发挥调节供求的作用。能源消费者对能源产品缺少选择权。如，近年来，我国电力严重供大于求，全球油气价格断崖式下跌，但我国工商企业并未分享到其中的红利，用能成本仍然很高。

打破能源供给约束与我国供给侧结构性改革的总体思路是一样的，根本途径是深化改革。为此，要在思想上重新认识能源安全，突破按品种管理能源的思路，构建新的能源体制改革框架，真正还原能源的商品属性。

重塑能源安全观

国内对能源的认识大都停留在能源短缺时代。主要表现是，在资源禀赋的判断上，仍普遍认为我国"富煤贫油少气"；在我国能源安全的判断上，过度担心传统安全风险，忽视非传统安全风险；在能源危机的判断上，夸大供给波动对经济周期的影响。在这些思想的作用下，能源供给被赋予过高的安全保障责任，不敢放开手脚使用优质能源，进而对能源市场化改革顾虑重重。

必须看到，当前世界能源供求格局已经发生了巨大变化，油气供大于求、多点供应、价格持续走低已成大趋势，传统的供给安全、价格安全、通道安全引发全球性经济危机的可能性已经很小。在可预见的未来，不存在因大规模战争中断油气供应的威胁。

在经济全球化条件下，没有一个国家可以完全依靠本国资源满足经济发展的需要。油气资源已经全球配置，应当重新认识优质能源在能源结构中的地位。在尽可能提高国内供给的同时，积极通过国际市场满足发展需求。

既然能源资源来自于全球，在安全保障上也应当树立全球安全观。因此，应加强与油气生产国、过境国和其他消费国的合作和政治互信，积极参与全球能源治理，通过双边多边合作和区域合作等方式，建立集体安全体制，实现各国共同的能源安全。

构建新的能源体制改革框架

我国对能源的管理基本上是按品种设置管理机构，分别对煤炭、电力、核电、油气、可再生能源等制定不同的政策。既往的能源体制改革，大都是行业管理体制改革。近年来，国家不断调整各能源行业的政策，但在改革上没有实现大的突破。我国能源领域诸多问题，是多重不合理制度安排的集中反映，涉及资源产权制度、产业集中度、所有制结构、流通体制、财税体制、监管体制等广泛的领域。在研究能源体制改革时，需要从更广阔的视角，超出行业管理构建体制改革框架。

第一，资源产权制度。一次能源大都直接来自于自然界。煤炭、油气、河流等都属于国家所有。在计划经济时代，国家要求国有企业提供能源产品，对企业下达的任务和考核指标也主要集中在产量上。在市场化、全球化条件下，能源可以依靠市场机制自由交易、全球配置。国家作为能源资源的管理者，组织生产其实已不再是主要任务，经营能源资源并获取较高的财务回报应当成为更重要的使命。遗憾的是，目前能源资源管理部门对此还没有足够的认识，也没有相应的制度安排。

就油气而言，大部分油气资源国在矿权出让时，会采用"竞争性出让"的方式，并与开采企业签订分成合同或服务合同，国家尽可能多地拿到油气收益。我国国有油气企业以"申请在先"的方式获得矿权，企业上市后这些资产又变为股东资产。国有油气企业除正常缴税外，无论是在体现股东回报的国有资本预算收入上，还是体现矿租的矿业权使用费方面，企业上缴的数量都非常低，在整个财政预算中几乎可以忽略不计。国家与企业对资源收益的分成更是无从谈起。

我国河流的水电开发权也是由水电开发企业先占先得，一旦获得便永久使用。水力发电变动成本几乎为零，还本付息后企业可以长期获得超额利润。煤炭资源的出让情况类似。在煤炭开采中，尽管煤炭资源税已经从价计征，但错过了国家收益与价格和产量挂钩的最佳时机。宪法虽有规定矿产资源、水利资源属全民所有，但在油气、煤炭、水利开发的价值链中，大部分收益留给了企业和个人，没有体现资源的全民属性。

矿业权的设置上，我国仍沿用计划经济时期的办法，按生产环节设置探矿权、采矿权，使矿业权既有用益物权的特征，又有行政许可的特征，增加了政府部门在矿权处置上的自由裁量权和寻租空间，典型的如煤炭资源出让。对于油气等开放度较低的领域，现行矿权设置方式提高了各类市场主体进入的难度，不利于市场化改革。

第二，产业集中度。能源是产业集中度比较高的领域，主要表现在两方面：一是寡头垄断。油气领域有三大国有油气企业加陕西延长石油公司，电力主要有两大电网企业加几大电力集团。二是网络型垄断行业。主要是电网、油气管网、城市燃气管网。高产业集中度抑制了竞争，造成价格机制失灵和供求关系失衡。

第三，所有制结构。能源行业所有制结构单一，主要以国有经济为主。传统国有企业的弊端，如，大而全小而全，"吃大锅饭"，"三产""多经"①，高投入、低效率，企业办社会等问题，在煤炭、电力、油气等行业普遍存在。由于国有企业的公司法人治理结构、职业经理人制度不健全，能源企业自我发展、自我约束机制普遍不完善。

第四，流通体制。能源产品流通中，煤炭的市场化程度比较高。其他能源产品，如油气、电力、热力等，国营贸易、特许经营占的比重较大。以油气为例，原油是目前世界上自由交易规模最大的大宗商品，但在我国仍由少数企业特许经营。在进口环节，对原油仍实行国营贸易管理，经批准后允许一定数量的非国营贸易。中石油、中石化、中海油、珠海振戎公司和中化集团 5 家国营企业原油进口总量占整个原油进口的 90％以上。这种格局客观上限制了其他市场主体的进入。天然气进口方面，尽管国家没有明确的禁止性法规，但天然气储运基础设施专用性强，民营企业很难用这些设施存储从国外进口的 LNG，基本上只能通过三大油气企业代为进口。

第五，财税体制。我国实行的是以流转税为主体的税收制度。油气、煤炭、电力等能源工业作为纳税大户，从建设到生产的每一个环节，都要缴纳相应税收，在一定程度上激励了地方政府新上能源项目。这也是一些地方煤炭、电力出现产能过剩的深层次原因之一。税收是初次分配的重要手段，但与能源有关的税种、税率设计和税费关

---

① 国有企业在主营业务之外开展第三产业、多种经营的下属经济实体的简称。

系的安排不够科学合理，难以发挥其合理调节收入分配的作用。如，在油气领域，矿业权使用费只与面积有关，与资源禀赋无关，资源税与资源补偿费内涵不清但计费相同。矿权使用费较低，持有成本低，导致矿区不能退出。能源税费对国家所有者权益体现不足，中央与地方共享的资源补偿费已降为零，特别收益金基本有名无实，价款收入也基本没有。

第六，投资体制。能源新建项目的报建审批与其他建设项目一样，面临着批地慢、重复审批多、前置事项多、中介服务耗时长等问题。能源建设项目大都是按规模分级审批。规模小的项目由省（区、市）、地市批，规模大的项目由中央有关部门审批。为了控制产能过剩，中央有关部门严格控制大项目审批，地方为了发展只能上中小项目。这为小规模、高排放项目建设运营提供了机会，一定程度上加剧了污染排放和产能过剩。

第七，监管体制。我国能源行业监管体制是从计划经济体制演变而来的，很多监管职能随部门改制后留在大型国有企业中，导致一些领域政企不分、监管不足。在相当程度上保护了少数获得特许经营权的企业利益，扰乱了能源市场秩序。如，由于网络型垄断行业监管缺位，一些电网企业、油气管网企业利用市场支配地位，不向第三方开放或在接入时设置障碍；油气储量评估、行业标准制定、新建设施规划等应当由政府承担的职能，目前主要由企业承担。此外，能源监管究竟是政监合一还是政监分开、集中监管还是分段监管、垂直监管还是分级监管、事前审批为主还是事中事后监管为主，均尚未形成统一的认识。

第八，行业管理。在计划经济时期，政府对能源行业进行全面计划管理，成立了煤炭工业部、电力工业部、石油工业部、化学工业部等部门，按行业分管煤炭、电力、油气、化工等领域的生产运营。这些部门在市场化改革进程中已全部撤销。现存的行业管理权限体现在矿权出让、市场准入、能源项目审批上，权力分散在国家发展改革委、自然资源部、国家能源局、国资委等部门。虽然这些部门不会像计划经济时期那样对企业下达直接的指令性计划，但也会通过影子计划、外生计划、差别政策等影响企业决策。一些主管部门对能源企业运行干预较多，导致近年来国有能源企业经营自主权不仅没有提高，反而有减弱的趋势。

推进能源"链式"改革

解放看不见的手，打破能源供给约束，需要全面推进能源市场化改革。改革思路可以概括为"一条主线、两个链条、三个维度"。即能源体制改革以坚持市场化改革方向为主线，重点解决煤电运和油气两个产业链条上的矛盾，从企业、市场、政府3个维度出发，进行全方位的改革。

坚持市场化改革方向。能源同其他商品一样，可以由资源稀缺性和供求关系决定价格。改革的方向既不是计划体制，也不是双重体制，而是在社会主义条件下，使市场在资源配置中起决定性作用的、单一的市场经济体制。同时，重新审视能源领域中政府的职能定位，大幅度减少直接干预，使政府从市场参与者转变为市场的监管者，从而更好发挥其职能作用。

推进"链式改革"。煤电矛盾、油气价格机制失灵等问题根源在于，"煤—运—电"和油气"矿权出让—勘探—国内开采（或进口）—流通—网输"是计划与市场相交织的不完全市场化产业链。孤立地对某一个环节进行改革都不可能从根本上解决问题，需要对其进行全产业链市场化改革。如，煤运电产业链改革，涉及电力体制改革和铁路运力体制改革；油气产业链改革涉及矿权改革、流通体制改革、管网改革等。因此，能源领域的改革是贯穿能源产品上下游的"链式改革"，而不是条块分割体制下的"点式改革"。完成这两个链条的体制改革，就完成了能源市场化改革的主要任务。

在具体的改革措施上，可以考虑从以下 3 个维度展开。

一是企业层面。对能源国有企业实行政企分开、主辅分离、网运分开改革。国家对国有企业的管理要从管人管事管资产转变为管资本为主，把上缴股东回报的高低作为考核能源投资成效的主要指标。

二是市场层面。全面放开能源市场准入，允许各类投资主体投资各个能源领域，对民营投资、外商投资无歧视开放。在能源上游放开矿权市场，从"申请在先"改为"竞争性出让"。同时，松绑勘查资质管理，允许各类市场主体进行勘探开采。提高矿权持有成本，对占而不采、圈而不采的企业，必须退出占有的矿区。取消原油进口、批发、零售等流通环节的特许经营权。放开能源价格，取消国家对能源产量、价格的直接干预。对能源网络型垄断行业，实行网运分开、放开竞争性业务的改革，形成能源供给和能源消费之间"多买多卖"的市场格局。

三是政府层面。进一步简政放权，简化投资项目审批报建程序，保障各类投资主体公平进入能源领域上中下游。深化能源财税改革，使财税体制体现国家的资源所有者权益。如在油气领域，可以考虑构建矿业权使用费、价款、权益金组成的油气资源税费体系；在中央与地方间合理分配能源资源收益；提高油气国有企业上缴国有资本经营预算的比例，建立石油基金等。同时，加强对网络型垄断行业的监管，主要监管网络运营成本、收益及是否向第三方无歧视开放。

系统解决煤电矛盾的出路①

煤电矛盾看似是煤企和电企两家之间的博弈，实际是涉及煤、电、运和政府四方面的系统性问题。已经放开的"市场煤"，其市场机制并不完善；尚未放开的"计划电"，无法按照市场供求关系形成价格；铁路运力的市场化程度远远滞后于煤、电、运产业链的其他环节。同时，煤炭产地的地方政府也对煤炭供应的数量和价格产生着巨大影响。这些都构成了煤电矛盾的深层次原因。为了理顺煤电价格机制，国家应统筹考虑煤、电、运产业链上下游关系，以"交易入市、网运分核、规范收入、系统监管"的思路，抓紧建立煤炭、电力、运力3个市场，适时出台煤炭资源税，清理各种中间环节收费，加强对市场的监管。通过这些措施，在煤、电、运各个环节和政府之间建立起与市场经济相适应的价格形成机制与管理体制，进而从根本上解决煤电矛盾。

已经提出的煤电矛盾解决方案

煤电矛盾主要表现在，电煤生产企业与电力企业无法达成价格

---

① 本文完成于 2009 年 8 月。

协议；发电、电网企业在煤价上涨压力下，呼吁国家调高上网电价和销售电价；部分煤炭产地政府从自身利益出发，提出了限产保价；国家囿于各种复杂情况的制约，难以下决心调整煤价和电价。我国能源结构以煤为主，不梳理好煤电关系，将严重影响国民经济的健康运行。针对这些复杂的矛盾，有关方面提出多项缓解煤电矛盾的建议，虽然有积极的一面，但其局限性也都十分明显。

第一，煤电联动。即上网电价与煤炭价格联动，销售电价与上网电价联动，消化电煤涨价因素。这也是目前最常见的一种方案。然而，仍存在以下一些问题。

联动方案无法全面反映煤炭涨价因素。国家发展改革委 2004 年颁布的煤电联动办法规定，以 2004 年 5 月底的电煤车板价为基础，原则上以不少于 6 个月为一个周期，若周期内平均煤价比前一周期变化幅度达到或超过 5%，相应调整电价。联动的标准为煤价涨幅的70%，另 30% 的涨价因素由电力企业消化。由于 2004 年以来煤炭连续大幅度上涨，发电企业已经无力承担 30% 的煤价上涨因素。

联动调节具有被动性和滞后性。由于煤电联动是一种人为裁量和操作的定价机制，当通货膨胀压力较大时（如 2008 年上半年），调价呼声虽高，但调价余地较小；当通货紧缩压力较大时（如 2009 年以后），为避免增加工商企业负担，调价仍难以实施。因此，最近几次实施煤电联动，批准提高电价的作用仅限于缓解电力企业的燃"煤"之急，无法反映电力企业的实际用煤成本变化。

联动促成了煤、电单向涨价机制。在电煤价格谈判中，煤炭企业认为，无论电煤价格涨多少，电力企业早晚都可以通过联动"顺出去"。况且煤炭已经市场化，应当根据市场情况调整价格，如果认为价格不理想也可以不卖。近年来，发电企业投资规模较大，财务费用高，资产负债率已超过80％，尤其是火力发电企业，燃料成本居高不下。为了保障经济发展和人民生活需要，不能停机停电。遇到迎峰度夏、迎峰度冬、两会、奥运会等重点时段，无论煤价多高，发电企业都要购煤发电。因此，在电煤谈判中，发电企业对煤炭涨价大都只能被动接受，把摆脱困境的希望全部寄托在"煤电联动"上。供电紧张时要求国家涨电价，供电富余时要求国家解决遗留问题，还是要涨电价。

可以预见，如果继续执行煤电联动办法，在短时间内和一定程度上能够缓解发电企业亏损压力，但无法使其真正摆脱困境。电价上涨后，随之而来的将是煤炭新一轮涨价，电力企业再次提出煤电联动要求，最终促成煤电轮番涨价。这一轮番涨价规律已被过去几次煤电联动所证实，而每联动一次，下游工商企业将承担更大的电费负担。因此，煤电联动，可以作为权宜之计，难以作为长久之计。

第二，煤电联营。鼓励煤电联营的目的是，促进发电企业与煤炭企业形成风险共担、利益均沾的合作格局。但是，电力体制改革的方向是发、输、配、售分开经营。煤电联营促进了一些大型发电集团向上下游延伸，从实践中看，全国现有煤炭资源大都分配完毕，电力企业很难拿到优质的电煤资源，已经拿到的资源在短期内也很难形成生产能力。煤电联营使电力企业降低了经营效率，增加了经营风险，在原有辅业、多种经营包袱没有卸掉的情况下，会增加新的包袱。

第三，限制电煤价格。2008年，国家出台了电煤价格临时干预措施。从历史上看，市场经济条件下政府对商品下达限价令后，厂商可以停止供货、以次充好，也可以转入地下交易，限价令一般无法达到预期效果。这些情况在实施电煤价格临时干预措施时都遇到过。

第四，推行电煤长期交易合同。对大宗资源性产品交易而言，签订长期合同比较经济合理，也是国际通行做法。但是，由于我国煤炭市场、电力市场既不成熟，也不规范，短期合同都难以成立，长期合同更不可能谈成。加上铁路运输制约和地方政府干预，长期合同即使谈成了，在履约上也存在很大困难。

第五，扩大煤炭进口。目前，国际煤炭市场到岸价格低于国内市场，进口煤炭比重有所提高，一定程度上可以缓解国内煤电矛盾。但是，国际市场供应能力有限，价格亦会因需求增加而上扬。即使年内进口煤炭翻一番，也不到全年发电及供热用煤量的 6%。因此，电厂用煤主要还得依靠国内解决。

煤电矛盾的成因分析

电煤价格、上网电价、销售电价到底是高还是低？煤矿、电厂、电网、用户从各自的角度出发，"横看成岭侧成峰"，各方不可能达成共识，也就无法制定调价方案。为识庐山真面目，还需要跳出现行价格体系的局限，从煤、电、运产业链整体以及政府行为的角度，对形成矛盾的机理进行考察。

第一，已经放开的"市场煤"市场机制不完善，推动了煤炭价格虚高。1993 年以来，国家逐步放开了煤炭价格，但迄今为止，电煤交易仍被分割为行政办法规定的重点订货合同交易和市场采购两个完全不同的市场，没有形成全国统一的市场体系和各方共同遵守的交易规则。电煤重点订货合同交易量约占全部电煤用量的 60% 左右，通过每年一度的全国煤炭订货会签订年度合同。这是依稀可见的计划经济条件下的订货模式。近年来，煤炭订货会改称重点煤炭产运需衔接会，基本上由国家提出框架性意见，要求企业自主订货、行业协会汇总。每次产运需衔接会实际上变成了煤电两大阵营的集中博弈会，煤电双方各自联手、唇枪舌剑，很少能顺利达成共识。当矛盾积累到一定程度后，由政府出面协调确定交易价格。煤炭订货会从开始的有价有量，到有量无价，到近年的无价无量，作用已十分有限，合同履约率也逐年降低。

进入新世纪以来，电煤产量与火电装机同步增长，在实物量上是平衡的，为什么占煤炭消费量近50％的钢铁化工建材行业，在国家不实行"煤钢联动"、"煤化工联动"的情况下，也没有出现煤炭和产品的轮番涨价现象？这主要是电煤市场"双轨制"下，价格信号处于失真状态，一些企业和个人利用重点合同价与市场价的价差倒买倒卖，各种中间环节层层加价，产、运、供、需衔接屡屡陷入困境。加上电煤是一种价格弹性较小的大宗商品，市场一旦出现供给不足的信号，就会导致煤炭价格一涨再涨，电力企业只能让煤价牵着鼻子走。

第二，电煤物流中间环节多，铁道运力市场化程度低，成为煤炭加价的重要因素。我国煤炭资源主要分布在华北、西北地区，消费地集中在东南沿海发达地区。电煤主要从北方产地出发，经公路、铁路运输，集结至北方沿海港口，再经水路运往东南沿海地区。总体上看，我国电煤物流环节较多、管理方式粗放、效率低下、市场透明度低，物流成本已达到电煤消费价格的30％—60％，下游企业不堪重负。电煤运输的瓶颈主要是铁路。电煤运输大约占全国铁路货运量的一半以上，铁路运煤分为计划内车皮和计划外车皮。2007年铁路计划内煤炭运力是 8.4 亿吨，其中电煤 6.4 亿吨。计划内运煤合同执行率仅有 70%—80%，而实际铁路煤炭运量达 14 亿吨。计划内运煤可执行国家规定的运输价格，计划外运煤则要向中间环节付出相当高的代价，很多铁路职工经营的"三产""多经"企业从中渔利。这早已是行业内公认的潜规则。再加上"点车费"、"车板费"等各种名目的收费，大大提高了运输成本。煤炭供需关系越紧张，运输中间环节的放大作用越明显。这也是 2008 年迎峰度夏时节山西煤运到秦皇岛价格翻一番的重要原因。

第三，尚未放开的"计划电"无法建立起市场价格传导机制，提高了成本和中间加价，压缩了电厂利润空间。2002 年以厂网分开为标志的电力体制改革，只在发电环节打破了垄断，开始引入竞争机制，与国务院确定的电力市场化改革目标还有相当大的差距。电力工业总体上没有摆脱计划经济体制的束缚。

一是电价由政府制定。目前，发电企业的上网电价和各类用户的销售电价，仍由政府部门行政审批决定，定价的基本依据是"合理成本加合理利润"。从定价机制看，发电企业和电网企业向国家上报的成本越高，国家批复的上网电价、销售电价（含输配电价）就越高；反之亦然。这就在事实上鼓励企业人为抬高或虚报建设和运行成本。尽管目前新投产的火电项目已执行标杆电价，部分电厂开始消除"一厂一价"或"一机一价"，但电力定价机制本质上还是依靠政府部门对企业申报成本进行主观判断。上网电价确定后，如果电煤涨价，电力企业就会要求政府出台顺价政策，否则，无法避免电力行业大面积亏损；如果电力需求下降、电煤价格下跌，电力企业受制于政府电力定价的束缚，不可能主动面对市场，实行打折促销等经营策略。这种定价机制不仅压抑了市场主体开拓电力市场的积极性，而且使电力价格失去了反映和调节供求关系的应有功能。

二是发电量按计划分配。我国发电调度至今仍沿用计划经济时期的传统办法，即由政府部门对各个机组平均分配发电量计划指标。无论发电方式和能耗环保水平，只要机组在电力调度机构有"户头"，就可以在年度计划中获得基本相同的发电利用小时数。这种计划调度方式鼓励了高耗能的小型燃煤、燃油火电机组的发展，与国家节能减排、优化能源结构的方向背道而驰。在实际执行中，发电量又有计划内和计划外之分，计划内电量由电网公司按国家规定支付上网电价；超计划发电量部分，电网公司要求发电企业降价上网，而销售电价实际上没有变化。因此，火电厂多发电未必会多收益。这也在很大程度上影响了发电和电网企业的关系。

三是电力交易实行"统购统销"。发电企业的发电量由电网公司统一收购，再向用户统一销售，电网企业的收入主要来自购销之间的价差。这种盈利模式客观上为电网企业利用自然垄断优势，从发电企业或电力用户谋取不当利益创造了条件。在大部分情况下，发电企业的上网电价是0.3—0.4元/千瓦时，而工业企业实际用电成本可以达到0.6—0.7元/千瓦时，商业企业为0.7—0.8元/千瓦时，甚至更高。出现如此之高的购销差价，除合理的发电成本和输配电成本外，相当一部分是说不清道不明的交叉补贴和销售环节各种形式的收费和加价。正是由于电力用户与发电企业不直接见面，无法建立反映市场供求关系的价格信号，增大了不必要的交易成本。

四是地方政府为获取资源收益，开征各种名目的收费，推动了电煤价格上涨。在电煤成本中，除开采成本外，各种形式的收费名目繁多，占煤价的比重越来越高，对出省煤炭更是如此。以山西为例，煤炭企业每生产 1 吨煤，除按国家规定向税务部门缴纳 20 元左右的能源可持续发展基金外，还要缴纳统配矿管理费、地方煤矿维简费、中小学危房改造资金、林业建设基金等费用；对铁路运输和公路外运的煤炭收取每吨煤炭价格 2.5% 的运销服务费；通过公路运输的，向煤矿收取 1.5% 的管理费；通过火车运输的，向煤矿收取 4% 的代销费（3% 的管理费和 1% 的损耗费）。煤炭出省还要另外征收出省费。即使在产煤省，各市县的收费项目和金额也没有统一标准，煤价高企时政府收费收入就多；煤价降低时，政府收费收入有所减少。现在，地方政府已经形成了促进煤炭涨价的内在动力。2008 年以来，一些地方甚至出台了"限产保价"措施，进一步加大了煤炭企业的生产成本和经营负担。

理顺煤电关系的思路

商品价格是市场供求关系形成的，没有市场，价格形成机制也就无从谈起。煤炭从坑口运到电厂，再变成电送到插头，经过的每一个环节都纠缠着计划内与计划外、政府定价与市场定价、权力与寻租、看得见的手与看不见的手等"剪不断、理还乱"的复杂关系。理顺煤电价格形成机制，需要按照科学发展观的要求，运用统筹兼顾的方法，全面考虑煤、电、运上下游各个环节的关系，按照"交易入市、网运分核、规范收入、系统监管"的思路，建立和完善电煤市场、电力市场、运力市场，转变政府管理方式，做到市场秩序规范、交易公开透明、政府监管有效。具体措施可以包括以下方面。

交易入市——将煤电运产业链各个交易环节均纳入有形市场进行公开交易。建立全国电煤交易市场，完善电力市场（以区域电力市场为主），把铁路运力作为交易产品放在电煤市场交易，形成由市场供求关系决定煤价、电价、运价的价格形成机制。

网运分核——将电网、铁路网的网络运输业务与煤、电产品的营销业务分开。电网企业实施输配财务分开核算，国家核定输配电价；推进大用户与发电企业在电力市场进行多边直接交易，并按照输配电价交纳过网费；电网企业作为电力承运方，逐步减少并最终退出电力交易。国家核定铁路基础运价，建立多家独立于铁路系统的运输公司承运电煤；承运公司向托运方收取费用，按基础运价向铁路部门交纳过路费。

规范收入——适时出台煤炭资源税，保证并规范地方政府的煤炭资源收益。取消各地方政府、运输环节和输配电环节的乱收费。

系统监管——逐步取消电煤、电量、运力的计划指标和审批定价，转变政府职能，建立国家对电煤市场、电力市场、运力市场的监管体系。

（一）建立全国电煤交易市场

国内很多大宗商品交易，如部分粮食品种、棉花、有色金属、成品油等，历史上大都出现过供求关系紧张、价格大起大落的情况，后来逐步打破传统计划体制下的购销方式，建立了全国统一的现货市场和期货交易。电煤交易应当参考这些经验，建立全国电煤交易市场，可包括两个组成部分，一是现货市场，对电煤进行实物集中交易，做到产需多方报价、运力紧密衔接、信息公开透明、市场规范有序。二是期货市场，与全球电煤市场相衔接，帮助市场参与者预测供求形势和价格走势，通过套期保值，规避价格风险。

全国电煤交易市场可以实行会员制，由参与交易各方（包括煤、电、运企业）和监管方共同制定交易规则，通过计算机系统集中竞价、自动撮合交易，建立规范的结算、交割制度。为增加电煤交易透明度，可建立市场信息披露制度，编制电煤交易价格指数，增加交易透明度，尽量减少交易双方信息的不对称。

（二）将电煤运力纳入市场交易

运力对理顺煤电关系有着决定性的影响。为了保障煤炭交易能够获得足够运力，可以考虑将电煤计划内与计划外运力并轨。按照"管住网、放开运"的思路，先核定铁路电煤运输的基础运价。同时，在以电煤运输为主的铁路线路开展试点，整合铁路系统现有的"三产""多经"和其他中介企业，成立若干家铁路煤炭承运公司；将承运公司的运力制作成交易品种，纳入全国电煤交易市场进行交易；运输完成后，承运公司按基础运价向铁路部门交纳过路费。

（三）开展电力直接交易

世界上许多国家已经改变了传统的电力交易方式，电力市场运行主要由发电方与用电方进行直接交易。结合我国大用户直购电试点的经验和反映出的问题，应当学习国外先进经验，全面推进电力直接交易。具体措施包括：国家合理确定电网输配电价，先行对输配电业务实行内部财务独立核算，在试点基础上实施输配分开。扩大用户直接购电范围，由发电企业与用户自行商定电力、电量、电价等事宜，签订各种期限的购电合同。电力直接交易应以区域电力市场为主，推行"多买多卖"的交易方式。负责电力输送的电网企业相应收取输配环节的过网费，逐步减少并最终退出电力交易中的购买方角色。当然，建立完整意义上的电力市场，还需要按照节能调度办法确定发电市场节能环保准入条件，将电网交叉补贴由暗补改为中央和地方政府明补。在条件成熟的情况下，建立独立于电网的调度中心、电力交易平台和结算中心。

（四）适时出台煤炭资源税①

在国际金融危机影响下，我国煤炭生产能力供过于求或供求平衡的形势至少会持续一年以上。国家可以抓住这一时机，规范煤炭产地的各类收费。主要包括：取消资源大省自行出台的煤炭收费项目，出台煤炭资源税，统一计税依据，提高税负水平，规范征收管理，保证煤炭输出省的财政收入。

（五）加强政府对市场的监督和管理

随着煤、电、运市场机制的完善，除输配电价、铁路基础运价由政府审定外，其他价格均由市场供求关系形成。相关政府主管部门应当从审批职能中摆脱出来，把主要精力放在制定市场规则、打破条

---

① 2014年9月29日，国务院总理李克强主持召开国务院常务会议，决定实施煤炭资源税改革。从2014年12月1日起，在全国将煤炭资源税由从量计征改为从价计征，税率由省级政府在规定幅度内确定。会议要求，立即着手清理涉煤收费基金，停止征收煤炭价格调节基金，取消原生矿产品生态补偿费、煤炭资源地方经济发展费等，取缔省以下地方政府违规设立的涉煤收费基金。

块分割、健全法律法规上，研究建立涉及煤、电、运产业链上下游的政府监管部门。

实施成效预期

通过"交易入市、网运分核、规范收入、系统监管"，可以完善电煤、电力、运力市场，转变政府管理职能。这对于交易各方和政府而言，是一个多赢的结果。

第一，煤炭企业。建立电煤交易市场，有利于提高交易效率，减少中间环节，避免电煤价格大起大落；将铁路运力纳入电煤市场交易，可以减少物流环节成本；取消地方政府乱收费，出台煤炭资源税，可以减少煤炭销售成本。这3项合计，能够在基本不影响煤炭企业收益的情况下，使电煤价格在现有基础上有所下降。

第二，铁路。长期以来，一部分铁路运输收益落入了中间环节和灰色地带。通过网运分开，核定铁路基础运价后，铁路运煤价格应高于原来的计划定价，铁道部门挖掘运输潜力，可以多运多收。

第三，电力企业。通过建立电煤交易市场降低电煤价格，可以减少电力企业的燃料成本。开展电力直接交易，形成电力市场，可以增加发电企业在电力销售和电价协商中的选择权，一般只有在顺价销售时才与用户签订购电合同，有利于保证企业的合理收益。

第四，电网企业。虽然逐步退出电力交易中作为购买方的地位，但由于国家按电网的有效资产核定了输配电价，能够稳定地保证电网企业的合理收益。如果电网加强管理、科学调度、提高效率，还能进一步释放增收潜力。

第五，电力用户。实施电力直接交易后，减少交易环节，降低交易成本，取消各种乱收费，将使电力用户的实际用电成本在现有基础上有所降低。

第六，政府部门。由于电煤、电力、运力价格均由市场供求关系形成，可以使政府从纷繁复杂的价格冲突中解脱出来，从根本上减轻每年协调煤电运的压力，把有限的公共管理资源放在制定规则、加强监管上来。

当然，对于目前煤、电、运交易的各种中间环节、电网和铁路的"三产""多经"、出台乱收费的地方政府部门而言，这一方案将减少和取消它们的收益。对必不可少的中间环节而言，在规范的市场竞争环境下，其收益也将回归社会平均利润。

放开市场化解新煤电矛盾^①

　　降低企业用能成本，是供给侧结构性改革中"降成本"的重要任务之一。盘点一年来的工作，国家两次下调电价，在减轻企业用电负担方面发挥了一定作用。但是，应当看到，当前电价还难以反映一次能源变化的状况，全国工商企业用电成本偏高的问题仍很突出。

煤电联动滞后于煤价波动

　　煤电矛盾是我国煤电关系中的老问题。上一轮煤电矛盾爆发在 2003 年初至 2010 年期间。以 2008 年国际金融危机为界，前期电煤价格快速大幅上涨，而火电上网电价和销售电价涨幅不大，发电企业亏损严重。国际金融危机后，电力需求增速放缓，电煤价格下降，发电企业才逐步消化了煤价上涨的压力。

　　本轮煤电矛盾起于 2011 年底，至今仍未根本消除。为了分析煤价与电价的关系，假设将山西的火电送到北京，分析其在本轮煤价波动中的轨迹。（见图 3）2011 年 10 月，秦皇岛港 5500 大卡动力煤平均价格为 855 元 / 吨，之后出现断崖式下跌。2015 年 11—12 月

<hr>

① 　本文完成于 2016 年 11 月。

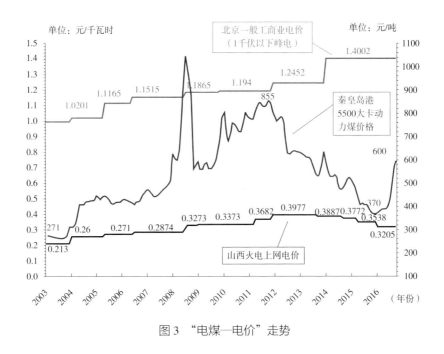

图 3 "电煤—电价"走势

资料来源：北京市发展改革委、山西省发展改革委。

为 370 元 / 吨，跌幅达 56.7%。近半年又有所回升，2016 年 10 月底为 600 元 / 吨。

当电煤价格处在 855 元 / 吨的高点时，山西火电平均上网电价为 0.3682 元 / 千瓦时，北京一般工商业电价（1 千伏以下峰电）为 1.194 元 / 千瓦时。在电煤价格开始大幅下跌后很长一段时间，全国没有相应下调上网电价和销售电价，而是提高了电价。山西火电上网电价在 2011 年 12 月—2013 年 8 月间达到最高值 0.3977 元 / 千瓦时；北京一般工商业电价从 2014 年 1 月开始达到最高值 1.4002 元 / 千瓦时，分别比煤价最高的 2011 年 10 月上涨了 8% 和 17%。

2016 年，全国电价进行了两次调整，燃煤机组降价 3 分 / 千瓦时，一般工商业电价降低超过 4 分 / 千瓦时，减轻工商企业负担 470 亿元左右，成为供给侧改革降成本的一个亮点。但是，这两次调价降幅有限，且降价范围没有覆盖所有电价类别和所有地区，包括北京在内，目前全国大部分地区工商企业的用电成本仍处于历史高点。

与此同时，售电和购电的价差却不断扩大。山西的火电送到北京，价差从 2011 年 10 月的 0.8258 元 / 千瓦时，扩大到 2016 年 10 月的 1.0797 元。也就是说，每输 1 千瓦时的电，输电企业 2016 年要比 2011 年多收入 0.25 元。输电环节占销售电价的比重从 2011 年的 69% 提高到 2016 年的 77%。

这些情况说明，在此轮煤电矛盾中，电网企业效益得到保证；发电企业上网电价无法反映燃料成本的变化，企业效益随着煤价波动而波动；下游工商企业用电成本居高不下，没有分享到电煤整体降价带来的收益。如果说上一轮煤电矛盾影响比较大的是发电企业，这一轮则是广大工商企业。

电价调整滞后带来的问题

在本轮煤电矛盾中，电价调整滞后不利于发展实体经济和减缓经济下行压力。

一是影响企业经济效益。高用电成本成为我国企业提高经济效益的障碍之一。不仅重化工企业、制造企业和基础设施建设，而且不少高新技术企业也是耗电大户。IBM 统计，能源成本一般占数据中心总运营成本的 50%。工信部统计，我国数据中心总量已超 40 万个，年耗电量超过全社会用电量的 1.5%。中电联统计，2015 年互联网、大数据、云计算等新一代信息技术行业用电量比上年增长了14%。

二是削弱制造业国际竞争力。目前，美国工业用电平均电价为0.43元人民币/千瓦时，商业用电平均电价为0.67元人民币/千瓦时。据权威部门测算，我国工商业电价平均比美国高45%。美国制造业回归很大程度上得益于用电成本下降。这一优势甚至吸引了我国沿海地区一些高载能工业向美转移。

三是不利于消纳电力产能。2011年以来，全国60万千瓦及以上火电装机平均每年增长5600多万千瓦，但发电量增速却在零增长附近徘徊。平均发电利用小时数从2011年的4731小时，降到2015年的3969小时，2016年还会继续下降。由于目前大部分地区的电价仍由国家制定，过剩的电力产能无法通过价格杠杆进行疏导。

四是抑制电力需求增长。如果用电比烧煤更有经济性，广大农村地区就可以更有效地推动以电代煤。我国工业化、城镇化进程尚未完成，2015年人均用电4142千瓦时，是OECD国家平均水平的45.4%、韩国和我国台湾的1/3。到本世纪中叶，我国要达到中等发达国家水平，电力需求仍有很大增长空间。释放这些潜在需求，需要电力保持合理、经济的价格水平。

煤电矛盾形成机理

出现煤电矛盾的主要原因，是对电价和电量的计划管理。我国价格主管部门对燃煤火电上网电价和销售电价，按照煤电联动的原则进行调整。这是一种模拟市场的定价方式。有关部门根据统计的煤价波动情况，每隔一个周期在全国范围内调整一次电价。由于各地的电煤和电力供求情况千差万别，一次调价的幅度往往很难化解所有矛盾。历次煤电联动又存在明显的滞后性、被动性，往往使供求矛盾越积越多，直到形成全局性的影响。

同时，各地经济运行主管部门向发电企业分配发电量计划，计划内发电量按照国家规定的电价上网，超出部分则要低价上网。

在计划电价和计划电量的双重管制下，电力企业无法根据用煤成本和电力供需情况自主决定电力生产和销售的量与价。在这一轮煤电矛盾中，无论煤价涨与跌，工商业电价始终保持在高位。

理顺电价完善电力定价机制

化解煤电矛盾关键是让市场说了算。上一轮煤电矛盾中，一个重要的改革成果是，实现了电煤计划内与计划外并轨。但令人遗憾的是，在这一轮煤电矛盾中，有关方面又在人为地调控煤炭价格和供求关系。在当前没有全面完成电力市场化改革任务的情况下，要使广大工商企业保持合理的用电成本，需要从调价和改革两方面采取措施。

第一，降低工商业电价。在这一轮煤价断崖式下跌期间，有关部门错过了降低电价的最佳时机。尽管如此，降价仍有空间。2016年10月31日，秦皇岛港5500大卡动力煤价格为600元/吨。统计分析表明，这一时点上我国大部分地区一般工商业电价，比相同历史煤价时的电价高出0.15—0.20元/千瓦时。如果将工商业电价调整到与历史煤价相当的电价水平，按2015年全国工商企业用电4万多亿千瓦时计算，将减轻企业成本6000亿—8000亿元。

第二，大幅度扩大电力直接交易和市场化定价的比重。从近年来电力直接交易试点情况看，参加交易的电力大用户用电成本普遍降低。当前，可以大幅度增加电力直接交易占火电发电量的比重，逐步取消煤电联动，尽快形成"多买多卖"的电力市场格局。

目前，各地在推进电力直接交易中，有的电力调度部门将直接交易的电量从分配给发电企业的发电量计划中扣除，影响了发电企业的利益。下一步，应当按照电力体制改革的要求，下决心取消各地自行制定的发用电计划，从而减少政府部门对企业售电和用电行为的行政干预，也为电力直接交易扫清障碍。

第三，抓紧推进输配电价格改革。发电和用电企业自主定价后，过网费执行输配电价是降低电力交易成本的关键。目前，国家已在18个省级电网和1个区域电网开展了输配电价改革试点，有关部门原计划用3年时间完成这项改革。考虑到改革的方向和操作内容已无太大争议，应当加快在全国核定和执行输配电价的进程；严格监管电网企业新建项目，减少不必要的建设支出，防止输配电价定得过高；加强对输配电成本监管，取消交叉补贴，将电网企业内部各类交叉补贴由"暗补"改为"明补"；加快电力市场建设，电网企业不再对电力统购统销，进而逐步退出购电和售电主体。

启动新一轮电力体制改革①

2012 年是我国开展电力市场化改革 10 周年。10 年来，电力体制改革极大地增强了电力企业活力，提高了电力供给能力。但是近几年，煤电矛盾不断加剧，发电企业频现巨额亏损，工商企业用电负担沉重，新能源、可再生能源发展受到制约，电力普遍服务不到位。一系列能源领域的突出矛盾，反映出现行电力体制已成为转变经济发展方式、促进节能减排和发展多种所有制经济的重大障碍。应进一步深化电力体制改革，从根本上解决这一长期困扰电力工业和经济运行的突出问题。

当前电力行业的突出问题

2002 年，国务院出台《电力体制改革方案》（以下简称"5 号文件"），对国有电力资产进行重组，成立两大电网公司、五大发电集团和 4 个辅业公司，组建国家电监会。改革打破了原国家电力公司集发、输、配、售为一体，垂直运营、高度集中的体制，实行了政企分开、厂网分开。改革后形成了五大发电集团与神华集团、华润集团等中央发电企业以及众多地方、外资、民营发电企业多家办电、多种

①　本文完成于 2012 年 7 月。

所有制办电的竞争格局。改革前，一年新增发电装机 2000 万千瓦就是很好的成绩。改革 10 年，很多年份一年就可以新增装机 1 亿千瓦，极大地缓解了长期困扰我国发展的电力短缺问题。改革也有力地增强了发电企业活力。在建设成本大幅度上升的情况下，10 年中火电工程造价平均降低了一半，企业的投入产出效率明显提高。

但也要看到，电力体制改革只是取得了阶段性进展，5 号文件确定的一些重要改革任务尚未落实，如输配分开没有实行，区域电力市场建设受阻，电价改革滞后，积累了一系列新的矛盾和问题。

煤电矛盾周期性发作。进入新世纪以来，煤电轮番涨价、发电企业经营困难。往往越是在迎峰度夏、迎峰度冬、重要节庆期间，煤电矛盾表现越是集中。近两年甚至出现了淡季"电荒"。2008—2010 年，整个火电行业亏损达上千亿元，一些发电企业资产负债率甚至超过 100%。虽然国家采取了煤电联动、鼓励煤电一体化、电煤限价、实施煤炭储备等措施，但都无法从根本上解决煤电矛盾。

新能源发电困难。我国风电装机容量已居世界第一，太阳能发电增长速度居世界首位。但是，新能源的实际发电量与设计水平相比有较大差距，"弃风"、"弃光"、限电现象严重，发展难以为继。在发达国家非常普遍的分布式屋顶光伏发电、小规模风力发电、分布式天然气多联产电站在我国举步维艰。

电力节能减排形势严峻。在我国电力结构中，燃煤发电量占82%。不同效率机组的供电煤耗从 200 多克 / 千瓦时到 400 多克 / 千瓦时，相差很大。长期以来，在大部分电力调度中，对高耗能火电机组与高效节能机组、可再生能源发电的机组平均分配发电时间，甚至存在为了完成火电发电量计划，可再生能源发电要为火电让路的情况，等于鼓励了高耗能机组发展，形成了对节能减排的逆向调节。

工商企业用电负担过重。目前，发电企业的上网电价是 0.3—0.4 元 / 千瓦时，而工业企业实际用电成本一般要比上网电价高 1—2 倍，东部地区商业企业大都在 1.2 元 / 千瓦时以上。企业普遍反映，电网收费环节多，实际用电支出远高于国家目录电价，甚至达到一些发达国家水平，在很大程度上影响了企业的国际竞争力。

电力行业矛盾的成因分析

电力行业近年来之所以出现上述突出矛盾和问题，源于 2002 年以来的改革没有从根本上解决计划与市场的矛盾。

传统的计划管理方式仍在延续。一般而言，发电企业的销售收入等于电价乘以电量（收入 = 电价 × 电量）。目前，上网电价由政府审批决定，发电量由地方政府下达的生产计划决定。作为一个企业，在产品产量和定价上没有自主权，这在市场化改革 30 多年后的今天是一个罕见现象。人为设定的电价和发电量计划几乎不反映供求关系，也无科学依据。当电煤价格上涨或下跌时，发电企业无法自主调整、应对成本变化因素。地方政府在制定发电量计划时，基本上是按机组户头平均分配发电时间。火电机组一年可以发电 6000 多小时，往往只给 4000—5000 小时。对这部分计划内电量，电网企业按国家规定的上网电价进行收购，计划外电量则降价收购。当电煤价格大幅上涨时，火电厂超计划发电甚至造成亏损。越是煤电矛盾突出的时候，企业的发电积极性越低。在全国发电能力充裕的情况下，不合理的制度安排造成了"电荒"。

电力市场发育不足。2002 年以来的改革，只是在发电领域初步建立了竞争格局，输电、配电、售电环节仍然维持了上下游一体化的组织结构。电网企业集电网资产运营、工程施工建设、电力系统调度、电量财务结算于一身。有的电网企业通过大规模收购兼并，将业务延伸至设备制造领域，对电网设备（如变压器、继电器、开关、电表、电缆电线等）形成生产制造和采购使用的内部一体化。发电企业和电力用户没有选择权，阻断了供求双方的直接交易。其他施工企业无法参与竞争，输变电设备制造业界反映强烈。有的电网企业大规模投资收购境外的发电、电网甚至矿业资产，而国内的农网改造工程和无电地区电力建设资本金却全部要国家财政出资；以系统安全、接入标准等理由，限制新能源发电上网；上收五大区域电网人、财、物资源配置权，使 5 号文件规定的区域电力市场进一步萎缩。现在，我国电网的购电、售电差价在世界上名列前茅，但资产收益率仍然很低。由于电网调度、交易、财务缺乏透明度，造成其高差价、低收益的内在原因一直是个谜。深化电力体制改革已经到了刻不容缓的地步。

发展电力市场势在必行

传统观点认为，电力行业必须实行上下游一体化经营，由国家统一管理。随着技术进步和管理创新，这种情况已有了很大变化。市场经济国家电力市场化改革的普遍做法是，在发电和用电环节按照公平竞争原则建立电力市场，重新界定输、配电环节的市场属性，将输电环节界定为非竞争性领域，由电网公司负责骨干输电网的建设、运营；将配电环节划归竞争性领域，引入市场机制，形成大量配电、售电公司，作为独立市场主体从事购售电业务。目前，发达国家的输电网络大都是由众多电网企业组成全国互联或跨国互联输电网，如美国有 10 个网、西欧（包括部分东欧国家）由十几个国家电网组成。多张异步输电网的好处在于，便于区域内资源配置和区域外的电力资源余缺调剂，并在安全性上高于全国一张同步网。5 号文件就规定了全国设置 6 个异步运行的区域输电网企业。

重新界定输、配电环节市场属性，可以提高电力市场运行效率。20 世纪 80 年代以来，西方国家电力市场化改革主要遵循了两条主线：一是打破垂直一体化的管理体制，从发电侧的竞价上网发展到逐步开放配电网，将单边购买模式转向批发竞争和零售竞争，逐步加大市场化力度；二是打破电力企业是公益性机构的传统观念，允许不同投资主体进入国有发电和配售电领域，实现产权多元化。尽管各国改革方式和次序有所不同，但基本上都选择了对产业链进行分拆的路径，建立了"多买多卖"的电力市场。即便是仍然保留垂直一体化模式的日本和法国，也在发电侧和售电侧开放了市场。各国电力改革实践证明，重新界定输配电环节市场属性，对输配电业务进行重组并不改变电网原有物理连接方式，不存在技术方面障碍，也不会影响电力系统安全。重组之后，市场机制将贯穿于发、输、配、售各个环节，在体制上打通发电企业与电力用户间的交易屏障，用户的选择权大为增加，市场功能得到有效释放，电价普遍降低，电力市场的资源配置效率将大幅提升。

进一步深化电力体制改革的思路

参照国际经验，深化我国电力体制改革需要进一步解放思想，重新界定各生产环节的市场属性，并根据其特点对业务组织模式进行重构。当前，应坚持 5 号文件确定的市场化改革的正确方向，以界定竞争性业务与非竞争性业务为突破口，构建"多买多卖"的电力市场，进一步深化电力体制改革。

第一，进一步完成厂网分开和主辅分离的任务。对近年来各级电网企业新收购的装备制造企业、仍保留的辅助性业务单位，如输变电施工企业等以及相关"三产""多经"，进行产权剥离。严格规范电网企业的业务范围，电网企业不再从事输变电主业以外的业务。

第二，实施调度与交易独立。电力调度在组织和协调电力系统运行和电力市场交易中具有举足轻重的影响力，是电网企业维系独买独卖地位的主要手段。为了构建"多买多卖"的电力市场格局，我国应按照国际通行做法，将电力调度机构从电网企业中分离出来，组建独立的调度交易结算中心，负责电力市场平台建设和电力交易、计量与结算，组织和协调电力系统运行，以确保电力调度交易的公开、公平、公正和电网的无歧视公平开放。独立调度机构的运行由电监会负责监管，或直接划归电力监管部门。①

第三，取消不合理的发电量计划。目前，各地下达的发电量计划没有法律依据和政策依据，国家电力主管部门也没有下达过这一计划。在新的电力体制改革方案中应当彻底废止这一计划指标。

第四，建立市场化电价形成机制。改革基本方向是"放开两头、管住中间"，建立"多买多卖"的电力市场。即输配电价格由政府制

---

① 《中共中央、国务院关于进一步深化电力体制改革的若干意见》（中发〔2015〕9 号）要求，将原来由电网企业承担的交易业务与其他业务分开，实现交易机构相对独立运行。

定，上网电价和用电电价放开。具体步骤是，除了用电量占15%的居民生活和农业生产用电仍实行政府直接定价外，对各个电压等级的工业和商业用户，从高到低，逐级、限期实行与发电企业直接交易、合同供电，自行商定电力、电量和电价。所订合同交电力调度机构校核后实施。合同履行后，用电方向相关电网企业支付规定的输配电价。

电价改革中还应清理各种电价附加，改革征收方式。对各地违规自行出台的电价附加坚持予以取缔。对原有符合国家规定的政府性基金和附加，可以通过费改税的方式，开征相关税收。

第五，政府对电网企业单独定价、单独监管。近期，可完善区域电网公司的现代企业制度，对配电企业实行内部财务独立核算。在此基础上，按照"合理成本＋规定利润水平"的原则，由国家对各电网企业单独定价，并由电力监管部门对电网运行、电力市场进行监管。

第六，改革电网企业考核办法。参考国际通行办法，在电网企业的利润水平由政府规定并封顶的前提下，应当将单位资产的输、配电量和供电质量作为电网企业最主要的考核指标。通过改革考核办法，促使电网企业专注于输配电的质量和效率，努力降低成本，约束其一味追求资产规模的扩张行为，提高电网经营的专业化水平和安全水平。

当前，进一步深化电力体制改革时机已经成熟，条件基本具备。近年，国务院领导在中央经济工作会议、年度改革思路中反复强调深化电力体制改革和理顺电价形成机制，电力供需各方热切期待改革出台，政府有关部门也进行了积极探索。改革一旦启动，可在较短时间内形成方案、付诸实施。预计改革后，发电企业的售电价格会有所上升，工商企业的用电价格会有所下降，煤电矛盾逐步得到化解，多种所有制企业将扩大对电力的投资。在目前经济增长下行压力加大的情况下，有利于提高企业竞争力，发挥稳增长的作用，从而起到一举多赢的效果。

更大力度降低实际用电成本

降低用电成本是供给侧结构性改革中"降成本"的重要任务之一。2017 年，通过全国省级电网输配电价改革、大用户直供电试点、降低取消部分政府性基金和附加，全国可以降低企业电费负担约 1000 亿元①，取得了积极成效。但也要看到，这些主要是依靠行政降价取得的成果，电力体制改革对电价形成机制的影响尚未显现，实体经济获得感不够强。进一步降低工商企业用电成本，还需要开拓思路，采取更多有针对性的措施。

企业用电成本居高不下

当前，工商企业目录电价与 2008—2013 年国内电煤、国际油气价格高位时基本相当②，仍处高位。全国一般工商业及其他用电平均电价（以下简称"工商业电价"）为 0.825 元 / 千瓦时，大工业用电平

---

① 国家发展改革委：《2017 年电价降价可降成本 1000 亿元》，https://finance.sina.cn/2017-07-26/detail-ifyinwmp0043707.d.html。

② 以山西火电上网电价为例，目前秦皇岛港 5500 大卡动力煤价格是 600 元 / 吨，上网电价 0.332 元 / 千瓦时，与 2010 年左右 700—800 元 / 吨对应的电价 0.3373 元 / 千瓦时基本相当。

均电价为 0.644 元 / 千瓦时。[①] 实际上一些工业发达地区目录电价更高，如，上海工商业电价为 1—1.2 元 / 千瓦时，广州、珠海、佛山等珠三角地区为 0.8—0.9 元 / 千瓦时。而美国目前的商业用电平均电价为 0.67 元人民币 / 千瓦时，工业用电平均电价为 0.43 元人民币 / 千瓦时。[②] 抽样调查表明，工商企业的实际用电成本[③]普遍高于目录电价 0.1 元 / 千瓦时以上。也就是说，我国的工商业用电的实际成本平均在 0.925 元 / 千瓦时以上，大工业用电的实际成本平均在 0.744 元 / 千瓦时以上。按 2017 年降低 1000 亿元用电成本计算，相当于平均每千瓦时降价约 1.6 分[④]，没有从根本上改变电价过高的态势。

电力降成本乏力的原因分析

我国电力价格主要由政府制定，从生产到消费分别设置上网电价、输配电价和销售电价[⑤]，每种价格由成本、费用、税费和利润构

---

① 数据来源：国家能源局《2015 年度全国电力价格情况监管通报》，另外居民用电类别平均电价（到户价）为 0.548 元 / 千瓦时，http://zfxxgk.nea.gov.cn/auto92/201611/t20161101_2312.htm。

② 数据来源：EIA。

③ 不同电压等级的电价不同，企业除电价外还有备用容量费等各种名目的支出。为了便于用电成本在时间序列、工商企业间、地区间具有可比性，调查时将企业所有用于电的支出除以实际用电量，作为企业实际用电成本。

④ 2016 年全社会用电量 59198 亿千瓦时，按 2016 年 5% 增速估算，2017 年全年用电量约为 62158 亿千瓦时。

⑤ 按照 2015 年出台的电力体制改革方案，参与直接交易的电力用户的电价构成包括市场交易价格、输配电价、政府性基金和基本电费。目前直接交易电量占总电量的比重较低。

成。由于电价调整周期长，输配电价核算中成本上升因素计入多、降价因素计入少，各种电价附加收取标准一定多年不变，导致销售端价格易涨难降。

第一，电力市场化改革滞后，燃料成本变动没有直接反映在电价上。2015年底，秦皇岛港5500大卡动力煤跌到370元/吨低点。随后，国家出台一系列煤炭去产能措施。2016年底煤价恢复到600元/吨水平。从2016年11月至2017年中，发电企业效益下降，出现了新一轮煤电矛盾。与前几轮化解煤电矛盾一样，有关部门没有采用市场化改革的办法，而是采用模拟市场的办法。包括煤电联动、鼓励签订长协①、推进煤电一体化②等措施，其效果也同样不理想③。比如，煤电联动，在2016年煤价持续上升期间，发电企业的上网电价不升反降④，在低位保持了近半年的时间。随着煤电矛盾的加剧,2017

---

① 1993—2009年，每年12月下旬为了确保电价稳定，由国家发展改革委组织煤炭、电力等行业企业召开会议以签订下一年的煤炭供需合同，业内称之为"煤炭订货会"。2009年，国家发展改革委终止了一年一度的煤炭订货会，改为网络汇总，但仍然鼓励煤炭供需企业之间签订5年及以上的长期购销合同。

② 2016年4月，国家发展改革委印发《关于发展煤电联营的指导意见》（发改能源〔2016〕857号），重点推广坑口煤电一体化，推进煤炭、电力企业开展跨区域联营，建立煤电长期战略合作机制。2017年8月，国电集团和神华集团实施联合重组，合并为"国家能源投资集团有限责任公司"，合并后的新集团发电装机2.26亿千瓦，占2016年全国总装机（16.5亿千瓦）的13.7%，成为世界最大的煤炭企业和发电企业。

③ 煤电价格联动机制以年度为周期，当周期内电价价格与基准煤价相比波动不超过每吨30元（含）的，成本变化由发电企业自行消纳，不启动联动机制。当周期内电煤价格与基准煤价相比波动超过每吨30元的，对超过部分实施分档累退联动。

④ 2016年初，秦皇岛港5500大卡动力煤价格370元/吨，全年保持单边上涨趋势，2016年底时已涨至600元/吨。而以山西省为例，火电上网电价在2016年1月1日下调至0.3205元/千瓦时，2016年全年未进行调整，直至2017年7月才将上网电价调高至0.332元/千瓦时。

年 7 月 1 日国家上调上网电价，滞后期长达一年半，从 2017 年三季度开始，发电企业效益才开始好转①。

目前，我国发电装机不断上升，发电利用小时数持续下降。看上去出现了电力产能过剩，但用电方却不得不承受较高的电价。本轮电力体制改革中设计的电力直接交易仍在局部试点，售电侧有效竞争机制尚未形成，建立相对独立的电力调度机构仍未打破电网企业电力集中输送、电力统购统销、调度交易一体的传统格局。电煤价格的波动，只有通过人为的煤电联动才能反映到上网电价和销售电价。电价既不反映供求关系，也不反映供电成本，煤价下跌无法带动电价下跌。

第二，输配电价改革力度不够，尚难发挥降成本作用。截至 2017 年底，省级输电价格改革已实现全覆盖，电力直接交易的可操作性大幅增强，交易中间环节透明度有所提高，但改革任务远未完成。一是准许成本范围过宽。输配电价包括准许成本加合理收益。各地制定输配电价时，将规划中的线路或设备都算作电网已发生的成本②，使电力用户负担了额外的成本。二是"一省一价"反映不出实际

---

① 各发电上市公司在 2017 年第三季度的业绩环比有所好转。7 月 1 日起，由于降低政府性基金及取消工业企业结构调整专项资金等电价调整政策的落实，各地火电上网电价均有不同幅度的上调。此外，根据统计，2017 年第三季度全国电煤价格指数均值环比仅提升 1.3%，两者叠加下，火电企业 2017 年第三季度的净利润额环比较大幅度增加。公告显示，华能国际第三季度净利润环比大幅增长 1424%，而华电国际第二季度单季亏损的局面也在第三季度得到极大改善。

② 《国家发展改革委关于印发省级电网输配电价定价办法（试行）的通知》（发改价格〔2016〕2711 号），将规划新增输配电固定资产投资额作为折旧费，计入输配电价。按照有权限的政府主管部门预测的、符合电力规划的电网投资计划，并根据固定资产投资增长应与规划电量增长、负荷增长、供电可靠性相匹配的原则统筹核定。http://www.ndrc.gov.cn/gzdt/201701/t20170104_834330.html。

输电成本。改革试点以省为单位，省内实行统一输配电价。这种计价方式忽略了不同距离间输配电的成本差异，特别是增加了可再生能源、分布式能源等电力就近消纳的成本。三是过高的交叉补贴计入输配电价。大多数国家工商业电价低于居民电价。我国则相反，工商业电价是居民电价的2—3倍，借口是用较高的工商业电价补贴城市居民和农业低价用电。但是从用电构成看①，工商业用电占全部电量的84.6%，居民用电和农业用电分别只占13.6%和1.8%。工商业售电收入十数倍于居民和农业售电收入，远远超出补贴的实际需要。这些交叉补贴未经严格测算和第三方监督，由企业申报后全部计入了输配电价。不少试点地区反映，输配电价改革后实际缴纳的电费反而有所上升。

第三，部分不合理电力附加仍在征收，抬高了用电成本。目前保留的电力附加费有：国家重大水利工程建设基金、大中型水库移民后期扶持基金、可再生能源附加和部分省的农网还贷资金②等。有的电力附加费已失去继续征收的理由。如，国家重大水利工程建设基金是为支持南水北调工程建设、解决三峡工程后续问题设立，大中型水库移民后期扶持基金是为扶持库区移民而设。现在，南水北调工程主体工程建设和还本付息基本结束③，对应的基金也可以同步退出。三

---

① 2016年，全社会用电量59198亿千瓦时。分产业看，第一产业用电量1075亿千瓦时，第二产业用电量42108亿千瓦时，第三产业用电量7961亿千瓦时，城乡居民生活用电量8054亿千瓦时。

② 农网还贷资金专项用于解决农村电网改造还贷问题，具体分两种情况处理：对农网改造贷款一省多贷的山西、吉林、湖南、湖北、广东、广西、四川、重庆、云南、陕西等省、自治区、直辖市建立农网还贷资金，对农网改造贷款一省一贷的省、自治区、直辖市由企业自收自用。

③ 财政部、国家发展改革委、水利部、国务院南水北调办：《关于南水北调工程基金有关问题的通知》（财综〔2014〕68号）。

峡工程是全国人民用电费集资建设的重大项目，已于 2016 年全部完工。运营三峡水利枢纽的长江三峡集团公司，拥有 24 家全资和控股子公司。重大水利工程建设基金、移民后期扶持基金都承担了三峡库区移民扶持等三峡工程后续工作，理应由三峡集团公司承担相应支出。目前，三峡集团公司财务状况良好，在巴西累计投资 50 亿美元开发水电项目，在欧洲控股多家新能源企业，在巴基斯坦也有多项水电投资①。完全有能力也有责任回馈库区，没有理由再由全国人民缴纳电力附加费继续负担。

有力降低企业用电成本的思路

电力价格矛盾表现在交易环节，矛盾的主要方面在供给侧。从我国现有电力装机规模看，提高电力供给能力潜力很大、降成本的空间也很大。当前，应当将深化电力体制改革作为供给侧结构性改革的重要内容，坚持市场化方向，实现发、输、配、售分开，构建"多买多卖"、直接交易的电力市场。科学严格监管输配环节，降低电价附加。依靠市场的力量，使电价回归合理水平。

第一，推进电力市场化改革，建立现货市场。以界定竞争性业务与非竞争性业务为突破口，构建"多买多卖"的电力市场。一是放开电力大用户认定标准，大幅度增加电力直接交易比重。改革后将有力提高水电和大容量、高参数火电机组的发电利用小时数，从而减少

---

① 2014 年，巴基斯坦风电一期项目投产运营。2015 年，取得巴基斯坦风电二、三期项目经营权。2015 年，巴基斯坦卡洛特水电站举行动土仪式。2016 年，主体工程开工建设。2016 年，巴基斯坦科哈拉水电站获国资委同意立项，完成 EPC 招标工作。

用能对环境的负面影响。二是加快改变电网企业对电力统购统销的现状，电网企业要严格按照政府核定的输配电价收取过网费，不再以上网电价和销售价差作为收入来源。三是电网公司从根本上与竞争性业务完全脱离，在售电侧改革中退出售电业务，保障售电市场公平。四是在推进调度相对独立的同时，积极探索调度、交易、结算从电网企业完全独立，确保电力调度交易的公开、公平、公正和电网的无歧视公平开放。能源主管部门对独立的调度、交易、结算机构进行监管。

第二，深化输配电价改革，精细核算输配成本。本着准许成本与输配电业务直接相关的原则核算输配电价，科学划分输配电直接成本和间接成本。一是将间接成本严格从准许成本中剥离。规划新增输配电固定资产投资额从已全面核算的输配电价中剔除。二是引入节点电价核算方式。建议尽快研究制定节点电价核算方案，尽快开展试点。

第三，取消部分电价附加。为进一步加大全国性电价附加降费力度，可以考虑取消国家重大水利工程建设基金和大中型水库移民后期扶持基金。对各地违规自行出台的地方性电价附加也应坚持予以取缔。

油气体制改革方略[①]

　　我国油气领域市场化改革滞后，在全球油气变局中处于被动局面，不但油气企业自身效益下降，而且影响了我国经济的全球竞争力。本文在分析油气领域突出问题、剖析体制成因的基础上，提出了"一条主线、三个维度、多个环节"的改革思路。即改革以产业链为主线，从政府、市场、企业 3 个维度出发，对油气产业上下游各主要环节，包括矿权出让、勘探开发、管网运输、流通、炼化等进行全产业链市场化改革，从而建立起公平竞争、开放有序、市场对资源配置起决定性作用的现代油气市场体系。

全球油气格局与中国面临的问题

　　20 世纪 50 年代以来，油气逐步取代煤炭成为世界一次能源中的主体能源，发达国家大都完成了从煤炭时代到油气时代的转变。新世纪以来，世界能源版图发生深刻变化。随着北美页岩气革命的成功，加上勘探开发技术的进步，全球油气储量大幅增加，出现了多点供应、供大于求、价格持续走低的局面。在可预见的未来，油气在世界

---

　　① 本文完成于 2015 年 6 月。

能源消费结构中仍将占据主要地位。

新中国石油化工产业得到长足发展，为社会主义现代化建设提供了有力保障。但是，放眼世界，我国油气产业从规模到水平、效益与发达国家相比仍有很大差距。主要表现在，油气生产和使用成本偏高，一定程度上削弱了我国经济在国际上的竞争力；油气占一次能源消费的比重偏低，尚未完成从煤炭时代向油气时代的跨越；国内资源勘探开发投入不足，国产油气保障程度逐年下降；国有大型油气企业大而不优、大而不活，近年来经营效益大幅滑落，人均产出远低于国外同类企业；油气收益分配内部化，国有资本收益低，油气资源国家所有者权益体现不多，油气财富没有彰显全民共享。油气行业的现状不利于我国经济的平稳发展和产业结构的优化升级。

制约油气行业健康发展的体制原因

我国油气产业经过几次改革选择了上下游一体化的国家公司经营模式。这对迅速提高油气企业规模发挥了积极作用。但是，少数企业的上下游一体化经营也扭曲了市场价格和供求关系，成为油气供求矛盾加剧和价格居高不下的主要原因。油气是传统计划经济时期管制最严格的领域之一，即使三大油气企业已在美、港等地上市成为国际公司，但至今仍没有完成向市场经济体制的转型。油气体制既有计划经济特征，也有市场经济特征，是典型的双重体制。油气产业链是多重体制亚型复合体构成的不完全市场化产业链。

矿权。少数企业无偿获得油气区块，大量矿区占而不采。目前，国际上普遍采用招标方式出让油气矿权，对矿业权人规定了严格的权利义务。我国长期实行"申请在先"的矿权出让方式，三大油气企业无偿取得了国内大部分油气区块的探矿权。油气矿权持有成本低，企业对大量矿区既不投入也不开采，制约了国内油气供给能力的提高，未能充分体现国家对资源的所有者权益和企业有偿使用矿权的原则。实行油气勘探开发专营权制度和对外合作专营权制度，除少数国有油气企业外，不允许其他各类市场主体进入勘探开发领域，限制了油气领域的对外开放，制约了上游市场的发展。

管网。建设运营不向第三方开放，缺少有效监管。20 世纪 80 年代以来，大部分发达国家对网络型行业进行了网运分开、放松管制的改革。目前，我国油气管网设施的建设和运营仍集中于少数大型央企，实行纵向一体化经营。不同公司的管网之间互不联通，有的地方交叉重复、空置浪费；有的地方建设不足、运行饱和。企业利用市场支配地位，不向第三方开放，不让社会资本进入，消费者缺少选择权。国家对管网运输的价格、建设、运营缺少有效监管。城市供气管网一般也由一家公司经营，与国家油气管网存在同样的问题。随着油气上下游市场主体逐步走向多元化，相关市场主体对于油气管网改革的需求日益凸显。

流通。个别国企专营，形成市场壁垒。原油是目前世界上交易规模最大的自由贸易商品，但在我国仍由少数企业特许经营。在进口环节，我国对原油仍实行国营贸易管理，同时允许一定数量的非国营贸易。中石油、中石化、中海油、珠海振戎公司和中化集团 5 家国营企业原油进口总量占整个原油进口的 90% 以上。这种制度安排客观上限制了其他市场主体的进入。天然气进口方面，尽管国家没有明确的禁止性法规，但限于进口基础设施的排他性，民营企业很难直接从国外进口天然气，一般通过三大油气企业代为进口。

在批发零售环节，国家赋予中石化和中石油在成品油批发和零售环节的专营权。全国各炼油厂生产的成品油全部交由两大集团的批发企业经营，各炼油厂一律不得自销成品油；新建加油站统一由两大集团全资或控股建设。尽管近年来有所放松，延长油气进入零售行业，三大油气企业开始与民企合作，但仍在批发零售环节占绝大部分份额，其他市场主体难以自由进入。

炼化。靠项目审批控制规模，形成逆向调节。炼化工业主要集中在三大油气企业，地方炼化企业只是补充。炼化项目的审批高度集中于国家有关部门，大型炼化项目往往多年得不到批准。炼化是资本密集型产业，拿不到国家的批件，银行不给贷款，地方不给批地，而市场需求旺盛，于是，小炼化企业在各地遍地开花。对炼化项目的"严格"审批不但未能抑制过剩产能，相反形成逆向调节，加剧了低水平的产能过剩。

企业。"大而全小而全"，现代企业制度不健全。三大油气企业开展的业务覆盖了上下游全产业链，从生产经营到后勤服务、"三产""多经"，包袱沉重，一应俱全。企业吃国家的"大锅饭"、职工吃企业的"大锅饭"、企业办社会问题仍很严重。国家有关部门对油气企业管人管事管资产，企业经营自主权出现下降趋势。油气企业以满足国家考核作为主要经营目标，将提高国有资产投资回报置于次要地位。虽然三大油气企业已进入世界500强，但大量业务来自关联交易，内部交叉补贴严重，经营管理成本高昂，盈利很大程度上依赖国家给予的价格保护和补贴。

价格。国家定价为主，价格调整滞后国际市场波动。尽管我国已经明确了原油和成品油与国际接轨的定价原则，但定价机制仍不健全。国内原油价格被动跟踪国际油价，不能准确反映国内市场中真实的供求关系和成本变化，无法发挥价格杠杆调节供求关系的作用。成品油定价机制存在滞后性，国内油气消费者没有分享到国际油气价格走低带来的"红利"。国有油气企业不能参与国际期货市场交易，既不利于我国参与国际石油定价，也无法对冲油价波动的风险。

财税。税费功能界限不够清晰，各方经济利益亟待平衡。在现有税费政策下，除一般企业均须缴纳的所得税、增值税、消费税和营业税外，油气企业还须缴纳矿业权（探矿权、采矿权）使用费、矿业权价款（实际未征收）、资源税、矿产资源补偿费（矿区使用费）和石油特别收益金。这些税费基本上延续了计划经济下按生产环节收取的形式，经济内涵与边界比较模糊，没有反映出国家与企业的权利义务关系。在分配中，中央和地方利益不够平衡，没有兼顾相关利益主体的诉求。

政府。政企不分、政监不分、监管薄弱。油气储量评估、行业标准制定等政府职能仍由企业承担。本应由政府进行的行业监管职能缺位，以企业自我监管为主。政府的油气管理职能分散在多个部门，管理方式基本上是以批代管，缺少事中事后监管。政府部门中没有对油气进行监管的专门机构，对网络运营环节监管缺位。相当数量的法律法规抑制了市场竞争，已经成为油气改革的障碍。

油气体制改革目标思路和基本原则

当前，油气领域已经出台了一些改革措施，但尚未解决存在的突出问题，迫切需要通过顶层设计进行全产业链市场化改革。未来的改革应当是"链式改革"，而不是"点式改革"。

改革的目标：推进油气从不完全市场化产业链向市场化产业链的根本性转变，建立公平竞争、开放有序、市场对油气资源配置起决定性作用的现代油气市场体系，不断提高油气保障能力，加快能源代际更替步伐。

为了实现这一目标，改革的总体思路是：围绕"一条主线、三个维度、多个环节"进行"链式改革"。即改革以油气产业链为主线，从企业、市场、政府3个维度出发，对油气产业链的各主要环节，包括矿权出让、勘探开发、管网运输、流通、炼化等进行全方位市场化改革。在企业层面，实现政企分开、主辅分离、网运分开；在市场层面，油气上中下游市场全面放开准入；在政府层面，简政放权、政监分离、强化监管。同时，统筹推进行业改革与企业改革，加快油气法规废、改、立进程。

推进油气体制改革应当坚持3个基本原则。

一是坚持解放思想，树立新的能源安全观。我国长期重煤轻油，制约了能源结构调整。将石油作为战略资源，只允许个别企业进行上下游一体化经营，抑制了竞争，扭曲了价格。在全球化条件下，一个国家完全靠本国的能源资源满足发展需要，既不可能也无必要。我国应当树立在开放条件下保障能源安全的观念，充分利用两个市场、两种资源，积极参与全球能源治理，推动建立国际能源集体安全体系，加快能源代际更替的步伐。

二是坚持市场取向，构建社会主义制度下单一的市场体制。从党的十一届三中全会提出"计划经济为主、市场调节为辅"，到党的十四大确立社会主义市场经济体制的改革方向，再到党的十八届三中全会明确"市场在资源配置中起决定性作用"，我国走了一条市场化改革的道路。油气在改革开放前20年经历了放权让利、政企分开，与全国改革保持了同步。1998年以来，油气领域加强了行业集中，弱化了竞争，市场化改革陷于停滞。未来油气体制改革应坚持市场化方向，而不是计划与市场并存的双重体制。

三是坚持激励相容，形成各参与方共赢的格局。在市场化改革中，每一个参与者首先关心自身在改革中的收益。油气体制改革涉及多方面的既得利益，在研究制定市场化改革方案时，应当坚持激励相容的原则，对各利益主体的收益预期进行充分评估，尽可能兼顾相关利益方，使改革后各参与方的收益预期大于改革前。

油气体制改革路径

第一，以矿权改革为核心放开上游市场。通过矿权改革建立油气上游市场，引入更多市场主体，从而提高国内油气资源的勘探开发和供应能力。

一是放开矿权市场。参照国际一般做法，由"申请在先"方式，改为"竞争性出让"方式，通过公开招标有偿出让矿权。

二是松绑勘查资质。将探矿权出让与勘查资质分开，勘查资格证不再作为申请矿权的必要条件。取消上游油气勘探开发的准入限制条款，允许各类市场主体参与油气勘探开采。[1]

三是提高持有成本。提高最低勘查投入标准，不能达到投入标

---

[1] 国务院于2017年9月决定取消地质勘查资质审批（国发〔2017〕47号）。

准的企业要退出矿权。允许企业在满足法定条件下转让矿业权或股份，活跃矿权市场。

四是合同约定权利。矿业权竞争性出让已完全改变了现行法律规定的权利义务，在进行监督管理时无法可依。今后，国家在出让油气矿业权时，可以采用油气租约形式，制定出一套油气矿业权出让行政合同，与受让方约定权利义务。内容包括：出让的油气矿权的范围和性质、矿权期限、勘探和开发义务、最低义务工作量、环保安全责任义务、争议解决条款等必备条款。对于涉及国家与矿业权人经济关系的，如使用费、价款、权益金等，可以签订经济合同。

五是全面对外开放。取消三大油气企业对外合作专营权，获得矿业权的企业自主决定对外合作相关事宜。

第二，构建独立多元的油气管网运输体系。改革的总体思路是"网运分开、放开竞争性业务"，给油气生产者和消费者更多的选择权。

一是网运分开、独立运行。将原来属于三大油气企业的管道业务独立出来，通过混合所有制改革或资产出售方式，成立多家管网公司，而不是成立单一的国家管网公司运营。管网公司只参与石油、天然气输送，不参与油气生产、销售，并按照"财务独立—业务独立—产权独立"的步骤，推行"厂网分离"、"网销分离"、"储运分离"，渐次推动管网独立。为便于对网络监管和给网络运输定价，应当剥离管网公司辅业。

二是公平准入、多元投资。新的管网公司按非歧视性原则向第三方提供运输服务。允许三大油气企业以外的经营主体从事油源、气源业务，包括国外进口和国内煤制气、页岩气、天然气均可进入管网运输。允许各类投资主体以独立法人资格参与管网和 LNG 接收站、储油库、储气库等相关设施的投资经营，逐步在全国形成多个管网公司并存、互联互通的格局。

三是合理回报、有效监管。政府制定管网的输配价格、合理回报水平，对管输企业向第三方公平开放、价格、合理回报进行监管。

第三，建立竞争性油气流通市场。这是油气回归商品属性的关键。

一是取消原油进口资质条件。放开原油进口权，取消国营贸易企业对原油进口的特许经营，任何企业均可从事原油进口和国内贸易。配合进口权开放，取消排产计划，国内炼化企业均可公平地进行原油交易。

二是取消成品油批发零售环节特许经营权。撤销国务院 1999 年和 2001 年出台的《关于清理整顿小炼油厂和规范原油成品油流通秩序的意见》、《关于进一步清理整顿和规范成品油市场秩序的意见》、《关于民营成品油企业经营的有关问题的通知》，不再授予个别企业在成品油批发零售环节的特许经营权。

三是放开下游零售市场。放开加油站业务的市场准入。允许中石油和中石化对其全资或控股拥有的加油站企业进行混合所有制改造或剥离，逐步实现加油站行业多元化主体经营。

四是发展石油期货市场。放开石油期货交易参与主体的限制，允许国有油气企业参与交易，允许各类企业能够实现实物交割。同时，增加上海石油期货交易所的交易品种，扩大交易规模。

第四，深化油气企业改革。进行"主辅分离、做强主业，产权明晰、完善配套"的改革，进一步完善现代企业制度，国家对油气企业从管人管事管资产转变为管资本为主。

一是资本运营。将三大油气企业改组为国有资本投资公司，由国务院授权经营，并继续保持对原上市公司的控股地位。

二是做强主业。进一步增强上市公司实力。

三是剥离辅业。将三大油气企业的"三产""多经"、油田服务等辅业剥离，三大油气企业上市部分人员压缩至目前的10%—20%。剥离后的辅业主要有两个出路：（1）组成若干独立经营的企业，由三大油气企业控股或参股经营；（2）将资产整体出售，或者下放地方政府管理。

三大油气企业中规模较小油田、闲置的低品位资源和部分炼油化工、油品销售的子公司、分公司可以划转给省级地方政府，使其成为由地方政府授权经营的独立法人。医疗和教育单位按国家规定实行属地化管理。油气企业离退休人员实行社会化管理。

对改革中大量剥离、下放的企业，进行股份制改造，建立规范的现代企业制度、公司治理结构，具备条件的可单独上市。考虑到改革中安置分流人员要付出一定的代价，可以将出售资产获得的资金专项用于人员安置和解决历史遗留问题。

第五，逐步放开油气价格。油气企业放开准入、放开进出口和流通领域资质限制、管网独立后，国家不再对油气的批发零售定价，而是交由市场竞争调节。但是，政府要继续保留对管道运输价格的定价权，并严格监管。

第六，构建多方利益平衡的财税关系。油气资源税费制度改革的思路是：理清利益关系，实行有偿获取，稳定所有者权益，促进资源开发，兼顾各方利益，构建新型资源税费体系。

一是改革油气税收体制。按照竞争性进入、高风险持有、收益合理共享的原则，体现国家资源所有者的权益。油气资源税费体系包括：（1）矿业权使用费，体现矿租内涵，按土地面积定额收取。取代原有的探矿权使用费、采矿权使用费和矿区使用费，简化税赋，增加持有成本，促进资源的有效开发。（2）探矿权采矿权价款，是资源开发超额利润的预付款，即现金红利，通过竞争或者评估谈判产生。（3）权益金，是资源所有者权益分成，在开发者毛利润中定率收取，也可以在矿业权竞争性出让时对权益金率报价产生。长远看，权益金应取代原有的资源税、资源补偿费和特别收益金。在目前低油价环境、国内油价成本过高情况下，可适当保留资源税进行过渡。

二是理顺中央与地方的财权分配关系。按照实际管辖权限和经济功能，对矿业权使用费、资源税、价款、权益金可与地方进行适当形式的分成。

三是提高国有资本经营预算。增加国有资本收益上缴公共财政比例。

四是建立石油基金，保障公益事业。权益金收入的管理方式可借鉴挪威模式，建立作为主权财富基金的石油基金，用于保护环境及其他公共事业。

第七，改革政府管理体制。建立"政监相对独立、分段分级监管、部门分工明确、监管权责清晰"的现代管理体制。

一是统一规划，分级实施。国家发展改革委和国家能源局是油气（能源）行业的政府主管部门，可赋予其更全面完整的管理权限。地方发展改革委、地方能源局的职责主要是落实国家油气发展的战略规划和政策措施。

二是构建"分段分级监管"的油气监管体系。国家能源局、国土资源部、商务部、国家质量监督检验检疫总局、环境保护部、国家安监总局分别承担不同的监管职能。特别是要加强对油气管道环节公平开放和输配价格、油气矿权公平出让等方面的监管。

三是减政放权、放管结合。各主管部门不再干预微观主体的经营活动，尽快拿出权力清单、责任清单和负面清单。大幅度减少对油气项目的审批。对确需审批的项目，改串联审批为并联审批。取消对油气运营的调配权，取消国家发展改革委对下游炼化项目的审批。

第八，加快油气法规的废改立。为保证改革的顺利进行，首先要停止执行若干与市场化改革相悖的法规条款。在此基础上，逐步制定新法。能源法规不再搞部门立法。考虑到我国成文法具有滞后性的特点，对尚未充分实践的或拿不准的措施不急于立法，可以先制定暂行条例，随着改革成熟再以法律形式固定。①

---

① 2017 年 5 月，中共中央、国务院印发了《关于深化石油天然气体制改革的若干意见》。要求深化油气勘查开采、进出口管理、管网运营、生产加工、产品定价体制改革和国有油气企业改革。主要内容包括，一是完善并有序放开油气勘查开采体制。实行勘查区块竞争出让制度和更加严格的区块退出机制。允许符合准入要求并获得资质的市场主体参与常规油气勘查开采，逐步形成以大型国有油气公司为主导，多种经济成分共同参与的勘查开采体系。二是完善油气进出口管理体制。建立以规范的资质管理为主的原油进口动态管理制度。三是改革油气管网运营机制。分步推进国有大型油气企业干线管道独立，实现管输和销售分开。完善油气管网公平接入机制，油气干线管道、省内和省际管网均向第三方市场主体公平开放。四是深化下游竞争性环节改革。保护和培育先进产能，加快淘汰落后产能。加快天然气下游市场开发培育力度，促进天然气配售环节公平竞争。五是改革油气产品定价机制。完善成品油价格形成机制，发挥市场决定价格的作用。保留政府在价格异常波动时的调控权。依法合规加快油气交易平台建设，鼓励符合资质的市场主体参与交易，通过市场竞争形成价格。加强管道运输成本和价格监管，按照准许成本加合理收益原则，科学制定管道运输价格。六是深化国有油气企业改革。推进国有油气企业专业化重组整合。推动国有油气企业"瘦身健体"，支持国有油气企业采取多种方式剥离办社会职能和解决历史遗留问题。七是完善油气储备体系。八是建立健全油气安全环保体系。

油气体制改革实施步骤

油气体制改革不应是对原有体制的修修补补，而是应在市场化方向上迈出重大步伐。改革的具体组织实施可采取以下步骤。

第一，制定覆盖全产业链的一揽子方案。党中央、国务院组织专门班子统筹制定油气全产业链市场化改革方案，各行业主管部门、油田所在地方政府、各企业配合，不是由各部门和相关企业自行提出改革方案。

第二，分三步走推进改革。第一步，在矿权改革、管网改革、国企改革、财税改革4个关键点上率先突破。第二步，放开进出口和流通准入，放开价格管制。第三步，全面完善政府监管。

需要说明的：一是关于改革的关键点。油气改革中放开进出口、流通和价格比较容易，但在没有形成矿权市场、管网不独立的情况下，放开进出口、流通和价格后仍然不能形成竞争性市场，改革的成效不明显。因此，改革首先应在形成竞争性市场的关键点上有大的突破，即进行矿权、管网和国企改革。二是关于财税改革。由于油气改革涉及调整利益分配关系，财税改革必须在改革之初优先推进，使各参与方明确自身在改革中的收益。这有利于调动各方面参与改革的积极性。三是关于政府监管。以往改革的经验教训说明，在市场发育不足的情况下，监管部门不易实施有效的监管。在油气改革之初，政府部门应将主要精力放在突破旧的体制上。随着全产业链竞争性市场格局逐步形成，再转向全面完善监管。

第三，抓紧完善配套措施。由于改革会涉及大量的人员分流和社会稳定问题，可以用财税改革后的权益金收入、三大油气企业改革中出让的资产收入、部分企业上缴的国有资本金预算共同建立石油基金，主要用于职工安置和解决历史遗留问题。

油气体制改革成效预期

改革涉及的既有利益主体包括：中央、地方、三大油气企业、企业职工、地方炼油企业等。其中，三大油气企业的情况比较复杂，既有主业，也有各种"三产""多经"、油田、油服等。此外，涉及的利益主体还包括各类期望进入油气领域的国有企业和多种所有制经济的企业。按照上述改革方案，各利益主体在改革中的收益均会有所增加。

第一，中央和地方政府。在矿权改革中，提高了油气企业对矿区持有的成本，势必造成三大油气企业退出一部分矿区，有利于为竞争出让矿权提供资源基础。对国家而言，将"登记在先"出让方式改为"竞争出让"方式，既可以通过招标出让三大油气企业退出的矿区，也可以出让页岩气、煤层气等非常规油气矿区，吸引各类投资主体参与油气勘查开发。在国有企业改革中，三大油气企业出售和调整下放的油田资产，将增强地方经济实力、增加地方税源，从而调动地方参与生产开发、消化分流人员和历史遗留问题的积极性。财税体制改革将使中央、地方更多分享油气改革给企业带来的收益。

第二，三大油气企业。三大油气企业改革后，通过主辅分离，人员大幅度减少，会使主业更强、效益更优，提高资本运营效率。辅业将形成新的油田服务市场，走专业化发展的道路，极大降低三大油气企业主业经营成本。

第三，管网企业。管网独立后，国家将核定管输的合理回报，同时对各类投资主体开放。这对资本市场有较强的吸引力。改革后将促进管网较快建设发展。

第四，地方炼油企业。将获得更多优质油源，不必炼制低质的重油和渣油，有利于生产更多低成本的优质产品，减少炼油造成的环境污染。

第五，三大油气企业员工。无论是保留在三大油气企业上市公司中的职工，还是剥离的各种辅业职工，都将新进入市场竞争。在这方面，多年国企改革已经积累了丰富的经验。对调整和下放到地方的资产和人员，考虑到近些年地方的基本公共服务水平已经普遍高于油田，调整和下放会受到相关油企职工的欢迎。同时，改革后权益金收入、国企出让资产收入、国有资本预算共同建立的石油基金，可以拿出一部分用于职工安置。职工福利会保持现有水平或随着企业效益的提高有所改善。

第六，其他各类投资主体。全产业链市场化改革后，各类投资主体可以进入上游，投资传统油气和页岩气、煤层气等非常规油气；进入中游，投资流通和管网运输；进入下游，投资炼化。

总体上看，通过改革可以增强国内油气资源保障能力，降低油气使用成本，给国家创造更多的利润和税收，打破油气领域所有制壁垒，加快能源结构调整和代际更替步伐，从整体上提高我国制造业产品的国际竞争力。油气体制改革虽然难度很大，但完全能够实现各参与方共赢，打造成经济发展的新亮点。

根治周期性"气荒"[①]

天然气消费有季节波动比较大的特点。近年来，随着我国天然气消费迅速增长，每到冬季北方地区天然气供求矛盾加剧，往往出现"气荒"，去冬今春问题尤为突出。为迎峰度冬，各地政府每年大都要提前准备，情急之下还会采取压非保民措施。然而，反思化解"气荒"的举措，目前，主要还是靠人为进行生产调度，没有触及产生"气荒"的根源。"气荒"频发虽然表现为天然气下游的供求矛盾，原因则存在于产业链的上中游。根治"气荒"需要改变传统以需求调节为主的思路，从供给侧入手进行全产业链市场化改革。通过竞争形成多种供气渠道，满足多元化的用气需求。

"气荒"频发源于上中游垄断

对于"气荒"产生的直接原因，业界主要聚焦于国内产能不足、储气库调峰能力弱、国外进口不畅、LNG 接收设施不够、管网覆盖率低这几个问题上。虽已呼吁多年，但仍无法得到有效解决。其背后的原因在于，三大油气企业对天然气供应高度垄断，从气源到管网、

---

① 本文完成于 2018 年 1 月。

储运、分销，天然气上中下游的诸多环节高度一体化，扭曲了市场价格和供求关系，形成供给约束。

第一，矿权改革滞后，制约国内供给增长和储气库建设。近年来，我国天然气探明储量迅速增长，但资源并未得到充分利用，难以满足消费的快速上升。世界上大部分国家的油气矿权采用招标出让。长期以来，我国常规天然气实行登记出让，三大油气企业以"申请在先"的方式无偿取得油气区块的探矿权。国内大部分有利区块已经被三大油气企业占有。由于矿权持有成本低，三大油气企业对大量矿区既不投入也不开采。国土部门探索矿权制度改革，将页岩气设置为独立矿种，并尝试采用招标出让，但因大部分页岩气区块与三大油气企业占据的常规油气田重合，进展并不顺利。

现行矿权制度还影响到储气库建设。发达国家地下储气库的储气量约占消费总量的 17%—22%，应对季节性供需变化的调峰能力比较强。我国储气库的调峰能力仅为 65 亿立方米，约占 2017 年天然气消费量的 2.8% 左右。枯竭油气藏是建设地下储气库的理想选择。国内枯竭油气藏基本是由三大油气企业开采后形成的，由于既无强制退出机制，也无二级市场，除三大油气企业外，其他各类投资主体无法投资闲置的枯竭油气藏建设储气库。

第二，天然气基础设施高度一体化，制约了国外进口增长。天然气管网、储气库、LNG 接收站等基础设施具有投资规模大、专用性和自然垄断性强的特点。我国油气管道主干线中，三大油气企业占有 95% 左右，且彼此间互不联通。省级管网大多由省属国有企业和三大油气企业合资建设，一般由省属国企控股。目前，全国共投运 LNG 接收站 17 个。其中，中海油 7 个、中石油 4 个、中石化 2

个，三大油气企业接收能力占到总能力的90%以上。三大油气企业既是管网和LNG接收站的所有者、运营者，也是购气和售气的主体。三大油气企业以外的燃气企业，可以从国际上买到低价LNG，但这些基础设施不向其开放，无法将LNG运上岸通过管道送到下游分销。中央出台油气体制改革方案后，三大油气企业在剥离管网的预期下，近年明显放慢了管网建设的投入力度，无法适应天然气消费高速增长的需求。

第三，上中游投资准入没有完全放开，天然气供给主体单一。我国天然气上游勘探开发和中游管输以三大油气企业为主。虽然国家鼓励民间资本参与油气基础设施建设，但仅限定于参股管道项目，参与LNG接收站和油气储备库投资建设，尚未鼓励非国有经济作为单独的市场主体进入天然气的上中游。全国已经制定的区域发展规划和天然气发展专项规划中，管网和LNG建设规划的开发主体基本由三大油气企业和省属国企承担。有些基础设施建设，虽然市场有需求、三大油气企业以外的市场主体有意愿，但仍被排除在外。油气国有企业计划经济色彩深厚，公司法人治理结构不健全。"吃大锅饭"、大而全小而全、生产效率低、经济效益差、企业办社会等传统国有企业的弊端仍很严重，难以充分履行全国天然气保供的责任。

第四，项目审批周期长，新建基础设施难。核准新建管网和LNG项目要经过选址意见、用地（用海）预审和重特大项目的环评审批等前置审批，以及核准后、开工前的几十项并列审批事项。其中，调整土地规划、城镇规划，以及办理农用地转非农用地、耕地占补平衡或增减挂钩、国有建设用地使用权招拍挂等手续都是审批的堵点。这些手续很多要上报一个或两个行政层级批准，耗时冗长。如，在用海审批方面，目前，京津冀地区天然气供应能力严重不足，亟须在渤海湾建设 LNG 接收设施，但海洋主管部门已暂停受理、审核渤海内围填海项目、区域用海规划。

第五，天然气价格双轨制，加剧低价民生用气供求矛盾。国内天然气价格既有政府定价又有市场定价，占比重最大的管道气分为居民用气和非居民用气。前者为政府定价；后者有政府定价和市场定价、存量价和增量价之分。LNG 完全市场定价。一般而言，非居民气价要高于居民气价。"气荒"时增量气价高于存量气价[①]、市场定价高于国家定价。由于存在多重价格差，为供气企业带来了套利空间。政府对居民用气低定价的初衷是保障民生，但价格倒挂使低价气更容易流向高定价的客户，反而加剧了居民用气的"气荒"，形成逆向调节。

改革油气体制才是治本之道

天然气产业链是典型的不完全市场化产业链，打破"气荒"时的供给约束需要在供给侧进行全产业链市场化改革。2017 年中央出台的油气体制改革方案已经对改革作出了部署。"气荒"更增强了改革的紧迫性。按照中央制定的改革方案，在这里就当前天然气体制改革

---

① 2017 年中石油的定价政策是，存量气分为两部分，A 部分存量是淡季 6 个月的日均用量，2017 年 11 月 1 日起涨价 10%；B 部分是上个旺季 5 个月日均用量，（B-A）部分涨 15%。存量（A+B）中石油保供。存量之外的增量（2017 年冬高于 2016 年冬的量）拍卖获得。如果增量要求保供，则保量不保价，价格不封顶。

提出一些具体意见。

关于改革的目标，可以考虑定位于：在产业链上下游建立起供求关系决定价格、竞争优化资源配置、契约规范交易活动的运行机制。

改革的总体思路是，按照"网运分开、放开竞争性业务"的原则，突破三大油气企业对矿权和基础设施的垄断，让更多市场主体进入竞争性业务领域，国家则对管网储运环节进行有效监管。

对于改革的具体措施，则有如下考虑。

第一，深化矿业权改革，竞价出让天然气、页岩气、枯竭油气藏矿权。天然气矿权改革的思路是，放开矿权市场，竞争有偿取得；合同约定权利，严格依法出让；提高持有成本，重构资源回报模式。

一是加快建立勘查区块竞争出让制度。目前，国家已经收回部分三大油气企业未利用天然气区块，勘查资质已完全放开，初步具备竞争性出让矿权的条件。下一步，可以考虑拿出部分天然气、页岩气区块，按照价高者得的原则实行招标出让探矿权。

二是竞争出让枯竭油气藏资源。将枯竭油气藏设立为一种新的矿权。国家从三大油气企业中收回具备条件但未建立储气库的枯竭油气藏资源，通过竞争性出让的方式招标拍卖。允许各类投资主体从事储气库建设，提高天然气调峰能力。组织新一轮建库资源普查，为中远期储气库建设提供优质可靠目标。

三是实行更加严格的区块退出机制。提高天然气矿权使用费标准，提升最低勘查投入标准，鼓励加大投入。制定枯竭油气藏使用费标准。建立天然气矿业权、枯竭油气藏矿权二级市场，允许企业在满足法定条件下交易转让。

四是合同约定权利。天然气、页岩气、枯竭油气藏进行竞争性出让的改革后，将完全改变现行法律规定的权利义务。今后，国家在出让天然气、枯竭油气藏矿业权时，可以采用租约形式，制定出一套矿业权出让行政合同，矿产资源主管部门与受让方约定权利义务。合同内容可以包括，出让的油气矿权的范围和性质、矿权期限、勘探和开发义务、最低义务工作量、环保安全责任义务、争议解决等必备条款。对于涉及国家与矿业权人经济关系的，如使用费、价款、权益金等，可以签订经济合同。

五是构建多方利益平衡的财税关系。政府用出让天然气、页岩气区块及枯竭油气藏的收益组建油气资源基金，用于公益性地质勘查，或调入一般公共预算用于保障民生。改变计划经济条件下形成的按生产环节收取税费的财税制度，建立以矿业权使用费、探矿权采矿权价款、权益金为主要内容的天然气资源税费体系。产生于矿产资源的税费由中央与地方合理分成。

第二，加快推进管网储运设施独立。

一是网运分开，独立运行。可以考虑将原属于三大油气企业的天然气管道、LNG 接收站、储气库以及省级管网独立出来，按照长输管线供气范围和区域天然气市场范围组建若干家管网储运公司。管网储运公司在业务上实行网销分离、互联互通，公平地为天然气交易提供储运服务，不再从事购气和售气业务。在公司治理上，实行所有权与运营权分离，即三大油气企业、省管网公司出资者作为储运公司的财务投资者，按实物资产和出资额在管网储运公司中占有相应股比、分享投资收益，不参与日常运营管理；成立由独立董事组成的董事会，董事会授权有资质的运营公司进行日常运营管理。

二是公平准入，多元投资。从三大油气企业和地方独立出来的管网储运公司实行混合所有制，各类投资主体均可参股。允许和鼓励各类投资主体组建新的管网储运公司，从事管网、LNG 接收站、储气库等相关基础设施建设。

三是合理回报，有效监管。能源主管部门建立专门从事天然气监管的机构。监管机构按"准许成本＋合理收益"的原则制定管网输配价格、LNG 接收站和储气库服务价格，对其公平开放、执行政府定价进行监管。

当然，下游城市燃气管网也存在垄断问题。这方面改革和监管的事权在地方。可以考虑在上中游改革后，再进行城市燃气的网运分开、放开竞争性业务的改革。

第三，深化基础设施投资项目审批制度改革。为大幅扩大 LNG 进口，有必要从现在起就布局新上一批沿海 LNG 接收站、骨干管网和储气库，在审批制度上需要作出相应调整。可以考虑采取以下措施。

一是天然气基础设施项目建设由核准制改为备案制。修订 2016 年版《国务院关于政府核准项目目录》，跨省（区、市）的天然气干线管网、进口 LNG 接收储运设施建设不再由国务院投资主管部门、行业主管部门核准，可下放至省级政府备案。

二是为天然气基础设施项目开辟快速审批通道。进一步简化审批流程，对这类项目，有关部门优先办理用地预审，接受和批准 LNG 接收设施用海申请；优先调整土地规划、城镇规划；取消施工许可证审批，项目开工后再逐步办理其他审批事项。

第四，分步开展天然气价格改革。在上游矿权、中游管网改革未完成的情况下，如直接放开天然气下游价格易形成垄断企业定价的格局，故价格改革需要分阶段推进。第一步，将下游居民用气和非居民用气价格并轨，可以考虑调高居民气价，降低非居民气价，从机制上防止燃气企业因套利加剧"气荒"。地方政府对困难居民用气实行补贴。第二步，管网改革后核定管输价格，保证管输企业有合理的回报。第三步，取消政府对天然气销售定价，形成供求关系决定价格的格局。

改革成效展望

天然气供给侧全产业链市场化改革涉及投资、矿产资源、财税、国有企业等多个领域，需要在多部门协调配合下，形成一揽子方案。改革可以取得的成效展望如下。

一是矿权出让制度的改革可以吸引多元投资主体进入上游勘探开发领域，增加国内天然气供给。

二是提高探矿权获得和持有成本，加大区块退出力度，建立矿业权二级市场，可以为三大油气企业以外更多的投资者腾出开发空间。

三是收回未利用的枯竭油气藏并招标出让，能够大幅提高国内储气库的调峰能力。

四是中游管网储运设施独立后，有利于打破三大油气企业和省管网的垄断，各种来源的天然气，包括国产天然气、页岩气、进口管道气、各种渠道进口的 LNG 等，都可以进入管网直接分销给城市燃气公司和大工业用户，形成"多买多卖"、供求关系决定价格的市场格局。现有管网、储气库、LNG 接收站中很多是上市公司资产，独立出来时，原出资者成为财务投资者并获取稳定的回报，可以避免对股市造成负面影响，保障三大油气企业和地方政府的收益。

五是基础设施投资项目审批改革后，有利于加快管网、LNG 接收站和储气设施的建设。

实施这一系列改革和措施，有望熨平天然气供求周期性波动，满足广大居民和企业对天然气稳定、充足、经济、安全供应的需要。

中国距能源互联网有多远

能源互联网是当下能源界热议的话题。互联网是典型的通用目的技术，具有创新速度快、通用性广、渗透性强的特点。互联网与任何一个产业结合，都可以创造出前所未有的生产力。遗憾的是，互联网改变了世界，但还没有改变中国能源。至少在以下几个方面，我国能源与互联网世界还有不小的差距。

一是生产方式。传统工业生产方式的特点是大规模、集中式，标准化生产，工厂化制造，远距离输送。第四次工业革命以来，在互联网带动下，先进制造业发展趋势是小规模、分布式，柔性化生产，出现了智能制造、虚拟制造。技术创新周期变短，颠覆性创新增多，传播速度加快。

但是，在能源领域，如电力、油气等，仍然是以传统工业生产方式为主。由于能源装备一次性投入大、沉没成本高，以往能源技术更新往往需要几十年，实现代际更替甚至要上百年。尽管进入了互联网时代，能源领域这种长周期调整的局面尚未改观。

二是分配方式。传统分配方式一般分为初次分配和再分配。初次分配注重效率，再分配注重公平。互联网的出现使初次分配和再分配的界限变得模糊。传统分配方式的分配内容主要是货币和福利，而互联网参与下的分配，还包括服务、实物和各种虚拟回报，如积分、返点、某种权利，其价值可以与货币等同。

能源领域尚未脱离初次分配和再分配的框架。在电力、油气领域的初次分配中，由于有关部门规定价格和产量，企业收益往往难以反映效率。在再分配中，能源国企上缴的国有资本预算差强人意，这些预算又大多用于国有企业，有的能源国企还接受财政补贴。即便从传统分配角度看，能源领域也没有完全做到效率和公平，更不要说接受互联网时代各种新的分配方式。

三是交易方式。移动互联带来了支付革命，极大地降低了交易成本，提高了资源配置效率。过去，人们买东西能货比三家就算不错了，有了互联网可以货比无数家，使以往交易中普遍存在的信息不对称变成接近于信息对称，消费者可以买到质量价格最优的商品。互联网上进行的交易皆有痕迹，便于溯源，这又增大了失信风险，提高了信用水平。在低成本高效率、低价格高信用的优势作用下，互联网交易的规模急剧膨胀。

但在能源领域，少数企业独买独卖，有关部门决定价格、分配产量。即便在传统交易方式中，这也是市场化程度较低、效率不高、机制僵化的模式。目前，尽管人们也可以在网上买电，但价格是固定的，消费者不会因为时间不同、消费量不同、电源点不同买到不同价格的电，交易规模也没有出现像互联网金融和电商那种井喷式的发展。

四是消费方式。互联网消费方式表现为个性化、私人定制，消费者购买的范围打破了空间限制，但对能源消费者而言，能源供给仅限于少数电网企业、油气企业，消费者没有太多的选择权。

五是经济体制。互联网世界的特点是充分竞争、非公经济为主、市场主体分散。能源领域的特点是供给侧产业集中度高、单边购买、特许经营，经营者以国有企业为主。

六是组织形态。互联网世界是扁平结构和水平网络模式。能源领域总体还是层级结构，纵向链条模式。

当前，能源互联网没有得到充分发展，主要原因是制度安排上还不具备条件。首先，能源行业产业集中度过高，抑制了竞争，造成价格机制失灵和供求关系失衡。其次，能源行业所有制结构单一，主要是以国有经济为主。传统国有企业的弊端，如大而全小而全、"吃大锅饭"、效率不高、缺少自我约束机制等问题尚未解决。能源流通主要靠国营贸易、特许经营。第三，行政干预较多。有关部门对能源企业的管理仍是以指标控制、行政审批为主，而恰恰需要监管的网络型垄断行业监管缺位。这些问题的存在，使能源在国民经济中仍然是一种特殊商品，而不是一般商品。

实现对能源互联网的愿景，关键是让能源回归一般商品属性。具体而言，就是要降低准入门槛，允许各种所有制的市场主体从事能源供给、流通业务。彻底打破对能源交易流通的行政垄断和行业垄断，放开能源供销价格，取消对能源价格、产量的计划管理。对能源领域中的网络型垄断行业，实行网运分开、放开竞争性业务的改革，形成能源供给和消费之间"多买多卖"的市场格局。这是电力体制改革和油气体制改革应当重点考虑的问题。

不是给每一个发电机、每一个用电户配置一个 IP 地址就叫能源互联网，也不是利用互联网进行电力调度就叫能源互联网。能源互联网应是利用无所不在的互联网，使能源像其他一般消费品那样进行自由交易。建立名副其实的能源互联网，前提是能源市场的充分发育。一旦市场化改革到位，能源才有条件像其他商品一样，利用价格机制灵活调节供给和需求；降低用能成本，尤其是用电、用油、用气成本；减少能源粗放利用；从根本上解决弃风弃光弃水问题；提高消费者选择权，满足多样化的能源需求。

生态文明：改革之风吹绿中国

　　生态文明建设仅仅是保护环境吗？环境保护与经济发展、社会发展，孰更优先？

　　世界各国在工业化进程中，都遇到过经济发展与环境保护的矛盾。我国在改革开放之初就接受了国际社会公认的可持续发展理念，提出了节能减排、绿色发展、低碳发展、生态文明建设等战略思想。

　　不保护环境，发展不可持续；发展慢下来，没有一定的经济实力，也不可能保护好生态环境。因此，在经济、社会、环境三者关系中，发展仍然处在首位。要在发展中保护，在保护中发展。当然，在经济社会发展中，单独在某一个或几个环节推行绿色发展，都难以建成生态文明的社会。本篇提出，要着眼于全局，建立节约环保的国民经济体系和社会组织体系。

　　长期以来，我国对环境保护、环境与经济发展的关系研究较多，但环境与社会发展内在关系的研究还没有得到足够的重视。本篇呈现了笔者主持中国环境与发展国际合作委员会重点研究项目"中国环境保护与社会发展"的主要观点。

　　粗放发展是环境污染的重要来源，其深层原因则是制度安排的不合理。这里选择大气污染问题，剖析了"体制雾霾"如何造成大气雾霾，强调如果不从体制着手，那么为促进节能环保普遍采用的政策，如项目审批、总量控制、价格补贴，不但不能从根本上解决问题，而且会造成逆向调控。

建立节约环保的国民经济体系和社会组织体系

目前，我国正处在工业化、城镇化加快发展的阶段。到 2020 年，要实现全面建成小康社会目标；到本世纪中叶，要达到中等发达国家水平。今后几十年里，我国经济社会发展与资源环境矛盾仍然会十分尖锐。随着社会生产力水平的迅速提高，环境保护工作面临着两个突出的特点：一是国民经济越来越成为一个高度复杂、高度一体化的巨型系统，社会生产、建设、流通、消费的各个领域，都不同程度地利用资源、影响环境；二是社会组织体系日益趋向多元化、多层次、扁平化，单独在某一个或几个环节推行节约环保，都难以从根本上缓解资源环境与经济社会发展的矛盾。为了处理好经济发展与资源消耗、污染减排之间的关系，不妨参考一下现代企业管理的方法。

工厂制造一个产品，企业中传统的检验方式是出厂检验。现代企业管理模式强调的是流程管理，包括业务流程的规范、优化和再造，而不是只对最后一道工序的检验。传统的企业管理中，把工人看作生产线上的一个齿轮、一个螺丝钉，而现代管理强调的是员工与企业的伙伴关系，使员工发自内心地为企业创造价值，体现了一种人性化的管理。

如果把资源环境问题放到国民经济这一大的运行体系中，为了提高资源利用效率、减少环境污染，完全可以借鉴企业管理的做法，建立环境保护的流程管理观念，注重国民经济体系中每一个环节的管理；激发社会组织体系中的每一个成员，自觉地采取节约环保行动。

因此，应当从更高的层面、更宏观的角度、更广阔的范围考虑，在国民经济的各个领域，包括工业、农业、交通运输、建筑、服务等行业，加强资源综合利用，强化生态环境保护，建设低投入、高产出，低消耗、少排放，能循环、可持续的国民经济体系。在社会组织的各个子系统，包括政府、团体、企业、社区、家庭，推行有利于节约资源、保护环境的生产方式、生活方式和消费模式，形成节约环保型社会组织体系。

从何处着手建立节约环保的国民经济体系和社会组织体系呢？

第一，统筹考虑节约环保与经济社会发展。开展经济建设势必要造成资源消耗和环境污染。为了建立节约环保的国民经济体系和社会组织体系，环保部门和环境工作者应当主动参与经济工作的重大决策。在具体方式上，可以首先参与各级各类规划的制定，把节约环保观念和环境保护措施融入发展规划。改革开放以来，我国已经形成了完整的规划体系，有中长期规划、年度计划、专项规划、行业规划。这些规划是国民经济发展和各行业发展的重要指针。环境保护部门应当提出符合实际、切实可行的环境保护目标，纳入五年规划之中。同时，制定好环境保护专项规划。需要特别强调的是，环境保护部门还应当积极参与到其他专项规划的制定当中去。加强与规划主管部门的协调，开展规划环评工作，使每一个规划都能体现生态文明的精神，推动各级政府部门、各个行业、企业在制定发展规划时与环境保护计划同时考虑、同时实施。

第二，充分发挥市场机制在节约环保中的作用。我国资源领域市场化改革比较滞后，很多生产要素价格长期不能反映资源稀缺程度，助长了浪费性的使用资源和破坏环境的行为，增加了转变经济发展方式的困难。改革开放以来的经验表明，计划与市场的"双轨制"，是一种效率很低的制度，而多消耗资源就意味着多破坏环境。必须建立节约环保的国民经济体系，使能源资源价格充分反映资源稀缺程度，反映市场供需状况，反映生态保护和环境治理成本。只有这样，才能使消费者真正地珍惜资源、爱护环境。

第三，把节约环保纳入社会主义的核心价值体系。无论做什么事，靠内生的动力比较有效，且成本低；靠外在的监督往往比较被动，且成本较高。在发达国家，一个人有没有环境意识，与个人没有社会公德往往是画等号的。如何让全社会都认同节约环保的价值观念呢？除了加强宣传、树立典型、曝光违法行为这些常用的做法外，还应注重发挥非政府组织的作用。总体上看，非政府组织具有专业人才聚集、贴近社会、开展国际合作和民间交流便利等优势，应当鼓励其依法开展各种形式的生态环保行动，推动其健康发展，从而带动全社会提高环境保护意识。

第四，积极参与绿色发展的伟大实践。从工业革命以来的历史看，世界经济总是波浪式前进、螺旋式上升的，危机正在成为过去，复苏已经来临。问题在于，这一轮复苏来临后，采取什么样的发展方式。我国应当吸取以往教训，不能再以过度牺牲资源环境为代价换取经济短期的增长，而是应当坚持可持续发展的科学理念。环境保护部门、环保组织和环保工作者应当高度关注当前国内国际的经济形势，在经济发展过程中发挥应有的作用，包括与各级政府部门和企业加强沟通，提出有益的意见和建议，提倡在经济发展中采用绿色生产方式和生活方式，推行集约发展和清洁发展，使环境保护与经济发展相互协调、相互促进。

总之，在社会各方面的共同努力下，当经济进入新的增长周期时，我国不应当再是原有经济周期的简单重复，而是通过建立节约环保的国民经济体系和社会组织体系，实现绿色发展。

从环境意识觉醒到可持续发展的历史演进

全球对环境与经济社会发展关系的认识和实践，主要经历了对环境问题的认识和觉醒，到全面认识环境与经济的关系，再到全面认识可持续发展包括经济、社会、环境3个支柱。

对于环境问题的认识和觉醒

20 世纪 30 年代开始，由于长期的生态环境问题积累，导致欧、美、日等发达经济体相继发生一系列严重的环境公害事件，付出了极为沉痛的代价。如 1943 年的 5—10 月美国洛杉矶发生烟雾事件，大量汽车尾气产生的光化学烟雾，在 5 个月内造成 65 岁以上的老人死亡 400 多人。20 世纪 50 年代后期，日本熊本县水俣镇氮肥企业排放含汞废水，造成当地居民甲基汞中毒，1997 年官方确认的受害者高达 12615 人。其中，1246 人死亡，至今赔偿仍未完结。

严重的生态环境问题，唤起了人类环境意识的觉醒。在这一历史进程中，3 部具有代表性的著作产生了巨大影响。第一部是 1962 年出版的《寂静的春天》。主要讲述农药对人类和环境的危害。该书首次以科普形式介绍了环境污染问题，在世界范围内引起了强烈反响，促使各国政府开始重视环境问题。其代表性观点是"人类一方面创造出了高度的文明，另一方面又在毁灭自己的文明"，"不解决环境问题，人类将生活在幸福的坟墓之中"。第二部是 1972 年罗马俱乐部的《增长的极限》。该书分析了地球资源和环境承载的有限性对经济增长的制约作用，给人类社会的传统发展模式敲响了警钟，掀起了世界性的环境保护高潮。其代表性观点是"没有环境保护的繁荣是推迟执行的灾难"。第三部是向 1972 年人类环境会议提交的报告——《只有一个地球》。该书从社会、经济和政治等角度，评述了经济发展和环境污染对不同国家产生的影响，呼吁各国人民重视维护人类赖以生存的地球。其代表性观点是"不进行环境保护，人们将从摇篮直接到坟墓"。随着这些影响卓著的著作和报告问世，国际环境保护运动逐渐兴起，各国政府开始重视并采取措施解决环境问题。

这一阶段，世界各国主要是采取积极措施和技术手段集中治理工业化带来的环境污染问题，并在二三十年间逐步遏制住了环境恶化的趋势。

对于环境与经济关系的全面认识

发展经济和保护环境，关系到人类的前途和命运，影响着世界上的每一个国家、民族和个人。上世纪中期以来，人口剧增、能源粗放利用、全球性气候变暖、臭氧层的破坏、土地退化和水土的大量流失、森林减少、空气、水等的严重污染、物种的灭绝等一系列严重问题随着经济全球化的扩张，成为威胁人类生存和发展的全球性重大问题。这些问题最先出现在经济发达国家。随着全球环境认识的觉醒，世界各国也逐渐认识到环境问题的本质是经济发展问题，人与自然要相互依存，经济与环境必须协同发展。

1972 年，联合国人类环境会议通过了《人类环境宣言》，强调人类的发展必须重视经济发展引发的生态环境灾难。世界各国开始共同研究解决资源环境问题。1987 年，第四十二届联大通过世界环境与发展委员会的报告《我们共同的未来》，首次提出可持续发展的概念，并给出了可持续发展的定义，极大推进了世界范围内的环境保护运动。1992 年，在巴西里约热内卢举行的联合国环境与发展会议通过了《21 世纪议程》。第一次把经济发展与环境保护有机结合起来，提出了可持续发展战略，并于会后成立了联合国可持续发展委员会。经济的可持续发展开始成为可持续发展体系中的核心问题，即在鼓励经济增长以体现国家实力和社会财富的同时，不仅重视增长数量，更追求改善质量、提高效益、节约能源、减少废物，改变传统的以高投入、高消耗、高污染为特征的生产模式和消费模式，实施清洁生产，倡导绿色消费。

1992 年后，环境与经济发展的关系逐步被全面认识，世界各国开始围绕环境与经济的关系制定一系列法规、标准和政策，尤其是开始运用经济手段推动环境保护，在解决环境问题的同时推动经济的绿色化发展。

对于经济、社会、环境 3 个支柱的全面认识

环境保护与人类生存和发展有着密切关系，是经济社会发展及稳定的基础，又是重要的制约因素。2002 年可持续发展世界首脑会议在南非召开，会议通过了《可持续发展世界首脑会议实施计划》。

文件突出强调了可持续发展的 3 个支柱即经济增长、社会发展和环境保护相互促进和相互协调的重要性。2012 年在里约热内卢召开的联合国可持续发展大会对可持续发展机制框架作出了新安排和调整，决议实施普通会员制、加强融资，并将可持续发展委员会升级为可持续发展理事会（Sustainable Development Committee），加强公民社会组织（Civil Society Organization）的参与等。会议继续明确了可持续发展的 3 个支柱的平衡性和环境支柱的重要性。

我国环境保护与经济社会发展关系的认识和实践

我国从上世纪 70 年代开始意识到环境问题带来的严重危害，到环境保护列入基本国策，再到提出实施可持续发展战略、科学发展观和建设生态文明，我国对环境保护与社会发展关系的认识也经历了不断探索和深入的过程，大致分为 3 个阶段。

（一）对于环境问题的认识起步阶段

1972 年，在许多人认为环境污染只是资本主义的产物、社会主义没有环境污染的时代背景下，我国派团参加了联合国人类环境会议，并于 1973 年召开了第一次全国环境保护会议，提出了"全面规划，合理布局，综合利用，化害为利，依靠群众，大家动手，保护环境，造福人民"的 32 字环保方针。1978 年，五届全国人大一次会议通过的《中华人民共和国宪法》规定："国家保护环境和自然资源，防治污染和其他公害"，资源环境保护成为国家意志。1983 年，国务院召开第二次全国环境保护会议，明确提出环境保护是一项基本国策，强调经济建设和环境保护必须同步发展。1984年，成立国务院环境保护委员会。1989年，《中华人民共和国环境保护法》正式公布施行。同年，国务院召开第三次全国环境保护会议，进一步明确了环保目标责任制、环境影响评价、"三同时"[①]、排污收费等8项环境管理制度。1990年，《国务院关于进一步加强环境保护工作的决定》颁布，强调要在资源开发利用中重视生态环境保护。

（二）经济发展和环境保护同步推进阶段

1992年，我国发布了《中国环境与发展十大对策》，第一次提出要将环境与发展统筹考虑。同年，中国环境与发展国际合作委员会成立。发表了《中国21世纪议程——中国21世纪人口、环境与发展白皮书》，将可持续发展正式作为国家发展战略。我国组织实施了"三河、三湖"[②]污染防治、退耕还林还草、天然林资源保护等环境保护和生态建设重大工程。2000年，启动全国生态省、市、县创建工作。2002年，党的十六大提出统筹人与自然和谐发展，推动整个社会走上生产发展、生活富裕、生态良好的文明发展道路。

2003年，党的十六届三中全会提出科学发展观的重要理念。2005年，《国务院关于落实科学发展观加强环境保护的决定》发布，环境保护开始实施3个历史性转变，即从重经济增长轻环境保护转变

---

① "三同时"制度是指一切新建、改建和扩建的基本建设项目、技术改造项目、自然开发项目，以及可能对环境造成污染和破坏的其他工程建设项目，其中防治污染和其他公害的设施和其他环境保护设施，必须与主体工程同时设计、同时施工、同时投产使用。

② "三河、三湖"是指淮河、海河、辽河和太湖、巢湖、滇池。

为保护环境与经济增长并重，从环境保护滞后于经济发展转变为环境保护和经济发展同步推进，从主要用行政办法保护环境转变为综合运用法律、经济、技术和必要的行政办法解决环境问题。节能减排作为约束性指标纳入"十一五"规划，提出建设"资源节约型、环境友好型"社会。2007年，党的十七大首次提出"建设生态文明"理念，并将其作为全面建设小康社会的目标。这一时期还启动了生态文明建设试点示范工作。

这一阶段，我国开始实施可持续发展战略、全面贯彻落实科学发展观和推动环境保护历史性转变、推进环境和经济同步发展，环境与经济发展的关系在我国开始得到了充分的重视。

（三）全面认识经济、社会发展与环境保护关系阶段

2012年，党的十八大明确要求把生态文明建设纳入中国特色社会主义"五位一体"的总体布局，作为执政理念上升为党的意志，明确了"优化国土空间开发格局，全面促进资源节约，加大自然生态系统和环境保护力度，加强生态文明制度建设"四大任务，要求将生态文明充分融入经济建设、政治建设、社会建设和文化建设的各个方面和全过程。坚持在发展中保护、在保护中发展，积极探索环境保护新道路，成为推进生态文明建设的突破口和着力点。2013年5月，环境保护部发布《国家生态文明建设试点示范区指标（试行）》，全面开展生态文明建设试点示范。2017年党的十九大提出，要使天蓝、地绿、水清的优美生态环境成为普遍常态，开创人与自然和谐共生新境界，建成美丽社会主义现代化强国。

生态文明建设是我国对生态环境保护理论的扬弃和升华，明确

了解决生态环境问题必须紧紧抓住环境与发展这条主线，并结合国情确立了"在发展中保护、在保护中发展"的战略思想，明确了探索"代价小、效益好、排放低、可持续"环保道路的任务。生态文明建设是对世界可持续发展理论的传承和深化。它在继承 2002 年约翰内斯堡世界可持续发展首脑会议精神的基础上，将可持续发展的支柱从经济发展、社会进步和环境保护，进一步拓展为经济、政治、文化、社会和生态文明五大领域的建设。这其中，将生态文明融入社会建设，标志着我国已经开始认识到环境保护与社会发展关系的重要性，经济、社会、环境 3 个支柱可持续发展的理念在我国得到了传承和深化。

虽然我国环境保护与经济社会发展关系的认识和实践取得了很大进展，但也要看到，我国目前仍然处于从重经济增长轻环境保护转变为保护环境与经济增长并重、从环境保护滞后于经济发展转变为环境保护和经济发展同步推进的历史阶段。对于环境与社会关系的认识虽然在生态文明建设"五位一体"的总体布局中得到了体现，但仍然处于起步阶段，并未在具体制度、政策上得到实施。我国经济、社会和环境的政策目标仍然存在差异，环境保护尚未成为我国独立的政策领域，距离融入经济社会发展的全过程存在很大差距。

（四）我国环境保护与经济社会发展关系的未来定位

经济、社会、环境是可持续发展的核心维度和支柱，未来可以从 4 个不同的层次理解三者关系在我国的定位。

第一，环境保护与经济、社会发展具有目标的同一性。自 1992 年全球环境与发展大会确定了可持续发展概念以来，经济、社会、环境作为可持续发展的 3 个有机组成部分，其共同目标是促进国家和全球的可持续发展。这在国际社会已达成普遍共识。经济发展、社会发展和环境保护是可持续发展相互依存、相互加强的核心支柱，而不是相互矛盾和对立的要素。一个国家要实现可持续发展，应当实现经济、社会与环境政策目标的一体化。

第二，环境保护是独立于经济与社会的政策领域。发展在我国包括两个方面的含义，即经济发展与社会发展，环境保护政策被置于社会发展政策之下。但是，环境政策与经济政策、社会政策之间既有区别也有联系。应当在顶层设计中确立环境保护的地位，建立独立于经济政策与社会政策的环境规划与政策体系，以利于政府、企业和社会各界更专注于环境问题，从而更好地促进可持续发展。

第三，把环境保护融入经济和社会发展的全过程。在这个过程中需要处理好几个基本关系。一是环境与社会的关系，包括环境与人口、消费和社会服务，环境与消除贫困，环境与卫生和健康，人居环境改善，防灾减灾等；二是环境与经济的关系，包括环境如何优化经济增长、环境与农业农村可持续发展、工业增长与环境污染防治、交通和通信业可持续发展、可持续能源生产与消费等；三是资源利用与环境保护的关系，包括自然资源保护与持续利用、生物多样性保护、荒漠化防治、保护大气层、固体废物无害化管理等。环境保护融入经济和社会发展的全过程，就需要将环境保护主流化到经济和社会发展的综合决策中，在经济和社会发展的重大决策和执行过程中考虑和体现环境保护的作用和因素。

第四，3 个维度解决环境与社会发展存在的问题。解决环境与社会发展的矛盾，应当从树立环境保护价值观念、转变社会环境行为、推动环境公共治理 3 个维度入手。在我国当前的社会结构下，社会行为包括政府、企业和个体行为 3 个层面。因此，应当深入研究能够促进政府、企业和个体树立环境价值观念、转变环境行为的新型环境公共治理模式。

环境保护与社会发展关系的理论探讨

　　长期以来，随着人们对环境与社会关系的认识不断深入，针对环境保护与社会发展关系的理论研究形成了生态学、系统论、政治经济学、建构主义、社会转型、整合型等多种理论研究范式。这些研究范式认识到了环境要素与社会发展变化的相互作用，将环境、社会和个体看作统一的系统，认为各子系统之间相对独立又相互联系，可以通过研究这些联系处理环境与社会问题。

　　然而，上述范式也存在一些局限性。比如，虽然生态学范式首次在社会学研究中关注环境变量，认识到了环境因素与社会发展的相互作用、相互联系，但其分析框架仍然属于传统社会学范畴。政治经济学范式将环境破坏的原因归咎于人类建构的经济系统和政治系统的不平衡性，认为环境破坏是资本主义制度特有的问题。然而，我国所出现的严重环境问题证明了这一理论范式的局限性。建构主义范式重视环境问题的社会属性和社会建构过程对环境产生的影响，但忽视了环境要素变迁本身的客观性。社会转型范式是针对正处于转型期的中国社会提出的理论模型。该范式认为需要通过组织创新，优化社会结构，促进社会的民主化，以促进我国的环境保护，但并没有形成具体化、制度化、可操作的政策框架。

　　人类社会的发展史既是一部文明进步史，也是一部人类社会与自然环境的关系史。在漫长的人类历史长河中，人类社会经历了 3 个阶段。第一阶段是原始社会。这一时期，人类社会对自然环境的破坏极小，人类与自然环境维持着朴素的、原始的共生关系，但生产力极为低下。第二阶段是农业社会。这一时期，人类社会的发展对自然环境有了一定程度的破坏，但生态系统总体上可以自我调节和修复，人与自然整体上维持着相对平衡的融洽关系，局部地区也出现了人口增长超过资源承载能力的状况，但生态系统总体上保持稳定。第三阶段是工业社会。工业革命开启了人类的现代化生活，人类利用自然、改造自然的能力空前提升，创造了前所未有的巨大物质财富。这一时期人类社会的快速发展对自然造成了严重破坏，人与自然的关系变得全面紧张。

回顾人类社会的发展进程可以发现，正是人类社会与环境的不断相互影响和作用产生了环境问题。就形式上而言，自然环境与人类社会的关系也是相互的、双向的关系。随着人类对环境问题的认识不断深入，人类社会与自然环境关系中的变量和要素也在不断的复杂和深化。结合人类社会的发展进程、人类对环境问题的认识过程和相关学者对环境与社会关系范式的研究成果，本研究将环境与社会的理论关系总结为以下 4 个发展阶段和类型。

第一阶段，环境与社会直接作用。这种作用关系主要体现在原始社会时期。这一时期，人类尚未开始改造和利用自然，人类社会对自然的影响较小，自然环境对人类社会的直接作用也十分明显。

第二阶段，环境行为影响自然环境。随着人类改造和利用自然能力的不断增强，人类主动的环境行为开始介入，成为环境与社会关系的重要变量，不合理、不科学、不可持续的环境行为造成了全球性的生态环境破坏，人类社会与自然环境的关系日趋紧张。这种关系主要体现在农业社会时期，以及工业社会开始阶段到 20 世纪中期。

第三阶段，环境治理约束环境行为。20 世纪中期之后，随着人类环境意识的觉醒，世界各国开始采取措施对环境问题进行治理，环境行为和环境治理开始成为影响环境与社会关系的双重变量。这一时期人类社会与自然环境的紧张关系在局部得到缓解，但整体上仍然严峻。

第四阶段，环境价值观念、环境行为、环境治理相互协调制约。20 世纪 80 年代至今，世界各国逐渐形成了生态环境保护的环境价值观念，环境保护和可持续发展也逐步融入了各国政府的发展理念，人类开始从根本上转变经济社会发展模式，探索经济、社会和环境相协调的发展道路。这一时期，环境行为、环境治理和环境价值观念 3 个变量相互作用，共同构成了环境与社会的最终理论关系框架。

综上，可以构建环境与社会直接作用模型，环境行为变量模型，环境行为与环境治理变量模型，以及环境行为、环境治理和环境保护价值观念相互作用模型，对上述不同阶段的各变量关系进行阐述和分析，并对我国环境保护与社会发展的未来进行定位。

环境与社会直接作用模型

环境与社会的关系反映的是人类文明与自然演化的相互作用。人类的生存发展依赖于自然，也影响着自然的结构、功能与演化过程。环境与社会的关系体现在两个方面：一是人类社会对自然环境的影响与作用，包括人类生存发展从自然界索取资源与空间，享受生态系统提供的服务功能，向环境排放废弃物；二是自然环境对人类的影响与反作用，包括资源环境对人类生存发展的制约，自然灾害、环境污染与生态退化对人类的负面影响。

原始社会时期，早期的人类生存发展很大程度上依赖于周边的自然环境，很少能根据自己的意愿改造环境。在这一时期，人类改造自然和从事生产活动的手段极其简陋低下，主要靠采集大自然中的野生食物和渔猎为生。随着对自然界的认识发展和原始经验的积累，人类逐渐以栽培农作物和驯养动物取代采集和渔猎，开始出现了原始农业和畜牧业。所有的这些活动对整个自然环境而言都可以形成良性循环：未被消化的水果的种子继续繁殖，能够逃脱猎手追捕的动物继续生存并繁衍后代，人类活动所留下的废弃物绝大部分都化为其他动植物的生存资源。人类社会本身就构成生态环境系统的一个要素，人类活动受制于生态环境，并无能力去改变环境原有结构，人类只能依附于自然。这一时期的人类行为并不能对生态环境系统稳定以及环境与社会的关系产生影响。

因此，最基础的环境与社会理论关系模型应当是社会与环境两者的直接相互作用，即人类社会直接依附、从属并受制于自然环境，自然环境以自然灾害等形式反作用于人类社会（见图4）。

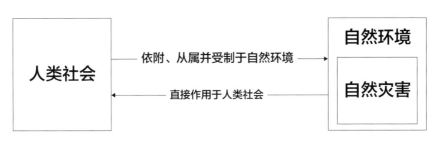

图 4　环境与社会直接作用模型

环境行为变量模型

进入农业社会后，随着思维意识在劳动中不断成熟，人类逐渐改变了原来的劳动方式，那种被动从属于自然界的关系也逐渐改变，人类开始与自然对抗。铁器工具的出现、推广和应用极大地提高了人类改造自然的能力和生产力水平。随着垦荒为田、开渠引水的灌溉农业的发展，局部范围内的自然结构和原有布局受到破坏，开始出现了早期的生态环境问题。然而从总体上看，由于这一时期人类社会生产力发展水平较低，人类的环境行为对自然环境的作用仍然有限，并没有出现全面性的生态环境危机，人与自然的关系主要表现为局部性和阶段性的不和谐，但整体上是协调的。

18世纪工业革命以来，随着社会生产力迅猛发展，人类利用和改造自然的能力空前增强，工业革命在给人类带来极大的物质财富和科学技术发展的同时，也带来了巨大的生态环境破坏，人与自然环境的关系全面紧张。环境问题主要有3种表现。一是由于工业化和城镇化快速发展、人口增加和消费需求持续增长所导致的资源短缺，如水、土地、能源、矿产等资源的短缺。二是大量排放污染物引发的环境污染，如大气、水、土壤污染等。三是资源开发利用不当导致的生态退化，如森林和草原破坏、水土流失、荒漠化、生物多样性丧失、气候变化、臭氧层破坏等。这些问题逐渐成为人类生存和发展的重大威胁。

在我国，人类活动尤其是20世纪70年代改革开放以来的生产生活导致了生态环境破坏，已经成为阻碍经济社会发展的首要问题。这些问题主要表现在：一是主要污染物排放总量大，减排任务艰巨。二是环境污染仍然十分严重。70%左右的城市不能达到新的环境空气质量标准。2013年初以来部分地区长时间、大范围、反复出现的雾霾天气，影响17个省（区、市），约占国土面积1/4，受影响人口达6亿人，严重威胁到人们正常生产生活，影响了社会的和谐稳定。20%左右的国控断面水质依然为劣V类，基本丧失水体功能。一半城市市区地下水污染严重，57%的地下水监测点位水质较差甚至极差。三是环境风险继续增加，损害群众健康的环境问题比较突出。我国正处于社会转型和环境敏感、环境风险高发与环境意识升级共存叠加的时期，长期积累的环境矛盾正集中显现，PM2.5、饮用水安全、重金属污染事件和化学品污染问题，引起群众广泛关注。环境污染和生态退化已经成为引致当前一些社会问题的重要因素和导火索。

工业革命以来出现在发达国家和我国的生态环境问题，归根结底是由于人类对自然界不合理、不可持续的利用和改造导致的，也是由不受约束的环境行为变量的介入引发的。与此同时，生态环境的恶化又会反作用于社会系统，引起环境健康、环境公平、环境贫困、环境事件等社会问题，形成环境与社会发展的相互掣肘。环境行为变量介入环境与社会关系的理论模型，如图5所示。

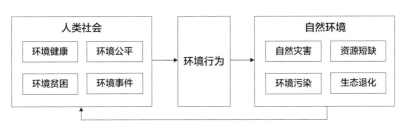

图5　环境行为变量模型

环境行为与环境治理变量模型

环境治理和环境政策对环境行为的调节是影响环境与社会发展关系的又一变量和要素。一方面，针对不同的环境行为可以采取有针对性的治理模式和制度政策进行调节；另一方面，通过先进的技术手段可以对出现的环境问题进行治理，遏制环境恶化的趋势，改善环境质量。如果人们采取了合理的生产、生活行为，便能促进自然环境质量改善，进而促进环境问题的解决和社会进步，推动环境与社会协同发展。这一情形是较为理想的环境与社会发展状态。要实现这种状态，必须从政府、企业和个人3个层面对不文明、不合理的环境行为进行调节和调整。

一直以来，许多国家在协调社会发展与生态环境保护关系、治理生态环境问题方面，结合实际，进行了大量有益的探索。如，鲁尔工业区曾经是德国乃至欧洲最大的工业区，在100多年的采矿炼铁制钢过程中，环境污染严重。从上世纪60年代开始，德国政府通过调整产业结构，推动绿色转型，发展新兴产业，实施环境污染治理与生态修复工程，使得该区的环境问题得到根本治理，重现绿色生机，目前生活条件和水平在欧洲工业区中名列前茅，实现了人类经济活动、社会行为和自然环境改善的良性互动。

理论上，环境治理模式可以划分为"先污染、后治理"的模式、新型环境公共治理模式等，在具体的制度、政策上又存在其他的多种表现形式。"先污染、后治理"模式是当人们的社会活动已经对自然环境造成严重破坏之后，世界各国普遍采取的治理模式。如，20世纪50年代，英国近200年工业化带来的生态破坏和环境污染到了无以复加的地步，导致巨大的经济、环境和健康损失。伦敦烟雾事件造成了12000多人死亡，泰晤士河也污染严重，鱼虾绝迹，成为"死河"。英国政府痛定思痛，通过了清洁空气法案、河流法等十几项法律法规，采取严厉的污染控制措施，积极调整经济结构，历经几十年不懈努力，生态环境才得以逐步恢复。这种典型的"先污染、后治理"发展方式，付出了高昂的生态环境和经济社会代价。

新型的环境公共治理模式是由政府、企业和社会公众3个行动者参与的平衡治理结构，三者各自发挥功能和作用，形成和谐的合作伙伴关系。这种治理模式可以融合"自上而下"和"自下而上"的治理运行机制，行动者之间充分沟通和交流，利用综合手段和法律、行政、经济激励等政策工具保障治理机制的有效运转。在这种模式下，环境保护可以充分参与到经济社会综合决策中，不同部门在环境与发展问题上形成共识和一致的行动基础，环境与发展相互促进和支持，环境保护既能优化经济增长、促进社会发展，也能在经济社会发展中解决环境问题（见图6）。

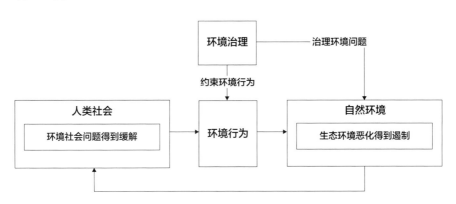

图6　环境行为与环境治理变量模型

环境行为、环境治理和环境保护价值观念变量模型

不同的环境保护价值观念会引导不同的环境行为，并且会采取不同的环境治理模式。环境保护价值观念可以归纳为以下 3 类。

一是唯 GDP 或称极端人类中心主义的价值观念。这种价值观念高估了人类理性的力量，低估了自然界环境容量的有限性和自然规律的复杂性，从而把自然界看成是人类可以自由"改造"的对象，强调以人为中心，在人与自然的关系上表现为过分强调对自然的统治和索取，而忽视了对自然的依赖和培育，导致了自然资源和生态承载力迅速衰竭。与此同时，这种价值观念在人类个体和群体之间的关系上表现为过分强调对其他个体和群体的支配，而忽视了社会中个人与个人、个人与国家、国家与国家之间的和谐，进而导致了诸多的环境不公平和社会问题。这类价值观念长期占据统治地位，人们往往采取"先污染、后治理"的模式解决由此引发的环境问题。

二是极端生态中心主义的观念。这种观念强调"生态中心主义的平等"，即在生物圈中所有的有机体和存在物，作为不可分割的整体的一部分，内在价值是平等的。每一种生命形式在生态系统中都有发挥其正常功能的权利，都有"生存和繁荣的平等权利"。这种价值观念主张停止改造自然的活动，是一种理想化的生态环境保护模式。

三是可持续发展理念。这种理念从上世纪中期以来逐渐形成，在我国主要体现为科学发展观和生态文明的思想。可持续发展理念强调以人为本，明确提出实现人与自然的和谐、协调发展。这种价值观念同时反对极端人类中心主义与极端生态中心主义。极端人类中心主义制造了严重的人类生存危机，而极端生态中心主义却过分强调人类

社会必须停止改造自然的活动。生态文明则认为人是价值的中心，但不是自然的主宰，人的全面发展必须促进人与自然和谐。这种理念的本质是为了推动经济、社会和环境的可持续发展与公平公正。在这种理念下，通过创新环境公共治理模式，可以从根本上改善环境质量、促进社会和谐稳定，实现经济、社会和环境的可持续发展。

可持续发展的环境保护价值观念、环境行为和环境治理的相互作用构成了环境与社会发展关系的核心模型（见图7）。

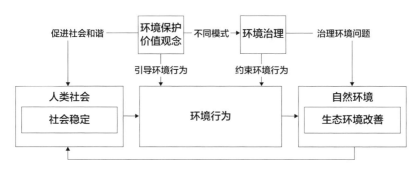

图7　环境行为、环境治理和环境保护价值观念变量模型

从长期演化过程看，生态环境问题归根结底是由不合理的资源利用方式、经济增长方式和社会行为方式造成的，是人与自然矛盾冲突的外在体现和结果，其本质是发展道路、空间布局、产业结构、生产方式和生活方式问题，背后蕴含着深刻的政治、经济、社会、文化和制度原因。综合上述理论模型的分析可以看出，要解决社会发展中的环境问题，必须从转变价值观念、创新环境治理模式、调节环境行为3个维度切入，展开系统的研究和政策设计。

我国环境与社会相协调的战略选择

进入工业化以来，人类虽然创造了超过以往所有时代的物质财富，但也面临人口膨胀、发展失衡、资源枯竭、环境恶化等重大挑战。40 年前，在斯德哥尔摩人类环境会议上通过了《人类环境宣言》；20 年前，在里约热内卢联合国环境与发展大会上通过了《21 世纪议程》。经过近半个世纪的研究和实践，国际社会普遍认识到，在处理人与自然的关系上，必须走可持续发展道路。可持续发展理论既强调保护环境，也强调环境、社会和经济三要素相互依存、相互制约，必须处理好彼此之间的关系。

我国对环境保护、环境与经济发展的关系研究较多，环境与社会发展内在关系的研究还没有得到足够的重视。我国的环境保护技术发展很快，政府每年环境保护投入越来越大，对污染环境的行为处罚也很严厉，企业的环境准入门槛越来越高。虽然这些举措取得了很大成效，但环境恶化尚未根本遏制，公众对环境状况仍不满意，其中的原因与社会发展政策的缺失不无关联。

改革开放以来，我国一直将经济发展作为战略规划和决策的重点。在经济快速发展的同时，出现了环境污染引发群体性事件增多、环境恶化造成公共健康危害、环境破坏与贫困形成恶性循环、环境问题带来新的社会不公、城镇化快速发展使资源环境压力持续增加等突出问题。要实现生态文明的美好愿景，就必须处理好环境保护与社会发展的关系。

国际上对这一问题的研究始于20世纪70年代。其时代背景也是由于当时环境污染引起的灾害事件频繁发生，对社会不同阶层的人群和社会结构造成冲击，甚至引发社会危机，各种环境运动在社会生活中不断涌现。在理论方面，主要是着眼于环境与社会的因果关系，环境问题与制度、社会结构的关联性进行研究，并形成了多个范式，如卡顿和邓拉普（Catton and Dunlap）的新生态范式、施耐伯格（Schnaiberg）的政治经济学范式、汉尼根（John Hannigan）的建构主义范式等。在实践方面，主要关注环境与贫困，环境与人口，环境、移民和城市化，环境与健康，环境与就业，环境与社会公平，环境与可持续消费等问题。我国对于环境与社会发展问题的研究起步较晚，目前主要是引入和介绍国际上的前沿理论和成果。在国家战略和政策层面，如何通过环境社会政策推动环境与社会发展和谐互动、改善环境可持续性、促进社会健康发展的实证性研究比较缺乏。

研究环境与社会关系可以建立包括环境保护价值观念、环境行为、环境公共治理在内的"三个维度"理论框架。在价值观念上，推动全社会形成环境保护的主流价值观念；在环境行为上，倡导公众健康生活方式，落实企业的环境社会责任，促进和规范环保组织发展；在环境公共治理上，建立健全法规，完善环保社会风险的评估、沟通、化解、应急机制，提高环境基本公共服务水平。

基于3个维度的理论框架，可以明确制定环境与社会政策的基本原则：一是多方参与。促进环境保护与社会发展涉及国家、企业、团体与个人的共同利益。所有这些社会主体不是旁观者或者批判者，而是要参与其中，发挥积极的影响。二是长期与短期目标相结合。制定政策应当兼顾当前与长远。三是政策目标一致性。无论制定经济、社会和环境哪一方面的政策，都应综合考虑到其他两方面，做到 3 种政策的相互衔接、相互配合。四是以法治为保障。通过立法保障环境与社会相协调。五是公平正义。环境权利是公民的基本权利，良好的环境是一项公民的基本福利，而保护环境也是公民的基本义务。每个社会主体在享受环境权利的同时都应当履行保护环境的责任和义务。

当前，促进环境与社会相协调，可以考虑采取以下措施。

第一，提出促进环境与社会相和谐的 2050 年愿景 /2020 年行动框架。在环境保护价值观念维度，提升和建立生态文明的主流价值；在环境行为维度，公众、企业、社会组织 3 个行为主体从自身特点出发，促进环境与社会相和谐；在环境公共治理维度，增强法律保障、建立独立的环境政策、提高社会风险控制和环境公共服务水平。

第二，形成生态文明的社会规范和价值观。要使生态文明成为社会的主流价值和公序良俗。一是制定教育和培训计划。将环境基础知识和可持续发展理论纳入学历教育、职业教育、继续教育、公务员培训，宣传倡导相关规范和行为。二是支持理论和政策研究。三是广泛传播生态文明价值观。通过新闻媒体、互联网等传播载体，开展形式多样的社会宣传活动。

第三，鼓励各类社会主体发挥作用。一是鼓励健康、可持续的生活方式。在这方面，社会组织、企业家以及公众人物应当发挥示范带头作用。二是通过一定的制度安排，保持公众有条件参与决策过程，如保障公众的知情权，立法保证环境信息公开。三是促进企业履行环境保护责任。四是支持环保社会组织的进一步发展。当前，我国有必要考虑改变社会组织注册相关政策，放松其开展环境、社会领域相关活动的限制。创造条件解决其面临的注册难、经费难、社会参与难的问题。在政府购买公共服务中，应当将环保组织纳入招标和采购目录范围，弥补政府提供公共服务的不足。

第四，全面改进整个政府的公共治理。首先，是规划名称和内容的调整。我国的发展计划，最早只有经济发展计划，20 世纪 90 年代，开始编制经济与社会发展计划，将社会发展政策与经济发展政策并列为重要的内容。未来可以考虑将五年规划改为"国民经济、社会发展与环境保护规划"。在这一规划中，环境政策与经济和社会政策并列成为同等重要的内容。相应地，各级政府在每年两会上所提交的"国民经济与社会发展报告"也调整为"国民经济、社会发展与环境保护报告"。其次，建立重大政策的环境社会评估机制。完善政绩考核和政府绩效评价体系。改革政绩考核方法，逐年提高生态环境、社会发展等方面指标在评价体系中的权重，促进地方政府主动在生态环保上加大投入。

第五，建立环境保护社会风险评估、沟通和化解机制。凡涉及公民环境权益的重大决策、重大政策、重大项目、重大改革，均纳入环境社会风险评估。政府应该建立一套全面的环境和社会风险评估方法。

第六，提高环境基本公共服务水平。一是合理确定环境基本公共服务的范围和标准。如，配备污水处理、垃圾处置等设施，保障公众清洁水权、清洁空气权及宁静权，以及公众环境知情权和环境监督权。制定适当的协调机制，保证环境基本公共服务均等化。二是通过购买服务提高环境基本公共服务的水平。如，调动社会组织开展环保监测、评估和提高环保意识的宣教活动。三是逐步提高环境基本公共服务在财政支出中所占比重。四是完善生态补偿机制。

大气雾霾背后的"体制雾霾"

　　很多西方发达国家在经济快速发展阶段都出现过雾霾遮日的现象。我国经历的这一阶段与经济体制转轨阶段高度重合。不合理的体制是经济粗放发展、能源粗放利用的重要原因。为了消除大气雾霾，必须先解决"体制雾霾"。

煤炭清洁利用不够

　　煤炭占我国一次能源消费的60％以上。为减少雾霾，应当将分散燃烧的煤炭尽可能改为集中燃烧，提高煤炭发电的比重，特别是应当大力发展大容量、高参数的燃煤火电机组。这些措施各方面已经形成共识，国家也制定了相关政策，但由于体制原因，落实并不顺利。

　　发电用煤约占煤炭消费的50％。燃煤电厂的煤耗差别很大，百万千瓦超超临界机组每千瓦时煤耗可以低于300克，而小火电机组有的要达到400多克。大机组的污染处理能力也优于小机组，甚至可以达到近零排放。如果让大机组多发电，小机组少发电或者不发电，等于减少了污染排放。但是事实上，百万千瓦机组与小火电机组相比发电时间相差不多。这主要是由于各地政府经济运行主管部门要向每一台机组下达发电量计划，平均分配发电时间，电网按计划进行调度。计划内的电量按国家定价上网，计划外的电量要低于国家定价上网。这使得高效节能机组的发电能力得不到充分发挥。

钢铁、水泥、化工用煤约占煤炭消费的 30%。大型重化工企业在污染处理能力和效率方面明显优于小企业，但小钢铁、小水泥、小化工在各地屡禁不止。之所以出现这种现象，主要是重化工项目审批权高度集中于国家有关部门，大型项目往往多年得不到批准。重化工属资本密集型产业，拿不到国家的批件，银行不给贷款，土地部门不给批地，而市场对这些产品需求旺盛。于是，大量达不到环保要求的小企业在各地遍地开花。

可再生能源推广困难

风能、太阳能、水能发电是世界公认的清洁能源，多用这些可再生能源等于少用煤炭。但是，近年来，弃风、弃光、弃水现象时有发生，一些地方风能、太阳能发电并网难问题长期得不到解决。

与之相关的体制问题，一是项目审批制度。风能、太阳能发电项目长期按装机规模分级审批。虽然电源审批权下放了，电网规划和审批权却没有相应下放。在分散审批的情况下，国家无法统一规划送出工程，大量风光项目难以并网。

二是电力体制。东部地区电价高于中西部地区，同样的光伏发电补贴，在东部地区补贴的电量要高于西部地区。因此，应当在东部大量推广小规模分布式的太阳能电站，替代燃煤发电，如屋顶光伏发电。但是，电网企业是购电和售电的主体。分布式电站的电力自发自用、多余上网。这将减少电网企业的收入，电网没有消纳这部分电力的积极性。

三是电力调度方式。二滩弃水曾经引发了电力体制改革，但这一问题至今仍未完全解决。可再生能源法规定，"优先调度和全额保障性收购可再生能源发电"。实际情况是，各地经济运行主管部门对每一台机组下达发电量计划。水电在计划发电小时数之外的超发电量不但不予奖励，反而要向火电企业支付补偿才能被电网收购，等于用水电补贴火电。水电比火电便宜，既清洁又经济，但由于电网企业是单边购买方，发电方与用电方不能直接交易，宁可弃水也不能把电供给需要的企业。

油气时代姗姗来迟

从能源发展的一般规律看，以煤炭代替薪柴、油气代替煤炭是一个必然趋势。多用油气少用煤炭等于减少排放，但油气体制市场化改革滞后，难以适应能源代际更替的大趋势。

首先，油气区块出让仍采用计划分配方式。世界上大部分国家的油气资源属于国家，油气区块招标出让，出价高者获得开发权，长期圈占不开发的区块国家依法收回。我国是少数登记出让区块的国家，国有企业在占有油气区块时没有向国家付出代价。这些企业改制上市后，原本属于全民的油气区块成为股民的资产。大量圈占的区块既不投入，也不开采，限制了国内供给。

其次，油气流通领域处于高度垄断。少数油企基本掌握了全国的原油、成品油管网，不对第三方开放。它们同时拥有原油、成品油进出口权，其他企业即使在国外获得便宜的油源也不能进口到国内销售，必须卖给拥有进出口权的国企，再由它们销售。各地的炼化企业只能从有进出口权的国企手里购买原油。由于地方炼油企业与拥有进出口权国企下属的炼油厂存在竞争，地方炼油企业很难拿到价格合理的原油，不得不进口国外的燃料油、渣油。这类油成本高、油质差、污染处理难度大。这些拥有进出口权的国企还垄断了成品油批发和零售渠道。政府有关方面对民营企业兴办加油站设置了较高的门槛。天然气上游和流通环节的情况与石油基本相同。不同的是，一个城市一般只有一家燃气公司，进入家庭的天然气必须从这一家公司购买。

油气从区块获得、进口开始，直到进入各家的油箱、厨房，大部分环节处于少数企业的垄断经营之下。它们利用自己的垄断地位，排斥竞争，获取垄断利润。国家定价无法使价格反映和调节供求关系。2013年以来，有关部门积极放开油气进出口权值得肯定，但还远未实现公平准入。在全球油气供大于求和价格走低的形势下，国内油气价格并未出现相应幅度的下降，油气供应仍无法满足国内需求的增长需要。

环境监管成效堪忧

目前，我国环境治理主要运用3个手段，即指标控制、项目审批、价格补贴，与传统计划经济时期的管理方式非常相似。在市场化进程中，政府的这3种经济管理手段都在进行改革，环境监管领域的改革相对滞后。

一是指标控制。"十一五"规划首次制定了3个节能减排约束性指标，"十二五"规划增加到7个。这些年，节能环保部门把大量精力放在这几个指标的分解下达、检查落实上。这里涉及如何对待政府制定的指标问题。20世纪90年代开始，国家就对计划体制进行了大幅度改革。计划指标从原来的约束性，总体上转变为预测性、指导性；新设的几个节能环保指标则坚持了约束性，完不成就要对地方问责。计划经济时期制定和下达指标要经过几上几下、综合平衡；分解下达节能环保约束性指标则主要靠公式，地方与中央讨价还价的余地比较小。每个五年规划中，节能环保约束性指标刚下达时完成起来很难，但经过努力都能完成。这种相关主管部门自己定指标、自己下达、自己统计、自己考核，缺少第三方参与的指标控制方式，很难做到客观、公正、权威。

二是项目审批。环评报告审批、节能评估报告审批是很多建设项目的必经事项。对这两个环节有关部门把关很"严"，企业投入与耗时较长。环评和节能评估一旦通过，实际执行情况往往很难掌控，存在着"重前期审批、轻过程监管"的问题。

三是价格补贴。为了将企业经济活动的外部成本内部化，世界各国采取的措施都是"谁污染、谁治理"，或者"污染者付费制度"。而我国使用价格补贴作为治理排放的经济手段，凡脱硫、脱硝的发电企业，国家上调上网电价和销售电价，补贴其增加的成本，也就是"企业污染、消费者付费"。很多发电企业不按规定运行脱硫、脱硝设施，电价补贴就会变成利润留在企业。消费者出了钱，实际减排效果却未达预期。

遏制危险化学品事故频发^①

　　近年来，化学泄漏污染事故、职业中毒和食物中毒事件呈上升趋势。虽然这些事故有的与自然灾害有关，但其发生绝不是偶然的，是长期积累问题的集中爆发，给人民生命财产和国家形象带来了严重损害。

　　我国危险化学品种类较多，应用广泛，存在着底数不清、事故隐患较多、布局不够合理、监管力量薄弱、应急能力不强等突出问题。随着工业生产规模的不断提高，我国已经进入危险化学品事故多发期。应当组织力量对危险化学品的存储、运输、安全情况进行一次全面排查。适时对危险化学品生产使用单位的布局进行调整，从严规划新上石油、化工、冶金等涉危项目。建立危险化学品动态数据库，加强从生产到使用的全寿期监控。完善应急预案，提高事故应急处置能力。建立部际协调机制，出台综合性工作方案。加大投入力度，强化社会监督，建立长效机制，尽快遏制危险化学品环境事故多发态势。

我国危险化学品事故频发的原因分析

　　危险化学品是指具有燃烧、爆炸、毒害、腐蚀等性质，在生产、

---

　　① 本文完成于 2010 年 8 月。

储存、装卸、运输、使用等过程中易造成人身伤亡、财产损失、食品中毒、环境污染的化学品。常用危险化学品包括爆炸品、压缩气体和液化气体、易燃液体和易燃固体、自燃物品和遇湿易燃物品、氧化剂和有机过氧化物、有毒品、放射性物品、腐蚀品，共 8 类 4575 种。全国危险化学品从业单位近 29 万个，剧毒品从业单位近 1.5 万个。

目前，我国危险化学品的生产、运输和使用领域主要存在以下几个突出问题。

第一，产业布局不合理。许多地方对生产使用危险化学品的项目把关不严、选址不当、安全防护距离不足，将这类企业建在饮用水源地、江河两岸、大城市等环境敏感地区和人口密集地区。如果发生重大环境突发事件，其环境危害会非常严重。

第二，工艺技术水平落后。我国化学品产业的特点是，企业多、规模小，技术、工艺、设备水平落后，能耗物耗高、产品回收率低、化学物质排放量大。许多老化工企业设备陈旧、管理不善，企业污染防治设施维护保养不力、运行不正常，容易引起污染物泄漏等环境问题。这些企业和产品淘汰、替代步伐缓慢。如，含汞血压计、温度计、电池、灯管和汞触媒等产品，在我国仍大量生产和广泛使用。不仅如此，一些地方新上的化工项目仍在采用国家明令禁止或淘汰的落后工艺和技术装备。

第三，企业安全管理松懈。我国污染种类日益复杂，涉及单位越来越广泛，危险化学品随意堆存、管护不严、运输不当等都可能引发环境事故。相当一部分中小危险化学品从业单位安全规章形同虚设，违章指挥、违章作业情况比较严重，有的甚至不具备安全资质，非法生产经营。对危险化学品缺少专业化的处理能力，很多就贮存在厂内，采取临时的简易防雨、防扬散措施。一些关闭、破产企业遗留的原料、废品、废弃物长期得不到安全处置，也未对污染的有毒土壤进行修复，环境风险越积越高。

第四，应急防范工作滞后。一些地方政府对危险化学品事故应急救援体系建设缺乏统一规划，应急预案针对性不强、操作性较差，有的甚至没有预案。有的省市和企业尽管制定了预案，但没有经过实战演习，消防、医疗救护力量不足，培训不够。由于缺少应对突发事件的经验，有的事故发生后处置不当，在救援中出现次生、衍生环境灾害，扩大了污染危害。

第五，环境执法监管不到位。危险化学品安全管理涉及的部门较多，大多数部门从控制事故的角度进行管理，没有充分考虑事故引发的污染问题如何预防和处置。环境污染问题只能在事故发生后，由环保部门采取应急治理措施，尽可能减轻事故造成的污染危害，而不能根据事先掌握的化学品流向采取预防措施，更不能从源头控制污染事故的发生。危险化学品监管的基础性工作比较薄弱。化学品分析测试、生物监测、风险评价、信息收集交换和污染事故防范应急能力等技术力量严重不足；化学品分析测试实验室体系、化学品风险管理专家系统、全国化学品信息网等危险化学品管理基础硬件设施不健全。此外，执法能力薄弱，执法手段简单；地方执法不严、违法不究现象也比较突出。

第六，缺少与群众的互动沟通。各级环境保护部门和涉危企业对环境安全问题宣传不够，群众对环境污染事故危害的基本知识了解很少，防范意识和应对能力较差。各级应急预案中缺少危机公关的内容，信息发布不及时，不能让群众及时了解真相、采取正确的应对措施，容易引起逃亡、恐慌甚至群体性事件。

重新审视涉危项目与城市、大江大河的距离

危险化学品事故的潜在风险迫使政府、企业、居民开始重新思考，带来 GDP 和就业的工业项目，与城市和大江大河、城市水源地应该保持多远的距离。对涉及危险化学品的新建项目，相关政府部门应合理布局，尽可能避免在大江大河中上游布局大型石化化工项目。

涉及危险化学品生产的企业应逐步向化工园区集中，在园区内统一部署危险化学品处置、污染处理、消防安全、应急响应体系。严格控制化工园区数量。重化工项目应当优先向条件较好、环境容量较大的地区布局，优先依托现有企业进行改扩建。新建项目应当采用安全、可靠的先进技术，严格执行环境影响评价制度，努力提高自动化程度和使用安全保护装置的程度。

对布局不甚合理的涉危企业，应加快搬迁改造。对安全防护距离不足、生产技术水平落后、存在安全隐患的企业，应当限期整改，提升安全保障能力。推进技术改造，采用先进安全可靠的技术装备，淘汰陈旧老化、危及安全的设施设备和工艺。整改后仍不能达标的企业，应当转产、停产、关闭、搬迁。在这一过程中，有关部门应当在损失补偿、土地使用、职工安置等方面给予一定照顾和扶持。

必须遏制危险化学品环境安全事故多发势头

进一步加强我国危险化学品管理工作，应当坚持"安全第一、预

防为主"的方针，采取坚决措施，严格依法办事，建立和完善防范环境风险、保障环境安全的体制机制，明确政府相关部门在危险化学品管理上的职责，落实企业责任，认真实行安全许可，严格市场准入，加大安全投入，狠抓隐患治理，逐步建立长效机制。遏制危险化学品环境安全事故的办法有很多，以下几项可供研究参考。

第一，开展危险化学品源普查和安全大检查。通过危险化学品源普查，摸清涉危企业数量、现状和存在问题，对所有危险化学品源建立档案数据库。在普查的同时，对涉危企业的安全情况进行评估，有重大隐患的应当挂牌督办、限期整改，不具备整改条件的，应当坚决关停。

第二，实施危险化学品的全过程监管。国务院颁布的《危险化学品安全管理条例》明确要求，对危险化学品的生产、经营、储存、运输、使用和处置等各环节实施全过程管理。对此，应当坚决贯彻落实。特别是对运输化学危险物品的船只、车辆应当加强安全检查，实施全程监控。

第三，提高危险化学品事故应急处置能力。各地区、各从业单位应当从组织领导、指挥协调、事故预警、应急处置、人员物资准备等方面，制定完善的危险化学品事故应急处置预案，并经常组织演练。推进污染源在线监控。依托大企业，尽快建立专业的危险化学品应急救援机构和队伍。加强重大危险源的监测监控，提高预警能力，防患于未然。

第四，加强危险化学品领域的法制建设。抓紧制定化学品环境管理法规，修订《危险化学品安全管理条例》。尽快完善"国家监察、地方监管、单位负责"的环境监管体制和机制，强化国家环保监察职能，建立环境案件调查、执行、督察"三位一体"的环保监察执法体系，完善政府监督、企业自律、公众参与的环保监督机制。严格环境执法，切实解决违法成本低、守法成本高的问题。

第五，切实加大资金投入。中央财政和地方财政应当投入专项资金，支持环境应急监测能力、处置突发事件能力建设。企业应当投入必要的资金，用于搬迁、改造和产业升级。引导社会资金、金融机构信贷资金参与支持确保环境安全有关工作的投入，逐步建立政府、企业和社会多渠道的资金投入机制。

区域经济：从增长点到增长极增长带

大河流域怎么发展？河流开发仅仅是发电、航运吗？

一般而言，大江大河的流域开发可以有效带动腹地区域经济发展。流域开发中应当优先开展水电、水利、航运与沿河公路铁路等基础设施，形成良好的投资环境，带动生产要素集聚。以河流为轴，将一个个沿江沿河城市串联起来，形成经济发展带，进而辐射流域腹地的欠发达地区，就可以带动整个沿江沿河区域发展。

基于这一发展逻辑，本篇提出了长江上游部分地区连片开发、怒江以流域开发带动区域发展的思路。我国区域经济增长中还有一个特殊现象，即省市结合部往往是经济增长的"洼地"。本篇结合长江流域发展提出了解决方案。

推进长江上游地区连片开发①

　　三峡工程的建成运行，极大促进了重庆至长江三角洲地区的发展。但是，重庆以上长江沿线地区大部分处于西部，经济发展仍然滞后。实现这一区域的发展，可以考虑以水资源综合利用为突破口，在长江重庆至宜宾段建设 5 级低坝，统筹航运、发电、防洪、供水、灌溉等功能，带动四川、重庆、云南、贵州 4 省（市）交界地区 9 个地（市）连片开发。这一举措，能够将长江流域开发向上游推进约 400 公里，受益面积近 20 万平方公里，人口超过 7000 万人。

以流域开发带动区域发展的规律

　　根据区域经济发展理论，经济增长是不平衡的，总是首先由少数区位条件优越的点发展成为经济增长极，然后，通过不同渠道向外扩散，并对经济发展全局产生不同程度的影响。其中"点"与"点"之间的"轴"，即交通干线起到了关键的"龙头"作用。随着铁路、公路、河流航线的建立，沿线地区形成了有利的区位条件和投资环

---

① 本文完成于 2013 年 9 月。

269

境，产业和人口向交通干线聚集，逐步形成经济快速发展的区域。流域干流和主要支流沿岸区位条件较好，往往汇集了大量生产要素和经济活动，在空间上承担起流域开发的轴线作用；流域上的重要港口城市或者部分地区则承担着增长极功能。"点轴"系统比较完善的地区，进一步开发就可以构成现代区域的网络开发结构，即区域经济演变由节点、域面到网络的状态。

国内外经验表明，流域经济尤其是大河流域经济往往会成为一个国家的经济命脉。在流域形成的经济圈内，经济发达，人口稠密，是一个国家重要的增长带。1939年美国罗斯福新政时期，开发田纳西流域，以此带动美国欠发达地区发展，造就以纳什维尔、孟菲斯为中心城市的"三角城市带"；欧洲莱茵河的开发带动了两岸的经济发展，造就了欧洲工业中心鲁尔经济区；法国的罗纳河采用低坝多级开发方式，形成以里昂为中心的沿江经济带，成为人与自然和谐相处的典范。在国内，都江堰、京杭大运河等水利工程为古代中华文明的进步作出了重要贡献。如今，长三角、珠三角流域依赖对长江、珠江水资源的综合开发，也创造了新的经济繁荣，成就了世界级的重要都市圈。

长江上游发展面临新的机遇和挑战

长江经济带是我国经济大动脉，也是最具活力的区域。全流域发展由长三角地区向整个长江上游推进的趋势十分明显。三峡水利枢纽建成运行，带来了防洪、航运、发电等综合效益，显著促进了中下游发展。目前，长三角地区已形成城市集群、产业集群和港口集群，成为拉动全国经济增长的龙头，中游城市群也渐具雏形。

与长江中下游地区形成鲜明对照的是，长江上游地区在经济总量、人均收入和城市化率上都处于较低水平。区内各城市产业结构趋同，资金投入较少，产业层次不高，生产装备陈旧，产品缺乏竞争力。区域经济发展不平衡，二元结构特征突出。重庆、成都等特大城市很多经济指标已接近或达到沿海地区水平，而沿江大部分地区发展严重滞后，城乡差距和城市内部贫富差距较大。基础设施薄弱，航道等级较低、水运能力严重不足；公路、铁路通达性较差，线路、设备老化；电信网干线稀疏、装备落后。自然生态系统的自我保护能力和自我恢复能力较弱，生态屏障建设任务艰巨。

当前，长江上游地区发展面临难得的机遇。沿江地区资源禀赋良好，西部大开发以来总体发展较快，已具备较强的后发优势。特别是近年来，国家高度重视水资源的综合利用，把发展绿色经济放在重要战略位置，有利于发挥长江黄金水道这一"绿色航道"的作用。加快长江上游地区经济连片开发，对于促进我国区域经济协调发展，具有重大的现实意义和战略意义。

推进长江上游地区连片开发的构想

理论界关于区域经济连片开发有多种观点，比较一致的看法是，连片开发区是以一个或几个城市群为中心，通过区域内部的横向联系，建立起自成体系、分工合理、联系紧密、能带动区域整体经济发展的地域综合体。一个区域能够连片开发，一般有几个明显的特征，一是依托一个或几个城市群而发展，地跨多个城市，经济互补性强；

二是城乡统筹发展特征明显，不仅包括城市，而且包括城市辐射带动的广大农村地区；三是区内经济联系较为紧密。

综合各项研究可以发现，长江上游部分区域具有一般经济区和流域经济的综合特点，并具备连片开发的理论可能性和现实条件。长江重庆至宜宾段的沿江地市，地貌、气候、土壤、水文、生物资源十分接近，人文传统及生活习惯相似。能够直接或间接利用长江航运发展经济，具有流域的一致性。产业发展、城乡结构相似、经济联系紧密，交通、通信等基础设施互联互通形成网络。这一区域地处川滇黔渝4省（市）交界部位，与周边经济区相比是一个经济发展"洼地"，适宜进行集中成片开发（见图8）。

2012 年长江流域各省（市）人均 GDP（单位：万元）

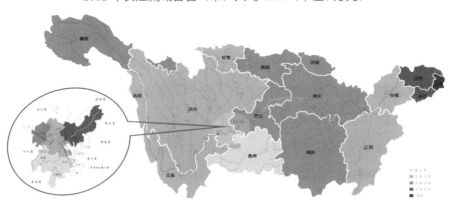

图 8　长江上游经济区在长江流域的位置

注：图中颜色越深的地方经济越发达。长江上游经济区处于 4 省（市）交界部位，是一
　　个经济发展"洼地"。通过对这一地区连片开发，可以将长江流域开发从重庆向上游
　　延伸约 400 公里。

初步考虑，长江上游连片开发区范围可以分为主体区和辐射区两个层次。

主体区。即长江上游宜宾至重庆段河段及其腹地区域内地域联系最为紧密的地区。包括重庆市，四川省的宜宾、泸州、自贡、内江、乐山，贵州省的毕节地区和六盘水市，云南省的昭通市，区域面积共 19.82 万平方公里，人口约 6795 万人。

辐射区。包括 3 个层次：（1）四川、重庆、云南、贵州行政区域内的其他地区，如四川省的攀枝花市、康定市、西昌市；（2）与四川、重庆、云南、贵州紧密接壤的周边地区，如西藏、甘南、陕南、鄂东、湘西、广西、广东；（3）东南亚、大湄公河流域、南亚、中亚等国家。

上述长江上游连片开发区幅员广阔，地形多样，占全国国土总面积的 4.04%。蕴藏有丰富的水能资源，可开发量达 1.7 亿千瓦，占全国的 46%，目前已开发利用量较小。动植物资源种类丰富，拥有 4000 多种野生植物、50 多种国家重点保护的珍稀野生动物。天然气、页岩气、铝土、煤炭、硫铁矿、石英砂、褐铁矿、磷、盐卤等能源矿产资源富集，且开发潜力大。西南 4 省（市）（四川、重庆、云南和贵州）总人口约有 1.9 亿人，占全国人口的 14.5%，人口以中青年为主，人口红利优势明显。同时，这一区域拥有近 80 所高等学校，科研机构和专业技术人员众多，科技文化水平在西部处于前列。

长江上游地区连片开发的思路

长江上游 4 省（市）交界地区、9 地（市）连片开发的总体思路是：通过流域开发带动区域开发，兼顾水力发电、内河航运、旅游休闲、生态环境等综合目标。以水电项目市场化开发为先导，开展水资源综合利用，完善能源和交通基础设施，逐步形成辐射力强、关联度高的流域经济区，带动周边贫困地区和生态脆弱地区的现代化发展，有步骤、有重点地深入推进资源枯竭型城市转型和西部大开发战略实施。

第一，以5级水电开发带动长江上游连片发展。按照逐级开发、梯度推进的原则，溯流而上，将长江上游水电开发集中在宜宾至重庆河段。早在1990年国务院批复的《长江流域水资源综合规划》中，长江上游宜宾至重庆河段就规划有小南海、朱杨溪、石棚3座水电站。由于上述项目面临移民搬迁和土地淹没较多、开发难度较大、珍稀鱼类保护困难等问题，高坝方案不得不搁浅。为了从根本上解决这些问题，可以考虑放弃高坝大库开发模式，采用类似法国罗纳河流域的低坝多级开发方式。

具体方案是，在宜宾—重庆河段分5级实施低坝开发，即在长江上游宜宾至重庆段，分别建设江安、石棚、新路口、朱杨溪、小南海5级低坝（见图9），总装机容量约748万千瓦，年发电量约374亿千瓦时。每级都是径流式水电站，最大水头只有10—20米，正常蓄水位不高于多年平均洪水位。每座枢纽布置有河床式电站厂房、泄洪闸、船闸、鱼道等水工建筑物。与高坝水库相比，5级低坝开发方案具有移民少、淹没小、改善水环境、保护鱼类等诸多优势。实施这一方案后，能充分发挥清洁电力、内河航运、江水景观等综合优势，有利于带动周边区域的工业、农业、城市等全面发展。

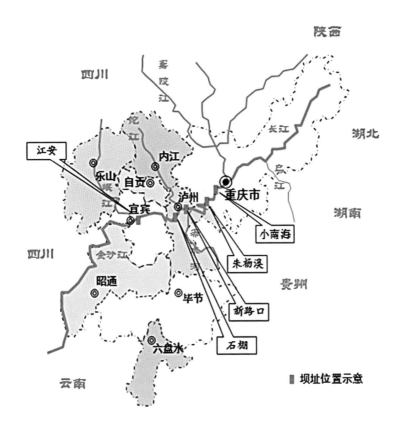

图 9 长江上游经济区区域范围

第二，推进区域内"四化同步"发展。5 级水电站建成后，产生的电力不必像三峡电力那样远距离外送，可就地消纳。水力发电的低成本优势有利于连片开发区内产业集聚，从而带动人口集聚，促进城镇化的发展。随着农业人口向城镇集中，可以为农村土地的规模化经营创造条件，提高农业现代化水平。在这一过程中，应当创新土地、户籍、公共服务等管理体制，推进能源、交通、信息和市政公用基础设施联网融合，培育资金、人才、劳动力、技术等生产要素的区域共同市场，实现教育资源、医疗社保等公共资源社会共享，加快区域同城化进程，从而推进工业化、信息化、城镇化、农业现代化协调发展。

第三，分3个阶段实施长江上游地区连片开发。长江上游4省（市）交界地区的连片开发是一项系统工程，需要统筹规划和详细论证，可以考虑分为3个阶段。一是研究谋划阶段（1—2年）：开展5级低坝水电项目前期工作，做好长江上游区域连片开发的规划调整和准备。二是核准布局阶段（2—3年）：争取获得水电项目核准，相关地区开展招商、征地和基础设施建设。三是全面建设阶段（4—6年）：以水电基地为轴心，形成均衡、协调、可持续发展的新经济增长极。争取到2020年末长江上游5座水电枢纽工程全部建成并实现并网发电。通过水电站梯级开发和岸线整理，改善长江上游城市水环境和自然景观，形成美丽宜居和互通互联的大中小沿岸城镇群落。

怒江开发带动流域全面小康^①

云南怒江州贫困人口数量较多，全州距实现全面小康有很大差距。怒江州有得天独厚的水资源，至今没有为群众脱贫奔小康发挥应有的作用。从现在起到 2020 年，怒江州要实现跨越式发展，可以走流域开发带动区域发展的道路，打造西南清洁能源基地，发展特色优势产业，推动怒江州经济、社会、生态全面发展。

怒江州按当前发展速度难以如期实现全面小康

云南怒江州是典型"少、边、穷"地区。全州分布着傈僳、怒、独龙、普米等 22 个民族，少数民族人口占总人口的 93.6%。贫困面广、深度贫困发生率高，是贫中之贫、坚中之坚。全州 4 县均为国家扶贫开发重点县和滇西边境山区集中连片贫困地区片区县，90% 以上的乡镇、70% 以上的行政村处于贫困乡、贫困村之列，全州贫困发生率高达 42%，高出全国水平近 40 个百分点。其中，有 524 个深度贫困自然村，5.89 万深度贫困人口，白族支系"拉玛人"、"勒墨人"，景颇族支系"茶山人"整体处于深度贫困状态；约 6 万多户农户处于

---

① 本文完成于 2017 年 7 月。

人畜混居的状态,住在以"竹篱为墙、柴扉为门、茅草为顶、千脚落地"的简陋房屋里;部分居民仍延续着刀耕火种的原始耕作方式。

中央提出,全面实现小康,少数民族一个都不能少,一个都不能掉队,要确保各族群众如期实现全面小康。怒江州能否如期脱贫奔小康,事关全面建成小康社会全局。党的十八大以来,党中央、国务院高度重视怒江州发展,地方各级政府全力推进脱贫攻坚工作,取得了积极成效。

但是,怒江州自然条件恶劣,基础设施极其滞后,产业薄弱,扶贫攻坚成本高、难度大。以现有发展模式和速度,怒江州无法如期实现 2020 年全民奔小康的目标。2016 年,怒江州人均 GDP 为 23289元,比上年增长 9.9%,全面小康实现程度仅为 40%(以人均 GDP 58000 元作为全面小康底线),2017—2020 年,怒江州年人均 GDP 增速必须超过 25%,才有望如期实现全面小康。按照怒江州现有的发展模式,很难达到这样高的发展速度,需要创新思路,因地制宜,精准发力,实现跨越式发展。

怒江州优势水资源尚未充分利用

怒江流域水能资源丰富,单位面积产水量大、泥沙含量低、河段落差大,可开发装机容量 2132 万千瓦,是我国水电开发中水文特性最好的河流之一,属于世界级的水电资源。规划中的中游贡山、福贡、泸水 3 县境内 8 个梯级电站,总装机容量可达 1300 多万千瓦。此外,区域内众多与怒江呈"非"字型交汇的中小河流,也蕴藏着丰富的水能资源。

尽管怒江水电开发很早就被提上了议事日程，中央政府已将其纳入发展规划，相关前期勘探研究也进行了 10 多年，但一些环保人士和地质专家认为，怒江流域水电开发将破坏当地生态环境和自然景观，破坏"三江并流"世界自然遗产和独特的民族文化，加剧库区移民贫困。这些观点从一定程度上延缓了怒江水电开发进程。

事实上，怒江水电开发对当地生态环境、世界自然遗产和民族文化等影响非常小，不应成为阻碍怒江流域开发、当地民众脱贫奔小康的理由。

第一，水电开发是怒江最好的脱贫产业。在怒江这样一个远离中心城市、基础设施和经济社会发展严重滞后的地区，不可能再找到比水电开发更好的产业。怒江州 98％以上的面积是高山峡谷，境内山高坡陡，几乎没有一块平整的土地，坡度在 25°以上的耕地占总面积的 51％以上，垦殖系数不足 5％。水电开发是怒江地区实现根本脱贫致富的不二选择。

第二，流域综合开发是对生态环境的主动保护。任何开发建设项目对生态环境都将产生影响，但真正破坏环境的是无序开发，而统一规划、综合开发则是保护生态环境的主动选项，也是怒江地区改变毁林开荒、破坏生态的原始生存模式的重要途径。如果不开发水电，自然保护区内居民拉电线或者砍树，都会更加严重地破坏环境。

第三，怒江水电主体工程不在"三江并流"范围之内。"三江并流"怒江片区的核心区域在海拔 2500 米以上，缓冲区也在 2000 米以上，而怒江水电开发规划最高程为 1570 米，淹没的主要是人地矛盾突出、水土流失最严重的河谷地带，因而不会对"三江并流"世界自然遗产造成破坏。

第四，水电开发不会对当地生态多样性产生严重影响。怒江中下游地区陆生植物特有物种有 400 多种，绝大部分分布在 2000 米以上区域，2000 米以下没有自然保护区，低海拔地带植被已很少，可以开垦的河谷或山坡均已为耕地或次生灌丛及草坡所替代。怒江两岸的陆生脊椎动物绝大部分分布在海拔 2000 米以上的自然保护区内，水电开发不会直接导致这些物种的灭绝。相反，由于水库水域面积的增大，还会为水域栖息物种创造更为有利的条件。水电开发对鱼类影响也不大。怒江是云南六大水系中鱼类最少的河流，目前仅发现 48 种，中游水电开发规划河段内无长距离洄游鱼类。未来，随着电站、水库的建成和保护的强化，更有利于生态恢复。

此外，有观点认为，目前我国电力供大于求，现有的云南水电外送难度大，再建怒江水电项目将没有销路。事实上，云南电力消纳难并不是因为没有市场需求，而是由于现行电力体制下，电力由电网企业统购统销，水电企业无法自行寻找客户销售。如果开发怒江水电，其低价电在电力市场有很强的竞争力，可以考虑采用就地平衡的方法解决消纳问题。

怒江流域开发时机成熟、条件具备

经多年建设特别是近几年的扶贫攻坚，怒江流域的交通、能源、通信等基础设施已有了较大改善，大规模推进优势水能资源开发和山区综合开发的基础条件已初步具备。

第一，经过多年酝酿，怒江流域开发勘察充分，建设技术成熟。怒江流域勘察开发研究最早始于 20 世纪 90 年代。2003 年，国家发展改革委通过了怒江中下游水电规划。随后，在暂缓开发阶段，进行了 10 多年的严格论证和反复研究，相关方案已经十分成熟。

第二，怒江流域生态环境亟待在开发中保护。怒江流域开发在工程建设、生态保护等方面已经有完善的方案，生态环境影响也很小，移民只有几万人。开发不等于不进行生态保护，从整个流域系统看，开发反而有利于流域生态的改善。

第三，水电建设拉动经济增长作用强劲。新建水电站作为基础设施的重要组成部分，将带动当地税收、就业、服务业和能源密集型产业的发展，在拉动经济增长方面产生倍增效应。按怒江流域开发规划和设计，水电站项目总投资约 2400 亿元，在 3 年内均可以开工建设，5—9 年建成投产，可以拉动投资 6000 亿元以上，成为地方经济的特色优势产业，带来巨大的现金流、信息流、物流和人流，极大带动怒江州相关产业发展。

一是改善当地基础设施。兴建梯级水电站将有数百亿元资金被用于当地公路、能源、水利、通信等基础设施建设，可极大地改变怒江中下游地区交通和通信闭塞、经济发展滞后的状况。

二是增加居民就业和收入。怒江中下游水电站工程将提供 44 万个长期就业机会。同时，随着交通等基础设施改善，旅游产业将获得大发展，餐饮、酒店、民俗文化等相关产业可以大量吸纳城镇居民和移民，增加当地群众收入来源，加快脱贫致富奔小康。

三是提高政府财政收入。怒江全部梯级开发后每年可创造产值 340 多亿元，直接财政贡献可以达到 80 亿元，其中地税年收入可以增加 27 亿元，为库区经济社会和移民生产发展提供充裕的资金来源。

四是促进新型城镇化建设。怒江流域开发将以水库坝区作为新型城镇建设的主要选址，将库区移民、民俗文化保护发展与城镇化建设相结合，实现"一库一镇一特色"，使生态保护、兴边富民、民俗文化传承、特色旅游协调发展，成为新型城镇化建设的样板。

怒江州以流域开发带动区域发展的思路

怒江流域作为全国罕见的深度贫困地区，在发展思路上应当以增进民生福祉为第一要务。强力打破怒江州世代封闭贫穷的恶性循环，彻底扭转西南边疆发展滞后的格局，需要走出一条将资源开发与脱贫攻坚有机结合的新路子。总体思路是：以流域开发带动区域发展，统筹考虑流域水资源利用与怒江州经济、社会、生态全面发展。可以考虑采取以下措施。

一是着眼于宏观全局、超前谋划，科学开发怒江水电资源，打造西南清洁能源基地。二是深化云南电力体制改革，允许怒江电力自行销售。适度发展用电量较大的高载能工业，培育支柱产业。三是实施生态移民和工程移民，以水电开发及后续产业布局、推进城镇化为抓手，确保"移得出、稳得住、能致富"，做到精准扶贫。四是明确在发展中保护环境、提升生态品质的思路，构建怒江生态廊道。五是以 2020 年实现全面小康社会为首要目标和关键时间点，创新扶贫模式，大力发展旅游业、农林业等特色产业，推进新型城镇化建设，增加政府财政收入，提升居民就业和收入水平。

城镇化亟待体制创新①

重新审视城镇规划

《21世纪》：现在全国所有设市城市都有了比较完善的规划，建制镇也都编制了初步规划。尽管如此，城市和城镇建设中仍然出现了贪大求快、缺乏特色等问题，有的学者批评规划滞后不及时修订，有的批评规划修改太随意。如何看待这些问题？

范必：城镇规划是城镇建设和管理的基本依据。我国城镇规划中的问题，主要反映在一些地方在规划指导思想上重规模轻水平、重数量轻质量、重形式轻内容，规划体制不够合理，规划编制和审核过于集中。

我国城镇规划大都由住房城乡建设部门所属的、少数几个城市规划设计机构制定，并由住房城乡建设部门审核。尽管在编制规划中会考虑人文历史、地理、环境等地区特色，但长期由同一支队伍编规划，难免陷入路径依赖。这成为各地"千城一面"的重要原因。

在规划审批方面，全国108个大中城市的总体规划，由设计部门编制完成后，经过地方规划部门、地方政府、省级规划部门、省级政

---

① 《21世纪经济报道》（以下简称《21世纪》）采访于2014年3月。

府、国家住房城乡建设主管部门层层审核，最后报国务院批准。由于审批环节多，审批时间过长，往往造成规划批准滞后于形势发展。在规划执行中难免出现边调整边申报新规划的情况。层层审批、集中审批并没有达到树立规划权威的作用。

另外，城镇规划与其他规划衔接不够，特别是土地规划与城镇规划谁服从谁的问题较为突出，增加了城镇规划统筹城镇整体和长远发展的难度。

《21世纪》：在新型城镇化建设中，如何改革现有的城镇规划编制体系？

范必：首先，应当调整中央和地方对城镇规划的审批权限。比如，现在需要国务院和相关部委审批规划的城市可以大幅减少。规划审批内容也可精简，主要是批准城市定位、资源使用、历史文化保护、环保等关键问题。其他城市规划由省级规划主管部门审批就可以了。城镇规划则由城镇所在地上一级政府审批。其次，加强"三规"的衔接和协调。应当探索建立国民经济社会发展规划、土地利用规划和城镇规划"三规"衔接和协调的信息化联动平台，使"三规"涉及的发展目标、人口规模、建设用地指标、城乡增长边界、功能布局、土地开发强度等方面达到统一，落到"一张图"上。同时，完善规划制定、调整和监督体制，明确官员、专家、公众、社团参与规划制定的形式，鼓励各类专业机构参与规划制定。

满足城镇化对土地的需求

《21世纪》：城镇化需要大量新增建设用地。土地市场供求矛盾十分尖锐。一方面，地方政府呼吁建设用地指标不够；另一方面，土地闲置现象大量存在。如何看待这种现象？

范必：我国对土地供应实行高度的计划管理，这对土地市场的发育产生了制约。2004年，为了应对经济过热，国家严把信贷和土地两个"闸门"。这一举措原本是抑制经济过热的临时性调控政策，但时至今日，已从短期政策变成长期政策。

《21世纪》：您的意思是说，抑制经济过热时要控制"地根"。现在经济下行压力大，又要通过城镇化建设扩大内需。这时要放松"地根"？

范必：是的。用地规模和城镇化建设进程关系密切，在整体规划时，建设规划和供地计划需要同步进行。国际经验表明，在城镇化初期或制定规划时，占地规模较大，人口密度较小，但在城镇化过程中，随着基础设施和公共服务的完善，城镇人口密度逐步提高，城镇每年新占耕地会比较少。我国目前实行的土地计划管理方式，每年根据上年土地利用情况和人口增加的规模，几乎是均等供应土地，实际上不利于城镇发展的整体规划，也不符合城镇化用地的一般规律。

《21世纪》：党的十八届三中全会提出，市场对资源配置起决定性作用，土地的计划管理是否符合这一方向？

范必：西方古典经济学就认识到，土地是重要的生产要素。由市场对生产要素进行配置效率是最高的。1988年人代会上通过的宪法修正案，将土地的所有权与经营权分开，赋予土地使用权商品属性。2007年通过的物权法，又明确了土地用益物权。但是，我国土地并没有实现完全的市场化。政府完全垄断土地一级市场，并对房地产开发用地、商业用地、工业用地执行不同的价格。招商引资中低价出让土地，房地产开发时又竞相抬高地价。按照现行法律规定，集体土地的权能受到一定的限制，农民对宅基地、承包地和林地没有出让权和抵押权，农村集体土地无法自由直接进入市场交易，也不能抵押。因此，土地使用权作为商品，其价格不能反映实际的供求关系和资源稀缺程度，其所有者也不能自主决定其交易数量和用途。

对土地实行高度计划管理带来很多负面影响。主要是，农民从征地补偿中获得的收益分配比例偏低，农村土地纠纷增多；掌握土地审批权的部门和个人寻租机会多，而且涉案金额大，腐败暴利高。土地的计划管理再次验证了科尔内《短缺经济学》的观点，计划导致短缺。土地供给的饥饿状态推动了大城市的地价和房价上涨。

《21世纪》：在新型城镇化进程中，不改变现有的土地征用、开发和管理模式，可能会给经济发展甚至社会稳定带来更多的问题。对此您有哪些建议？

范必：土地制度的改革牵一发动全身，需要谨慎对待。目前，可以考虑改革土地计划供应管理模式，允许除政府以外的其他机构参与土地一级开发。逐步赋予农民自主的土地出让权和抵押权，增加土地供应主体。建立城乡统一的建设用地市场，允许农村集体建设用地在一定条件下与国有土地同等入市，增加建设用地的供给。改变土地所有者通过"卖地"获得一次性收入的收益模式。取消土地出让金，代之以每年根据房价评估结果征收房产税。

破解城镇化资金供给难题

《21世纪》：有研究表明，到2020年，我国城市化率应该在60%

左右，城镇人口大约为 8.5 亿人，需要新增建设资金和城镇公共服务投入资金一共约 50 万亿元，平均每年 7 万多亿元，相当于 2012 年全国财政收入的 60%。与需求相比，我国城镇化建设资金供给明显不足。

范必：现在城镇化建设资金来源主要是，地方财政资金、银行贷款和自筹资金。今后一个时期，财政资金用于城镇化建设的增长潜力有限；信贷资金不宜短存长贷，难以适应城镇化大规模、长周期的需要；社会资金逐利性强，加之公共领域进入门槛的限制，难以充分发挥作用。

造成城镇化资金不足关键有两个原因，一是公共基础设施市场化改革不到位。长期以来，城镇公共基础设施，如水、电、气、污水垃圾处理、公共交通等，主要靠各级政府及由其授权的国有企事业机构，以垄断方式投资建设和运营。二是公共服务社会化程度不高。一些本来可以通过委托代理、购买服务等方式由社会组织承担的事务，目前仍然由政府部门承担，不仅加重了财政负担，而且效率不高。

《**21 世纪**》：有什么办法提高城镇化建设的融资能力？

范必：政府是城镇化的规划者，但不应当是建设资金的最终提供者。为了保障城镇建设、运营的可持续性，应当深化城镇基础设施建设运营和公共管理体制的市场化改革，实行投资主体多元化、资金来源多渠道，保障投资收益可预见，满足不同类型基础设施和公共服务的资金需要。在研究中，我们提出了以下几点思路。

一是推广城镇基础设施建设市场化运作，提高投融资市场化程度。对城市网络状垄断行业，如水、电、气、地铁等，进行主辅分离、网运分开、公益性与竞争性分离的改革。竞争性业务完全交给市场。对公益性业务，由财政予以补贴。网络交给个别企业特许经营，并由政府部门对其成本、价格、利润进行严格监管。对网络建设和经营性业务，向各类投资主体开放。从事网络业务的企业，政府可以通过定价保障其收益。

二是规范地方政府融资行为。打破目前以省为单位的中央财政代发代偿模式，开展规范的市政债券发行试点，待条件完全具备和时机成熟后再在全国推开。稳步扩大地方政府发行市政建设债券的范围，创新金融产品和融资手段。

三是开展房产税改革试点。在总结上海、重庆房产税试点改革经验的基础上，选择在一些热点城市与准备充分的二三线城市继续进行改革试点，并随着条件完备和时机成熟，稳妥、审慎地将房产税在全国推开，以扩大财产税税基，增加财产税收入。

四是推进政府向社会购买公共服务。今后，凡是市场无法做、政府力所不及的公共服务项目，都可以交由社会组织去承担。

剥离与户籍挂钩的基本公共服务

《21世纪》：为什么社会上对打破户籍壁垒的呼声很高，但户籍改革却进展缓慢？

范必：主要是对改革户籍制度认识不够统一。社会上有以下几种主张：一是"取消论"。认为能够进城的农村剩余劳动力都已经进城了，允许农村人口自由流动不会带来管理失控、贫民窟等问题，应该迅速取消户口限制。二是"剥离论"。认为阻碍农村人口融入城镇的障碍并非户籍制度本身，而是依附于户籍制度的大量基本公共服务功能，应该剥离这些功能，还原户籍的人口登记功能。三是"准入论"。认为由于城市放开户籍的门槛不同，大城市户籍含金量较高，短期内放开可能导致人口涌入、管理失衡等问题，应该坚持循序渐进的原则，通过设置准入标准保障外来人口有序落户。几种主张各有支持者，在思想没有统一的情况下，户籍改革的难度可想而知。

《21 世纪》：户籍制度改革缓慢与经济体制改革不到位是否有关？

范必：户籍制度改革与财税、土地制度改革不配套密切相关。由于财权与事权的划分不合理，导致地方政府为进城农村人口提供均等化服务的动力不足。1994 年的分税制未对省级以下政府分税模式作相应调整。进城农村人口产生的各种成本主要由流入地城市政府负担，特别是县和市两级。农民工多半从事第二产业，产生税收以增值税和企业所得税为主，而这两个税种大部要上缴中央，因而缺乏为农民工提供基本公共服务的激励。此外，户籍改革需要土地相关制度作出调整。目前的土地法律没有赋予农民对承包地、宅基地和其他集体资产的处置权。农民进城后，一方面，面临着高额生存成本；另一方面，其名义上拥有的土地不能按照市场价值变成可交易的资产，相当于降低了农民在城镇中定居的能力。

目前，我国政府公共服务支出是与户籍制度挂钩的，户籍人口规模是具体财政支出项目与规模设置的依据。农村人口城乡和跨区域流动后，流入和流出地的政府财权和事权没有相应改变，造成该提供服务地区在经费、机构设置和人员编制等条件上无法满足服务外来人口的需要。

《21 世纪》：对加快户籍制度改革您有何建议？

范必：在城乡发展不协调、居民福利差异较大的情况下，开放户籍很难说不会形成类似于拉美和南亚国家城市中出现大量贫民窟的现象。因此，户籍制度改革应当通过逐步放松户籍，使城乡资源要素有序合理流动。

户籍制度改革需要公共财政资金的支持。应建立公共财政体制与户籍制度改革协调联动机制，户口放松和基本公共服务支出增长所造成财政支出缺口应能够得到及时有效的补偿，而财政支出的增量也应更多地放在提高公共福利平等程度上。

在具体措施上，可以考虑全面推行居住证制度，还原户籍制度人口信息登记功能。根据成本消化能力，逐步剥离与户籍挂钩的基本公共服务。

药品监管：劣药驱逐良药何时休

　　每次看病开一大堆药都有用吗？为什么世界各地都可以看到 Made in China 的产品，但很难找到中国制药？食品是不是越有机、越天然越好？

　　研究表明，我国药品安全现状堪忧。国外好药新药长期被拒之门外，国内创新药"不新"，仿制药与原研药差距大，中成药不经验证便上市。大量"合格的无效药"充斥市场，安全风险不可小视。

　　药品的安全水平取决于监管水平。为了保证公众健康，我国应当借鉴欧美先进经验，从审批制度、人才队伍、生产许可、国际合作等方面入手，深化药品监管体制改革。打造与大国地位相称的药品监管体系，从根本上解决劣药驱逐良药现象。

建立严格高效的药品审评审批制度^①

目前，我国药品审评制度不够合理、审评效率较低。国内市场流通的药品有害的不多，但疗效不明、质量不高的不少，人民群众用不上世界先进的好药、新药，浪费了巨额医疗支出，影响了企业的创新积极性。为了保证公众用药安全，应借鉴国外先进经验，建立严格的药品审评制度。只有经过科学评估的药品才能进入市场。坚决清理不合格药品，全面提升药品的质量安全水平。

我国药品现状堪忧

药品疗效和质量有待提高。为保证药品安全，国际上普遍建立了以临床试验为核心的药品审评制度。1987 年开始，我国正式实施药品审评审批制度，新药由国家审批，仿制药由地方审批，造成批准文号众多的情况。1998 年国家药品监管局成立，2001 年开始批准文号清理，建立了全国统一序列（即国药准字号）。但是，由于把关不严，一些没有临床价值的药品从"地标"转为"国标"。目前，我国有药品批准文号 18.7 万个。其中，有 16.8 万个药号是 2007 年以前审

---

① 本文完成于 2013 年 8 月。

批的，大部分是没有生产的沉睡文号。

未经科学验证，安全性、有效性不明，质量可控性较差的药品在市场上流通，会给公众健康带来重大安全风险。如，中药注射剂没有经过严格的临床验证，上市后造成大量不良反应事件，影响较大的有双黄连、清开灵、鱼腥草注射液事件。存在质量安全风险的药品进入正规渠道，包括进入医保目录，市场出现"劣药驱逐良药"的现象。

国际上最新药物无法进入我国。发达国家最新研制的药品，一般要上市 10 年以后才能获准在我国上市。我国临床使用的化学药大部分是国外过了专利保护期（5—7 年）的仿制药，其审批过程也很漫长。导致国人既用不上创新的专利药，也不能及时用上质优价廉的仿制药。推广疗效确切的新药，可以有效提高健康水平，降低医疗成本。据美国统计，使用一种新药，可以为每位患者每年降低医疗费用 89 美元。现在，我国患者不但享受不到世界先进的医疗成果，而且要付出较高的经济代价。如，美国发明宫颈癌疫苗已近 7 年，至今没有引入大陆。大陆现有癌症病人 40 万人，每年宫颈癌新发病 10 万人，占世界新发病例的 1/4。早期诊治费用不足万元，晚期高达 10 万元以上，每年有 3 万名患者死于宫颈癌。全国每年用于宫颈癌支出医疗费基本要由医保负担，而患病所带来家庭情感付出和其他社会成本则无法计算。

仿制药质量不容乐观。与原研药相比，仿制药价格低廉，安全更有保障。生产仿制药应该与原研药具有相同治疗作用和生物等效性。目前，我国是全球最大的仿制药市场。在已批准的 7000 种、12.1 万个化学药品中，绝大多数是仿制药。但是，我国药品审批仅进行"质量标准"的控制，未进行生物等效性验证。也就是说，大部分仿制药仅是化学成分相同，临床有效性是否等同不能保证。大量"合格的无效药"占据了我国仿制药的主体，影响了公众用药安全。国际上对产自我国的仿制药基本不认可。如，权威的学术刊物对使用我国仿制药作出的研究成果不予发表。

药物创新能力严重不足。过去15年，全球上市新药540个，我国完全拥有自主知识产权的创新药只有5个。年销售额超过10亿美元药品国际上称为"重磅炸弹"，全球已有100多个。我国自主研发的药物中，年销售额最高的接近2亿美元。国际上大型医药跨国公司的研发投入占销售收入的15%—20%左右，我国药品企业约占2%—3%。全国百强药品生产企业的销售额仅和美国辉瑞1家企业相当。

原因分析

我国药品存在的这些问题与审评制度有着直接关系。在计划经济体制下，国家对药品主要是生产管理。在市场经济条件下，对药品进行审评监管的时间还不长，很多制度不够完善，难以满足市场主体多元化、医药科技推陈出新的步伐。主要存在以下几个问题。

审评理念滞后。建立新的药品审评制度以来，经过严格验证，我国一批确有疗效的新药得到国际医学界认可。但是，也要看到，我国在审评理念上并没完全坚持科学标准，相当一部分没有经过临床验证的药品通过了审评。一些化学药的评审中，有的过度强调安全，有的强调保护民族医药工业，造成一些国外已经上市、我国患者迫切需要的药品在国内不能及时上市。

审评程序不够合理。一是中央与地方事权划分不合理。我国药品审评分两级，省一级负责初审，再报到国家局进行审评。由于各地不具备专业能力，所谓初审基本上流于形式，起不到把关作用，但增加了环节，降低了效率。美国、欧盟对药品审批都是实行中央一级审评。二是技术审评与行政审批割裂。由于审评机构是事业单位，不具有行政职能。审评通过后还要经药监行政部门行政审批，二者完全可以合并。三是分类审评制度不够完善，临床急需、确有创新的药品难以得到及时审评。

审评力量严重不足。国家食品药品监督管理总局药品审评中心是我国药品审评的唯一技术机构，1998 年定编为 120 人，10 多年未增加编制。其中，技术审评人员仅有 80 人，每年要完成 6000 个注册申请的审评，平均每人要负责近 80 个审评项目，相当于 3 天审一个药品。美国食品药品监督管理局（FDA）化学药品审评中心有 3000 多人，每年仅需完成不到 3000 个技术审评任务。多年来，因审评力量所限，我国大量药品审评任务排队积压，审评人员不堪重负。审评人员专业素质要求很高，但薪酬大大低于同资历企业工作人员，队伍不够稳定，审评质量难以保证。

审评效率不高。我国新药审评排队时间过长，从 4 个月到 21 个月不等，往往阻碍了新药上市的进程。除了程序不合理、审评力量不足外，大量低水平重复申报的药品占用了审评资源。很多国外权威机构已经进行过的审评，到我国又进行重复审评。

审评收费制度不合理。我国药品审评的申请门槛较低，收费标准依据 1995 年国家计委和财政部的规定，每个品种只收取 3500—28500 元审批费，低水平申请、重复申请泛滥。同时，由于收费不足，限制了我国审评机构的能力提高。美国 FDA 对申请者收取高额费用，一般化学新药单件申请费为 200 万美元，仿制药每个 10 万美元，迫使企业谨慎申请。FDA 收取的费用主要用来增加雇员收入，建立信息系统，改进验证手段，从而提高审评效率。

解决思路

药品审评是药品监管工作的核心和源头。审评工作应当切实转变观念，把让人民群众用上好药、新药、放心药置于首位，坚持科学的评判标准，统筹评价药品安全性与社会效益，不照顾、不迁就、不搞平衡，坚决不允许疗效不明甚至有害的药物在市场上流通。我国应当比照发达国家的成熟模式和国际组织推荐的标准，健全审评流程，加强审评能力建设，提高审评的独立性和权威性。经过 5—8 年的努力，在全面建成小康社会的时候，使我国成为全世界用药最安全的国家之一，从根本上改变我国药品在国际上的形象。

第一，建立高度集中的审评审批制度。取消地方的药物初审权，实行由国家级机构集中统一的审评体制。① 在医药产业集中的地区设立国家局的派出机构，履行现场检查职能。将技术审评与行政审批程序合二为一，减少审批环节。完善分类审批制度，集中力量加快临床

① 《国务院关于改革药品医疗器械审评审批制度的意见》（国发〔2015〕44 号）对药品审评审批程序进行了改革，将由省级食品药品监管部门受理、食品药品监管总局审评审批的药品注册申请，调整为食品药品监管总局网上集中受理。

急需、重大创新药品的审评审批进度。①

第二，充实审评队伍，提高审评能力。创新审评队伍的人才管理机制，设立单独的职位序列和薪酬制度，增加国家局药品评审中心人员编制，尽快解决药品评审人员严重不足与评审任务繁重的矛盾。②

第三，建立审评对象付费制度。药品审评不是面向大众的公共服务，其直接经济受益人是企业。药品审评周期长、费用高昂，不应用纳税人的钱支付审评费用。建立申请企业付费制度，根据审评实际需要、借鉴国外标准制定收费标准。收取的费用，主要用于解决审评机构经费和人员保障问题。这有利于提高审评质量和速度。

第四，清理现有药品批准文号，建立新的药品文号序列。为了彻底改变药品文号鱼龙混杂的状况，应制定新的药品注册管理办法和药号序列。对现存的批准文号进行甄别，凡经过临床研究、确有疗效的创新药可以直接取得新药号；所有仿制药需经过质量一致性评价，确认与原研药等效的可以授予新药号；所有中成药均要按照新的标准做临床试验，其他流通中的药品按类别进行相应的验证，符合审评标

---

① 《国务院关于改革药品医疗器械审评审批制度的意见》（国发〔2015〕44 号）要求，对创新药实行特殊审评审批制度，加快临床急需新药的审评审批。加快审评审批的药品范围包括，防治艾滋病、恶性肿瘤、重大传染病、罕见病等疾病的创新药，列入国家科技重大专项和国家重点研发计划的药品，转移到境内生产的创新药和儿童用药，以及使用先进制剂技术、创新治疗手段、具有明显治疗优势的创新药。

② 《国务院关于改革药品医疗器械审评审批制度的意见》（国发〔2015〕44 号）就加强审评队伍建设提出了要求。具体措施包括，面向社会招聘技术审评人才。根据审评需要，外聘相关专家参与有关的技术审评。科学设置体现技术审评、检查等特点的岗位体系。通过政府购买服务委托符合条件的审评机构、高校和科研机构参与医疗器械和仿制药技术审评、临床试验审评、药物安全性评价等技术性审评工作。

准的可以授予新药号。①

为了使医药企业有足够的时间接受审评，可以考虑设置 3—5 年的过渡期。过渡期内新旧药号可同时使用，到期后旧的药号将不再使用。为了在过渡期内鼓励企业生产、推广使用严格审评的药品，国家在进入基本药物目录、医保报销、价格制定方面，对新药号产品给予倾斜。如在基本药物招标中，可赋予取得新药号产品一定的排他性。

如实行这一改革，现有的 18.7 万个药品文号中，80% 以上将不会申请新的药号。目前尚在生产的 2 万多个药号，在扩大审评能力的情况下，可以在 5 年内完成审评。全国制药企业中，相当一批小规模、低水平的药品企业将被淘汰，医药行业多、小、散、乱的状况将会明显改观，不但药品质量安全水平会有明显改善，而且药品产业的国际竞争力将大大提高。

---

① 《国务院关于改革药品医疗器械审评审批制度的意见》（国发〔2015〕44 号）对仿制药质量一致性评价提出了要求。具体措施包括，对已经批准上市的仿制药，按与原研药品质量和疗效一致的原则，分期分批进行质量一致性评价。将仿制药生物等效性试验由审批改为备案。在规定期限内未通过质量一致性评价的仿制药，不予再注册；通过质量一致性评价的，允许其在说明书和标签上予以标注，并在临床应用、招标采购、医保报销等方面给予支持。积极推进中药注射剂安全性再评价工作。

改革药品安全监管机构①

　　近年来，我国食品安全监管工作得到很大加强，已形成跨部门的协调机制，但其他涉及公众健康的产品风险尚未引起足够重视，特别是药品和医疗器械的安全隐患远远高于食品。我国药品安全监管体制严重滞后于药品产业的发展，与国际通行的监管模式有很大差距。本轮机构改革中，组建了新的国家食品药品监督管理总局。当前，应以改革为契机，合理界定各部门之间、中央与地方的事权，针对监管产品的不同特点建立相应的监管制度。

我国健康产品监管的体制问题

　　很多发达国家在工业化与城市化过程中，都出现过严重的食品药品安全问题。美国 1937 年发生了二甘醇污染"磺胺酏剂"事件，造成了 107 人死亡，催生了美国食品、药品和化妆品法，使美国食品药品监督管理局（FDA）的职能得到空前加强。20 世纪以来，各国政府不断改革食品药品监管体制，且方向趋同。一是监管职能从地方向中央集中、从分散向一个部门集中。美国 FDA 是联邦机构，各州有派出机

---

① 本文完成于 2013 年 8 月。

构，有效克服了地方保护主义。二是监管范围从药品扩大到大多数与健康有关的产品，甚至包括烟草、牙膏、漱口水、婴儿用品。即凡是有可能对人体产生功能性改变的产品，都在监管范围内。三是监管方式从注重生产经营环节发展到全球、全产业链围绕产品生命周期的无缝隙监管。四是保持监管机构的科学性、独立性和权威性。通过立法不断扩大监管权限，保证监管绩效。与之相比，我国现行食品药品监管体制差距较大。主要体现为以下方面。

中央与地方监管责权不清。一是药品、医疗器械的生产监管权在地方，地方保护严重干扰了日常监管执法。药品、医疗器械生产企业往往是各地的税收大户。在查处药品案件中，地方久拖不决，失之于宽。药品、医疗器械产品在全国乃至全球流通使用，现行体制下，国家药监局对跨区域案件的查处缺乏有效的协调手段。二是地方食品药品监管局不是地方政府组成部门，除食品外，其他健康产品安全未能纳入地方工作重要议程，国家局的政策要求也得不到有效贯彻执行。地方食品药品监管局隶属于地方卫生部门，监管资源有限，无法承担药品安全的监管责任。

技术支撑体系低水平重复。食品药品监管科技含量较高，需要高素质人才和尖端装备的支撑。目前，食品药品监管部门共有技术监督单位1687个，数量较多，但资源分布不够合理。地、县级检验机构数量较多，人才、装备水平不高，基本不能发挥识别风险的作用。据典型调查，地级市检验机构一年可抽检上千批次药品，检出不合格率仅为2‰—3‰。其中，包括不同地方的重复抽检，没有主动发现一起系统性风险。地、县两级检验机构占用了全国80%以上的检验经费，但没有达到应有的绩效，而国家级的技术支撑机构存在严重的人才、装备、经费不足的问题。随着电子监管信息化水平的提升，对药品质量能够实现全国范围内的有效追溯，大部分地市级以下药品检验机构可以精简合并。

食品药品监管机构改革的思路

食品药品监管部门是保护公众健康的政府部门，在本轮机构改革中，我国按照国际上普遍的健康产品监管模式，将健康产品的监管职能交由一个部门承担，建立了集中、独立、专业的食品药品监管体制。在此基础上，国家应当针对不同健康产品的风险特征，合理划分中央与地方的监管事权，科学配置监管资源，优化内部组织结构，提高监管绩效。下一步，食品药品监管体制改革可考虑从以下几方面着手。

第一，合理划分中央与地方的监管事权。针对健康产品的风险程度，药品、医疗器械的研制、生产环节由中央监管，经营和使用环节由地方监管。为了保证中央监管的集中、统一、高效，新的食品药品监管部门可以在全国设置若干派出机构。主要从事药品、医疗器械生产环节的执法检查，组织跨区域风险监测，监督地方监管工作。食品安全标准、风险评估由中央负责，监管由地方负责，省以下分级管理。保健品、化妆品安全标准由中央制定，准入和监管由地方负责。

第二，优化监管技术力量配置。加强中央和派出机构的技术支撑单位建设。大幅精简、整合市、县基层技术支撑机构，在有产业优势和技术优势的中心城市建立高水平的区域技术机构。基层食品药品监管机构主要在于及时发现问题，应提高其机动能力和快速检验能力。鼓励有条件的地方用购买服务的方式，由第三方承担检验任务，利用社会资源加强监管力量。

改革药品研发与生产捆绑的管理方式^①

　　我国医药产业经历了 30 多年快速发展，已具备保障居民基本用药的能力，但药品产业创新能力低，产品整体质量不高。我国完全拥有自主知识产权的创新药只有 5 种，国家一类新药仅 20 余种。出现了创新药"不新"、仿制药水平低、专利药靠进口、"中国制造"国外没市场的现象。药品行业同质化、低水平竞争严重，大多数企业利润在 3% 左右。这些问题反映出，现行监管制度不适应现代医药产业发展的需要，特别是药品研发与生产相捆绑，抑制了创新，浪费了资源。

　　根据现行法规，申请药品批准文号的单位必须是生产单位。我国有相当一批企业有先进生产能力，通过了 GMP 认证，但只能生产自己研发、获得批号的产品。而药品从研发到获取批号需要巨额投入和较长的周期，很多先进生产能力只能闲置。也有一部分企业研发能力较强，但为了获取药品批准文号，必须投巨资兴建新的、符合 GMP 标准的生产线，影响了研发投入，制约了创新能力提高。

　　美欧日等发达经济体普遍采用上市许可持有人制度（MAH），即药品上市许可与生产许可相分离。上市许可持有人主要从事药品的研

————————

　　① 本文完成于 2013 年 8 月。

发，获得药品批准文号后，可以自己生产，也可以委托给不同的生产
商生产。如，辉瑞、拜耳、葛兰素史克等企业，一般自己进行药品研
发，把生产环节转移或委托加工。这使药品上市许可持有人更加专注
研发，把控产业链高端，使研发与生产更好地结合。受委托的生产企
业更加专注生产过程，实现了产业链的专业化分工。上市许可持有人
制度类似电子、服装行业的代工生产（OEM）。

为了促进药品产业的健康发展，我国应实施鼓励专业分工的政
策，放开上市许可与生产许可的捆绑，建立上市许可持有人制度。

一是修改药品管理法等相关法规中的条款，确立"资格准入型"
药品上市许可持有人制度。即将药品上市许可证颁发给那些经过资格
确认的上市许可持有人。上市许可持有人必须符合从事研发的标准，
可以将研发的产品委托不同的生产商进行生产。而药品的质量、不良
反应、召回等责任均由上市许可持有人承担，被委托生产企业只对上
市许可持有人负责。①

二是建立药品不良反应救助制度。药品研发与生产脱离后，为
了保障消费者权益，可以由所有上市许可持有人出资建立药害救助基
金，用于药品不良反应的救助和赔偿。同时，进一步探索药害赔偿的
商业保险机制，多层次、多渠道保证消费者权益。

---

① 《国务院关于改革药品医疗器械审评审批制度的意见》（国发〔2015〕44号）
要求，开展药品上市许可持有人制度试点。中共中央办公厅、国务院办公厅2017年
10月印发《关于深化审评审批制度改革鼓励药品医疗器械创新的意见》要求，推动上
市许可持有人制度全面实施。

药品监管体制要与国际接轨①

随着药品生产与流通的全球化，药品监管体系也需要从立足国内转为面向全球。我国药品监管的国际化、专业化程度还比较低，监管水平与国际标准有明显差距，境外检查还刚刚起步，全产业链监管体系尚未形成。建立全方位对外开放格局，药品监管也不例外。药监部门应当积极参与国际药品监管事务，加快与国际标准、制度的互认衔接，打造与大国地位相适应的药品监管体系。

我国药品监管与国际先进水平的差距

当今国际药品市场主要由跨国公司主导。药品生产流通的全球化，使药品安全风险跨越了国界，成为世界各国需要共同面对的问题。我国药品监管机构脱胎于计划经济时期的行业主管部门，开展监管工作时间不长，对外开放度不够，理念、制度、标准、能力和国际先进水平有明显差距。

我国药品监管在国际监管事务中参与度较低。为共同应对药品安全风险，越来越多的国家在药品监管中采用世界卫生组织（WHO）、

---

① 本文完成于 2013 年 8 月。

美国食品药品监督管理局（FDA）、欧洲药品管理局（EMA）等国际组织和国家的标准，推进结果互认和机制协同，药品监管的法规、规则、技术标准日趋统一。目前，我国与国际药品监管机构的合作交流还不够深入。一是一些重要的国际组织尚未加入。如我国还不是国际药品认证合作组织 PIC/S 的成员。美国 FDA 加入这一组织经过了 6 年谈判，我国这方面的谈判工作还任重道远。二是在国际组织中的地位不高，缺少话语权。有些国际组织虽然已经加入，由于缺乏专门的机构、人才和经费支持，没有建立起实质性的工作关系，难以参与国际规则和标准的制定。

国内认证标准与国际标准难以衔接。国际上针对药品的研发、生产、流通制定了不同的标准和规范，主要是 GLP（非临床研究质量管理规范）、GCP（临床试验质量管理规范）、GMP（良好作业规范）、GSP（经营质量管理规范）。我国除 GCP、GMP 修订后整体接近国际水平外，其他标准规范均有较大差距，无法得到经济合作与发展组织（OECD）国家的认可。由于标准偏低，我国同其他发达国家难以建立审评和检查的互认机制，我国药品的质量在国际上饱受质疑，影响了医药产品打开国际市场。

开展境外药品生产检查难度较大。很多发达国家为保证本国公众使用进口药品的安全性，对境外生产企业实行 GMP 检查。美国FDA 在全球 8 个国家或地区的 13 个地点设立了办公室，随时对境外生产企业进行检查。2011 年，美国 FDA 在华检查的制药企业数量接近 100 家。同年，我国首次派出 33 名药品 GMP 检查员，对美、日、韩、印、匈 5 个国家的 7 家药品生产企业进行了检查。我国开展境外检查存在很多挑战。一是人员严重缺乏。我国没有建立国际检查员培养机制，达到国际水平的检查员数量很少。二是检查收费制度尚未建立。按照国际惯例，GMP 检查的费用由检查对象支付。我国的 GMP 检查主要由财政支付，只象征性地收取少量费用，不能体现出检查的人工成本。三是境外检查没有体现对等开放的原则。境外机构到我国检查一般比较顺利。我国检查员出境检查往往遇到签证困难、在外停留期短等问题，一定程度上影响了检查工作的充分开展。

提高药品监管国际化水平

面对药品监管的新形势，必须转变传统的"关起门来搞监管"的思想，以更加开放的姿态，加强与发达国家和国际组织的合作，增强参与国际事务和海外监管的能力，尽快将监管制度、法规标准提高到国际先进水平。

第一，积极参与国际药品监管事务。将参与国际药品监管事务纳入我国经济外交战略的范畴，由药监、外交、商务部门相互配合，重点开展以下工作。一是抓紧加入尚未加入的国际组织，如 PIC/S。在已加入的组织中积极参与国际规则和标准的制定。二是积极申请国际医药组织将协调中心或合作中心设在我国，并由我方担任主要负责人，扩大我国在国际药品监管事务中的影响力。三是将药品国际化监管有关问题纳入中美战略对话、WHO 合作、OECD 论坛等议程，开展高层对话协商。四是向国外输送高素质雇员，在国际组织和发达国家药监机构中形成一支为我所用的队伍。

第二，全面推进国内监管标准与国际标准的衔接。我国药品监管应当覆盖全产业链，并将每一个监管环节的标准与国际标准接轨。

国际上药品 GLP、GCP、GMP、GSP 标准和医疗器械标准已非常成熟，并形成了定期更新的机制。我国不必对国家现有标准进行修订，应直接将国外标准转化为中国标准，并保持更新的一致性。

第三，以全球监管应对药品生产供应全球化。一是建立国际检查员队伍。设立专门的国际检查技术职称等级体系，建立相关资质管理、职业培训、薪酬管理制度，以良好的待遇和职业荣誉吸引全球优秀人才包括外籍人才担任检查员。二是在我国药品主要进口国设立检查派出机构。三是与发达国家建立联合检查和互认机制，加强信息共享。四是建立境外检查收费制度，生产检查相关费用要由境外企业支付。五是提高境外检查外交保障能力。由外交部门牵头，与主要检查对象国谈判，在检查员签证、停留期方面给予方便，以顺利开展国际检查。

食品工业化与去工业化孰更安全

从原始文明到游牧文明，再到农耕文明和工业文明，人们都在探索如何有效地保存食物。原始部落打来的猎物会与偶然经过的路人分享，这并不仅仅意味着他们生性豪爽，很大程度上是因为食物无法保存。游牧部落也有类似的情况。农耕文明时期，世界上各个民族都从本地的地理、气候条件出发，想方设法储藏食物。但是，除了马上吃掉，其他各种保存方式往往不够健康，譬如腌制、熏制，会积累致癌物。很多农村常见病的发生，都与饮食不健康、不卫生直接相关。

工业化社会以来，大量食品依靠工厂进行标准化、规模化生产，极大地提高了产量，口味也更符合消费者需要。食品工业的发展也使食品安全问题进入公众视野。20世纪初，美国作家厄普顿·辛克莱在一家屠宰厂潜伏了7个星期，写出了食品安全史上有重大影响的著作《屠场》。书中写道，"食品加工车间垃圾遍地，污水横流。腐烂了的猪肉、发霉变质的香肠经过硼砂和甘油处理后加上少量的鲜肉和着被毒死的老鼠一同铲进香肠搅拌机……"据说当时的美国总统西奥多·罗斯福边吃早点边看《屠场》，突然大叫一声："我中毒了！"紧接着把吃了一半的香肠统统扔出了窗外。

《屠场》没有阻止食品的工业化进程，而是催生了美国食品药品监督管理局（FDA）。创建初期，他们就把主要精力放在与大公司的

斗争上。经过多年探索，食品药品工业出现了与工业化生产相适应的
GMP（Good Manufacturing Practice，良好作业规范）、GAP（Good Ag-
ricultural Practice，良好农业规范）等生产标准。GMP 制定了食品全生
产链的操作规程，包括原料、人员、设施设备、生产过程、包装运输、
质量控制等环节。GAP 覆盖了从农场到餐桌整个食品链的所有步骤，
对果蔬的种植、采收、清洗、摆放、包装和运输过程作出规范，控制
微生物对食品的污染。很多国家将 GMP、GAP 作为食品工业的强制
标准。

对于我国这样一个发展中的大国而言，靠一家一户的作坊式生
产，无法满足所有人吃的需要，必须发展食品工业。从政府的角度
看，监管若干家大型食品企业与监管数十万家小商小贩，孰易孰难？
答案不言自明。但是，我国的食品安全监管部门，正把大量精力放在
同千家万户小商小贩的斗争上。保证我国的食品安全，不能靠所谓原
生态，而是要促进食品的工业化、集约化生产，提高产业的集中度，
想方设法让更多的小作坊转化为工业企业。这样，一方面便于监管，
另一方面有利于企业在竞争中优胜劣汰。

工业化是科学进步的产物，保障食品安全也必须富有科学精神。
美国 FDA 花大量的精力、金钱对食品安全进行研究。如，糖精是否
有害研究了 50 年，最终确认对人体无害。反观我国，不仅研究投入
不够，对具体个案的处理也未必尊重科学研究的结论。在查处瘦肉精
中，有关部门禁止了几乎所有能让猪变瘦的药物。瘦肉精有多种，克
伦特罗毒性较大，中外皆禁。而莱克多巴胺按规定使用对人体是无害
的，美国、加拿大、新西兰就允许使用。我国作为一个养猪大国，以
此提高畜产品品质似无不妥。因此，许多人并不担心执法部门的执法

能力和行政能力，而是担心执法和行政是否有足够的科学依据。

保障食品安全需要公平公正的法治精神。长期以来，食品安全有法不依、执法不严的现象十分突出。近一时期，国家加大了食品安全违法犯罪活动的打击力度，一些地方又出现了从严从重的倾向。食品安全执法，首先应当分清违法和犯罪的界限，犯罪活动应当追究刑责。也有很多违法行为并不构成对消费者的人身伤害，如标识不清、添加剂微量超标、添加内容与标识不符等，大部分应当责令规范，不能一概从严打击。对罪与非罪的判断，也要建立在具体损害的科学实验、统计数据的基础上，而不仅仅根据形势的一时需要进行审判。与其他刑事案件一样，在打击的宽与严上，食品安全案件也应当遵循现代刑法中罪刑法定、罪刑相适应、刑罚人道主义等基本原则。

保障食品安全需要合理界定政府的责任和权力。在处理食品安全事件中，政府往往从维稳需要出发，事事冲在一线。在处理三聚氰胺事件中，政府出资进行了部分赔偿，但仍有很多家属不接受，要求走司法渠道；圣元奶粉事件新闻发布会现场，大量记者质疑政府部门出具的检验结果。食品安全的第一责任人是企业而不是政府。赔偿责任首先应当由肇事企业承担，鉴定责任应当由独立第三方承担。政府的定位主要是规则制定者和应急事务的处理者。

我国正在从工业化走向后工业化时代，食品工业是工业化大潮中不可或缺的组成部分。向往原生态食品的人恐怕只能回到原始社会。那种情况下，食品固然很"安全"，但饥饱不均、人均寿命不长，得失之间尚须权衡。适应工业化进程的需要，食品安全的观念也要跟着转变，树立科学精神、法治精神，掌握现代公共管理的方法，显得尤为重要。

对外开放：从区域合作走向全球治理

我国参与全球经济治理从哪里突破？在各种治理机制中，哪些适合维护我国的利益？我们可以为国际社会贡献什么样的方案？

全球经济治理主要通过一系列的国际组织、国际法以及各种形式的多边活动实现。最初级的治理形式恐怕就是各种国际会议、论坛。再高级的表现为单个领域的组织和条约，如电信、关税协议，其中有区域性的，也有全球性的。更高级的是综合性的区域组织和条约，如东盟自由贸易区（FTA）；全球性的组织和条约，如世界贸易组织（WTO）。最高级的则是政治经济联盟，如欧盟。当然，这只是粗略的划分，按照国际组织和条约的约束力不同，也可以分出不同的层级。

我国的经济活动已经遍布世界，但参与全球治理还是一支新力量。主动发起的、有约束力的国际条约目前还没有。主动发起的国际组织已经实现零的突破，其中比较有约束力的是亚洲基础设施投资银行。

我国参与全球治理既需要学习、适应，也要为维护自身利益在规则制定上提出合理的意见。在参与的次序上，应当首先在亚洲特别是东亚的区域经济合作中成为主要力量，再谋求全球治理中的地位。

本篇收入了笔者较早提出的亚洲金融合作的构想，主要是以区域性金融治理合作为重点，增进亚洲货币合作，建立亚洲基础设施建设金融机构，发展亚洲债券市场，提高我国在区域金融合作中的影响力。

能源资源已经形成全球性市场，而不是区域性市场。本篇提出了构建全球能源集体安全体系、全球能源治理机制、全球能源资源市场稳定机制等方案，对于在开放体系中保障我国的能源安全进行了探索。

主动推进亚洲金融合作①

　　作为现代经济的核心和最为活跃的要素，金融走向全球化和区域合作是大势所趋。亚洲各经济体大都是国际金融体系中的边缘国家，同欧洲、北美等发达地区相比，现有的区域金融合作机制和区域金融机构不够完善，应对风险能力较弱。为了减少外部风险的冲击，亚洲国家应当加强合作，构建安全高效的金融体系和金融合作机制。

　　我国虽然已经是世界第二大经济体，但在国际金融体系中的影响有限。如果不能在区域金融合作中担当重要角色，想一步在全球金融体系中发挥重要作用，其可能性更微乎其微。因此，从区域大国走向世界大国是我国金融外向型发展的现实选择。

　　实现这一目标，需要中国学者对亚洲金融合作进行前瞻性的规划。可以大胆地设想，经过 10 年努力，我国可以成为一个区域性的金融大国。要知道，亚洲是一个经济发展水平、历史文化、宗教信仰、社会制度差异都比较大的地区，做到这一点并不容易。从现实需要与可能出发，我国可以从以下三方面促进亚洲金融合作。

---

① 本文完成于 2013 年 5 月。

增进亚洲货币合作

1997 年亚洲金融危机后，日本曾提议建立亚洲货币基金（Asian Monetary Fund, AMF），向遭受危机的国家提供援助。但是，国际货币基金组织（IMF）和美国公开强烈反对这一提议。官方理由是，其功能与 IMF 高度重合、贷款条件过于宽松。也有观点认为，反对的实质是美国和 IMF 不希望自身地位受到任何挑战。

尽管如此，亚洲国家开展货币合作的努力并未停止。2000 年 5 月，在泰国清迈召开的东盟和中日韩"10+3"财长会上，各方通过了清迈倡议，同意建立双边货币互换协议网络，以便在一国发生外汇流动性短缺或出现国际收支问题时，其他成员国提供应急外汇资金，稳定地区金融市场。2003 年 10 月，在第七次"10+3"领导人会议上，我国领导人首次提出将清迈倡议多边化（CMIM）。2007 年 5 月，"10+3"财长会上各方一致同意通过建立自我管理的外汇储备库实现清迈倡议多边化。

目前，清迈倡议及其多边化已成为亚洲区域货币合作的主要形式。但是，清迈倡议及其多边化尚未做实运行机构，储备库资金没有实际汇集。迄今为止，这一合作机制没有应对危机的经验。2008 年国际金融危机给亚洲国家再次敲响了警钟，进一步完善亚洲货币合作机制已十分迫切。

现在看来，亚洲货币合作一步走到"亚元"或建立类似 IMF 的亚洲货币基金，条件还不成熟。亚洲各国应在清迈倡议及其多边化的基础上向前再迈一步，建立实体化的区域性防火墙和相应的政策监督与对话机制，做到"独立、专业、机制透明、服务亚洲"。条件成熟时，在"10+3"的基础上扩大成员国范围。亚洲各国政府应更多签署双边本币互换协议和一般贸易本币结算协定，鼓励金融机构为本币结算提供便利和服务。在这一进程中，我国应积极主动参与规则制定，并努力通过各种方式选拔输送人才。

建立亚洲基础设施建设金融机构

我国和很多国家的经验证明，发展经济基础设施要先行。目前，亚洲很多国家正处在工业化、城市化的起步或加速阶段，同我国改革开放初期一样，面临建设资金短缺、技术和经验缺乏的困境。根据世行预测，2010—2020年，亚洲需要新增约8万亿美元的投资，基础设施才能达到世界一般水平。

我国在基础设施建设上具有较强的实力和经验，具备"走出去"的条件。建立亚洲基础设施发展基金或基础设施建设银行，由各国政府、企业、金融机构和投资机构等多方出资，我国可以占较大比重。重点投向电力、公路、港口、机场、电信等领域。这是实施难度较小、具有较强可行性的亚洲金融合作模式。

积极发展亚洲债券市场

不健全的金融体系是1997年亚洲金融危机爆发的重要原因。危机国普遍缺少发达的资本市场，企业外部融资也以银行借贷为主，从而使金融风险集中在银行体系。发展亚洲债券市场，可以优化亚洲金融体系及结构，纠正过于依赖银行融资的制度缺陷。

　　亚洲金融危机后，亚洲债券市场在规模方面实现了快速扩容。从市场余额看，亚洲债券市场余额 1998—2012 年底增长了近 20 倍。但是，亚洲各经济体的债券存量占 GDP 的比重依然偏低，而且发展程度相差较大；债券主要集中在中短期，品种创新步伐较慢，债券类衍生工具依然缺乏；亚洲各国在会计方法、披露准则、清算系统、评级机构以及交易相关法规方面缺乏一致的标准。

　　为此，亚洲各国家应扩大资本市场的开放度，加强债务工具的应用和创新，完善跨境债券交易和清算机制，加强包括债券市场在内的金融监管合作。亚洲地区还应当建立自己的评级机构和投资担保机构。同时，我国应逐步开放资本项目。这样才能从区域债券市场发展和合作中受益更多。

亚洲需要建立区域金融危机防火墙^①

最近，受美国退出量化宽松货币政策预期的影响，很多亚洲国家股市下跌、货币贬值、资产价格下降。为了不再重演亚洲金融危机的悲剧，亚洲国家需要合力应对。我国作为本地区最大的经济体，应当在防范区域金融风险中承担起更大的责任。这也有助于提高人民币的国际影响力。在东盟峰会等国际场合，我国领导人可适时提出进一步增进亚洲货币合作的倡议。在做实清迈倡议的基础上，建立"独立、专业、机制透明、服务亚洲"的亚洲货币合作机制，使之成为实体化的区域性防火墙和政策监督与对话机构，并在条件成熟时扩大成员国范围。

亚洲货币合作的基本情况

日本曾于 1997 年提出建立亚洲货币基金（AMF）的倡议。基本构想是建立一个由中、日、韩和东盟国家参加的组织，筹集 1000 亿美元的资金，向遭受危机的国家提供援助。其直接背景是，亚洲金融危机爆发，国际货币基金组织（IMF）的救援资金有限，泰国不得不直接向日本求援，最终日本以双边援助的方式出资参与 IMF 对泰国

---

① 本文完成于 2013 年 8 月。

的救援，而美国则袖手旁观。日本提出这一建议，既有克服 IMF 资源有限、救援效率不高、贷款条件苛刻的考虑，也有增强日本的区域影响力和领导力的意图。

但是，IMF 和美国公开强烈反对日本建立 AMF 的提议。一般认为，这是 IMF 和美国不希望自身地位受到挑战。出于对日本可能增加地区影响力的担心，我国和韩国没有支持 AMF 的提议。一些东盟国家出于担心和美国关系恶化，也没有支持日本的提议。因此，AMF 的提议很快搁浅。

2000 年 5 月，在泰国清迈东盟和中日韩"10+3"财长会上，各方通过了清迈倡议，同意建立双边货币互换协议网络。在一国发生外汇流动性短缺或出现国际收支问题时，其他成员国提供应急外汇资金，稳定地区金融市场。清迈倡议明确提出了资金动用与 IMF 贷款挂钩，脱钩比例仅为 10%。

2003 年 10 月，时任国务院总理温家宝在第七次"10+3"领导人会议上首次提出将清迈倡议多边化（CMIM）。2007 年 5 月，"10+3"财长会上各方一致同意通过建立自我管理的外汇储备库实现清迈倡议多边化。目前，中国（含香港）、日本、韩国和东盟出资分别为 768 亿美元、768 亿美元、384 亿美元及 480 亿美元，占储备库总规模的比例分别为 32%、32%、16% 及 20%。

为加强区域监督能力，2010 年 5 月，"10+3"塔什干财长会就建立"10+3"宏观经济研究办公室（AMRO）达成共识。2011 年 5 月，AMRO 在新加坡成立。AMRO 目前已经与成员国进行磋商，并撰写监督报告。

以清迈倡议及其多边化为代表的亚洲货币合作目前存在以下问

题：一是亚洲政治格局复杂，政治意愿不足导致亚洲货币合作缺少明确的长期目标且进展缓慢。二是尚未真正做实机构和资金，运作缺少常设机构和专业人才。三是危机预防和应对机制尚未完全细化，缺乏实际操作经验。四是区域政策对话和经济监督机制较弱，AMRO监督能力建设亟待加强。五是货币合作未能实现完全独立化，虽然脱钩比例正在提高，但在应对大型危机时仍须依赖 IMF 的参与。同时，储备库仍然使用美元等主流储备货币，区域货币使用不足。六是"10+3"框架是否是亚洲货币合作的最好载体存在争议。

增强亚洲货币合作对亚洲和我国的意义

增强亚洲货币合作对亚洲有以下意义：一是维护地区金融稳定。增强亚洲货币合作，可以有效整合亚洲国家的外汇储备，降低单个国家的金融风险，维护区域金融稳定。二是防范金融危机冲击和危机扩散。如果再次出现亚洲金融危机或全球性危机，区域货币合作可以很好地用来防范危机冲击和扩散。三是增加现有外汇储备用途，减少单个国家过度依赖储备积累的压力。亚洲货币合作对于储备盈余国而言，是实现储备多元化管理的一种方式；对储备不足的国家而言，是对外汇储备的有益补充，减少积累储备的压力。四是有利于促进现有国际货币体系改革。增强亚洲货币合作可以增加对美元主导的国际货币体系的制衡，摆脱对美元的过度依赖，有利于国际货币体系的改革。五是如果成员国增加，更有利于经济金融风险分担。成员国增加，成员国间的经济互补性和异质性增强，出资国也增加，可将风险分散在更多国家。

增强亚洲货币合作对我国的意义包括：一是有利于维护与我国经贸、金融关系密切的亚洲国家的经济金融稳定。亚洲国家的稳定对我国经济平稳较快增长意义重大，区域性防火墙的建立有利于保证区域的稳定，符合我国的根本利益。二是可为我国帮助周边国家解决问题提供一种多边机制。我国作为地区大国，无论是出于经济、政治还是其他考虑，未来都可能需要对本地区遭遇困难或危机的国家提供援助。区域性防火墙为我国援助周边国家提供了一种多边机制，可以作为双边机制的有效补充。三是有利于人民币走出去和提升人民币国际地位。促进区域货币使用和减少对美元的依赖是亚洲货币合作的有机组成部分和自然结果，人民币作为本地区的主要货币之一将在此过程中受益。四是为金融合作突破"10+3"框架提供机遇。发展亚洲货币合作的一个方向是在"10+3"框架的基础上扩大成员国范围，突破"10+3"框架可能存在的局限，特别是可以淡化东盟的角色。五是可对其他国家主导的区域合作模式进行制衡。当前，亚太地区的区域经济金融合作框架很多，包括亚太经济合作组织（APEC）、跨太平洋伙伴关系协定（TPP）和亚太峰会等，但这些合作框架多为其他国家所主导。加强实质性的亚洲货币合作，有利于增强我国对地区合作进程的影响力，并对其他合作方式进行制衡。六是有利于淡化地区政治安全等方面的矛盾。在区域政治环境不佳的背景下，增进亚洲货币合作可缓和周边的紧张环境，增进区域集体安全与和平发展。

增强亚洲货币合作的设想和框架设计

亚洲货币合作的目标是，在清迈倡议多边化和 AMRO 的基础上，以"多元、务实、灵活、高效"的原则，进一步推进亚洲货币合作，建立一个"独立、专业、机制透明、服务亚洲"的亚洲货币合作组织①。该组织为实体化的亚洲区域性防火墙和政策监督与对话机构，成员国当前只包括"10+3"国家，在条件成熟后可考虑逐步扩展到南亚、中亚、东北亚和西南太平洋国家。

（一）基本原则

建立一个"独立、专业、机制透明、服务亚洲"的机构。为吸取IMF的教训，并保证亚洲货币合作的合法性和有效性，应努力避免该机构表现为被某一国家、机构或组织主导。为消除本地区其他国家的疑虑，我国不必刻意谋求主导该机构，可通过建立透明的机制和利用我国长期的成长性，保证对该机构越来越强的影响力。由于我国是亚洲第一大经济体，只要该机构能够独立地服务亚洲，就符合我国的根本利益。

定位于区域性防火墙。该机构作为区域性防火墙，与IMF是互补关系而不是替代关系。机构的决策和运作独立于IMF，但可与IMF建立正式磋商和合作机制，协调政策对话、区域监督、危机救助和技术支持，在必要时联合或协助IMF对区域性危机进行预防和救助。

不直接挑战美国和美元，强调互补与共赢。直接挑战美国和美元既不现实亦无必要，还会增加亚洲货币合作的政治阻力。不排除美国以合适方式参与亚洲货币合作的可能性。

---

① 如可以使用"亚洲货币基金"或"亚洲稳定（和发展）机制"、"亚洲稳定（和发展）基金"、"亚洲区域货币基金"等名称。

尊重日本有发言权和影响力方面的合理要求。增进亚洲货币合作必须得到日本的支持。应承认日本对亚洲货币合作的原创性贡献，尊重日本在发言权和影响力方面的合理要求，接受日本对亚洲货币合作的合理思路、想法和诉求。

消除东盟疑虑，保证对东盟的吸引力。可保证东盟有限但有实质意义的发言权和影响力，打消东盟对"中国谋求过度影响力"的担心。贷款条件设计应简单、灵活，保证对东盟国家的吸引力。

（二）具体设想

机构及成员国范围。在 AMRO 的基础上建立实体机构，机构规模应保持小而精干。制定成员国的适当规则，条件成熟后逐步淡化"10+3"国家的格局，突出覆盖亚洲的特点。短期可优先将与我国关系友好、对我国资金存在潜在需求的国家和地区纳入。中远期可择机逐步吸收南亚、中亚、东北亚和西南太平洋国家和地区加入。

资金来源及区域货币使用。机构资金应做实，实现机构自身运行的资金有稳定来源，保证危机救援和预防的资金充足和操作机制灵活。在制度上鼓励和适当保证区域货币的使用，但不排斥使用现有主要储备货币。比如，可考虑使用特别提款权和主要区域货币作为计价单位。

基本职能。该机构的基本职能，一是政策监督和对话。建立与成员国正式的双边和多边监督和对话机制，监督和对话的结果应成为危机救援或预防的重要依据和区域政策协调的基础，监督框架和范围应在成员国内获得广泛支持。二是在危机救援和预防上，可在现有清迈倡议多边化的基础上细化危机认定的标准、救援或预防资金发放的程序、条件和审查标准。救援和预防机制应保持灵活，除直接贷款外，还可包括担保、市场干预等多种模式。危机预防和救援不排除和 IMF 及其他多边双边机制合作。三是帮助成员国的发展和改革。可对需要进行结构转型或系统性改革的国家提供长期资金支持，保证转型和改革过程中的宏观稳定。避免对具体项目贷款进行微观干预，与世行、亚行及拟议中的亚洲发展基金为互补关系。

（三）各方可能的态度

IMF。IMF 对区域金融安排的态度已发生重大转变，由亚洲金融危机时的极力反对转变为近年来一再强调要加强与区域金融安排的合作。IMF 出于地区平衡和修复与亚洲关系的考虑也很难再次反对亚洲货币合作；如果保证亚洲货币合作是对 IMF 的补充而不是替代，IMF 应会支持并有动力积极参与技术层面的工作。

美国。美国缺少冠冕堂皇的理由反对加强亚洲货币合作，在其支持欧洲增强防火墙的背景下，公开反对增强亚洲货币合作的可能性较小。但是，美国很可能视亚洲货币合作为我国增强本地区话语权的举措，并构成对美元及美国在亚洲地区利益的挑战，可能会通过双边场合私下阻碍亚洲货币合作的顺利和较快发展。

日本。亚洲稳定对日本意义重大，亚洲货币基金的倡议最初来自日本，日本从未真正放弃过加强亚洲货币合作的想法，但会担心其在亚洲货币合作中的地位和与我国的关系，很难支持一个可能被我国主导的亚洲货币合作。

韩国。韩国由于开放程度较高，金融体系存在一定脆弱性，对区域性防火墙有潜在需求，在发展亚洲债券市场等区域合作中表现出较高的积极性，但不希望看到亚洲货币合作被中国或日本任何一方所主导。

东盟。一些东盟国家对增强地区防火墙有潜在需求，但对我国存在疑虑，很难接受一个可能被我国控制或主导的亚洲货币合作模式。

综合看，推动亚洲货币合作存在不少困难，但合作存在客观需求，对我国和亚洲其他国家均有重大意义，应积极推动。各国政治意愿有限的一个可能原因是担心亚洲货币合作被某个或某些国家主导，对我国存在疑虑。因此，如需推动亚洲货币合作，打消各国疑虑至关重要。

建立亚洲区域金融危机防火墙的步骤

结合建立亚洲货币合作组织的目标、基本原则和具体设想，并充分考虑各方态度和实施过程中的困难，提出以下思路。

第一，做实清迈倡议。做实清迈倡议包括机构、机制、资金和人员建设4个方面。可考虑先增强AMRO机构实力，充实专业人员，保证运营经费，进行机制建设。然后逐步落实防火墙资金，并试验小额贷款或参与IMF贷款，以获得操作经验。

第二，时机成熟时扩大成员国范围。在机构、机制、资金和人员基本做实后，可考虑吸纳有意愿加入的国家成为新成员，突破目前的"10+3"框架。新成员可考虑包括南亚、中亚、东北亚和西南太平洋的国家和地区。与我国利益密切、对我国资金有潜在需求和立场与我国相近的国家和地区，可着重推动加入。

第三，鼓励区域货币使用。推动亚洲国家在货币合作中形成共识，更多使用本区域货币，减少对美元依赖。在注资和资金使用过程中可逐步增加区域货币的比例。可使用主要区域货币计值计价。人民币使用可按照我国的出资比例或实际需求自然增长。

第四，进行国内配套改革确保我国影响力持续扩大。亚洲区域合作的成效在一定程度上取决于我国金融市场的发展。当前，应加快金融市场改革的步伐，以增强我国对亚洲金融和货币合作的影响。

第五，理性看待并加强中日合作。中日的协调和默契对于推动区域和全球层面的金融合作具有重要意义。虽然日本的设想以维护自身利益为目的，但不乏对亚洲的整体考虑。应把握中日共同利益，不应防范过度而错失合作共赢机会。

构建能源集体安全体系①

　　世界能源价格总是呈现出一条不规则的锯齿形曲线。对此，人们似乎早已习以为常。虽然人类现代文明离不开石油、天然气，但也不能因此就放纵它们的坏脾气，影响正常的经济生活。20世纪70年代以来，每次经济危机都是在石油价格涨到峰值以后发生的。油价一定程度上成为危机的重要推手。无论从全球经济稳定，还是从一国的经济安全而言，这都是难以容忍的。

　　石油、天然气与一般生活消费品不同，价格弹性较小，需求刚性很大。很多人认为是资源不足造成了价格波动。事实上，石油储量、生产量几十年来一直在增加，在实物量上可以满足全球经济社会发展需要。过度金融化、投机活动增加、政治因素是造成石油价格大幅波动的深层次原因。

　　目前，亚洲正成为石油、天然气需求增长最快的地区。亚洲发展中国家数量众多，很多国家正处在工业化、城市化阶段。从能源发展与经济发展的关系看，一般发达国家都经历了能源优质化的过程，也就是从薪柴时代到煤炭时代，再到油气时代。亚洲这些发展中国家很多都处在煤炭时代，如中国和印度，煤炭消费占能源消费结构的主

---

① 本文完成于 2011 年 7 月。

328

要部分。这些年来，中国、印度煤炭占能源消费的比重有所下降，石油、天然气的比重在上升。能源优质化的规律在亚洲同样适用。未来，亚洲对石油的需求量还会大幅度增长，在国际能源格局中的地位也会不断上升。

油气价格的高位波动对亚洲国家的影响要远远大于欧美国家。发达国家在工业化时，世界油气价格总体较低。目前，它们进入后工业化时代，对能源的需求增速下降。亚洲发展中国家开始工业化的时候，世界却进入了高油价时代。油气价格的高位波动威胁到亚洲每一个能源消费国的经济安全。亚洲还有一个特点是，既有能源生产国，也有能源消费国，二者的利益是绑在一起的，当能源危机来临时都会受损。

如何保持能源体系的稳定？很多区域合作机制都讨论过这个问题。如，中亚五国、中日韩、"10+3"、中国—东盟、亚太经济合作组织（APEC），还有一些双边对话。遗憾的是，这些讨论没有形成什么有约束力的成果。这个问题放在 20 世纪 70 年代，或者在整个冷战时期是没有办法解决的，但在全球化条件下，情况有很大不同。二十国集团（G20）、世界贸易组织（WTO）、应对全球气候变化谈判等很多合作机制的形成表明，当国际社会遇到共同问题时，可以通过建立共同的规则加以解决。

面对复杂多变的世界能源形势，如果由每个国家独自应对，其力量是弱小的。目前，全球经济治理主要限于贸易和金融，对能源缺少有广泛代表性的合作机制。为了稳定能源价格，照顾到大多数发展中国家工业化的需要，有必要建立一个包括能源生产者和消费者在内的集体安全体系。在这个体系框架下，主要能源生产国与消费国共同讨论能源政策、市场建设、定价机制、运输通道安全等重大问题，并形成有约束力的机制和共同行动的步骤，从而稳定石油、天然气价格。由于新兴市场国家和一些发展中国家是后危机时代世界经济增长的重要引擎，能源价格的稳定也有利于世界经济的稳定发展。

应对全球能源治理变局

我国是能源消费与油气进口大国，在开放条件下保障能源安全，是维护国家安全利益的重要方面。随着北美页岩气革命和美国能源独立，全球油气呈现出多点供应、供大于求和价格长期走低的局面。与之相伴，能源安全形势和全球治理格局也发生了新变化。

既有安全风险下降，新安全风险上升

长期以来，我国和很多能源消费大国主要关注 3 个方面的能源安全。

一是供给安全。20 世纪两次石油危机，造成世界经济衰退。此后，国际社会和主要石油进口国建立了应对机制，油价波动再也没有引发全球性危机。近年仍有个别国家使用能源武器，但只在短期内产生一定影响。当前，全球油气储采比大幅上升，能源多元化取得重大进展，想靠中断油气供应威胁一国或世界，既不符合国际道义，也不具有现实可行性。

二是价格安全。国际金融危机以来，全球油气产能过剩。石油与美元互为避险工具，随着美国经济复苏、美元走强，在后危机时代，国际游资购买石油避险的需求减少，油价将长期保持低位，价格安全问题不再突出。

三是运输安全。国内很多学者认为马六甲海峡存在被封锁的风险，战时我国会陷入缺油少气的局面。事实上，即使冷战时期，马六甲海峡运输也没有中断过。当今世界，和平与发展是主题，有核武器的大国不太可能发生大规模军事冲突，通道安全风险比冷战时期小得多。

面对新的能源供需格局，上述三方面的安全风险虽仍然存在，但引发全球能源危机或经济危机的可能性基本可以排除，能源既有安全风险不再成为全球能源治理最重要、最紧迫的议题。与此同时，能源领域各种新安全风险逐渐上升。

一是非传统安全风险。如 ISIS 占领叙利亚、伊拉克地区大量能源设施，索马里海盗对印度洋航线的威胁，缅甸到云南的油气管线通过多个武装割据势力，等等。

二是能源投资的政治法律风险。资源国往往会因能源民族主义干扰项目推进。投资过程中面临政策变化、合同纠纷、环保、人权乃至政府更迭等风险。

三是投资目的地国腐败风险。资源国往往会有不少潜规则，如利益输送、政策不透明等，投资风险较大。外资投资公司涉嫌腐败还可能被本国政府追究责任。

四是化石能源消费面临环境约束。在全球应对气候变化谈判中，国际社会要求排放大国减少化石能源使用、降低温室气体排放的呼声一直未停，抑制全球化石能源消费的压力仍然很大。

传统治理机制式微，新机制呼之欲出

全球能源治理机制由多个国际组织构成。国际能源署（IEA）和石油输出国组织（OPEC）分别代表石油消费国和供给国的利益；国际能源论坛（IEF）是石油生产国与消费国共同参加的组织；能源宪章条约（ECT）具有较强的法律约束性。二十国集团（G20）、世界贸易组织（WTO）等以全球经济治理为主要目的国际组织也涉及能源治理问题，但影响力有限。

现有全球能源治理的局限性表现在，没有形成类似联合国、世界贸易组织（WTO）、国际贸币基金组织（IMF）这样的全球性治理机构，尚未完成从"局部"治理向"全球"治理的跨越。传统治理手段有效性进一步弱化，无论是OPEC限产保价，还是IEA释放产能，其频率越来越低，作用越来越小。除ECT外，现有能源治理机制普遍缺乏法律约束力，执行力明显不足。

为改变影响力下降的趋势，各能源国际组织加大了改革力度。主要是采取灵活多样方式，甚至牺牲行动的一致性扩大成员国范围。不断扩大治理领域，如IEA除传统原油安全外，逐渐关注电力、清洁能源、技术进步、气候变化、碳捕获与储存等领域。尽管如此，治理内容空泛、约束性不强、对现实问题缺乏解决方案等根本性问题尚未得到解决。

我国积极参与全球能源治理

从我国实际出发，参与全球能源治理的主要目的是，满足供给充足、价格平稳偏低、自由贸易、投资安全的需求。为此，需要构建从供应国经通道国到消费国的全供应链能源安全体系，形成具有一定法律约束力的新治理机制。当前，可以考虑推动建立"三位一体"的能源治理体系。

第一层面：全球性治理机制。负责油气价格体系调整、应对气候变化、能源反腐败等全球性议题，主要在 G20 框架下完成。

第二层面：区域性能源治理机制。通过双边和多边能源合作，确保油气稳定供应。现阶段，已提出构建"一带一路"框架下能源治理机制的倡议，组织沿线国家举行国际会议和论坛，力争使之常态化，条件成熟后推动论坛向机制化方向转变。

第三层面：专业性能源治理机制。重点解决投资安全问题，主要通过参与 ECT 实现。ECT 特点是，低投资准入门槛、高投资保护标准。作为对外能源投资较多的国家，这些规定对我国十分有利，有必要尽快就签署 ECT 与其秘书处展开磋商与谈判。

世界上大部分国家不能完全靠本国能源满足发展需求。在全球化时代，优质能源全球配置，参与才能分享，治理才能公平，我国不能置身事外。

建立国际大宗能源资源市场稳定机制[①]

　　能源资源[②]价格波动，是造成和加剧全球经济波动的重要原因。尽管地球现有的能源资源储量和开采能力可以满足世界经济中长期发展需要，但受到货币体系、过度投机、垄断经营、地缘政治等因素影响，其价格很大程度上脱离了实际供求关系，经常出现大幅波动。保持能源资源市场稳定，符合新兴经济体、发达国家和能源资源输出国的共同利益，有利于消除经济危机的隐患。在全球经济治理改革中，应当建立国际大宗能源资源市场稳定机制（Global Mechanism for Stabilizing Energy and Resources Market, GMSERM）[③]，并将其纳入二十国集团（G20）讨论范围。其目标是，制定公正、合理、有约束力的国际规则，形成大宗能源资源市场的预测预警、价格协调、金融监督、安全应急等多边协调机制，使全球能源资源市场更加安全、稳定、可持续。我国可以按照双边与多边相结合的原则，积极与 G20 国家磋商，适时向国际社会正式提出建立这一机制的倡

---

　　① 本文完成于 2011 年 2 月。

　　② 本文所讨论的能源资源是指大宗能源和矿产资源，包括石油、天然气、煤炭等化石能源，以及铁矿石、有色金属等矿产资源。

　　③ 或 Stabilizing Mechanism for Energy and Resources of Global, SMERG，或全球能源资源治理机制（The World Energy and Resources Governance, WERG）。

议，并积极推动其付诸实施。

国际能源资源基本格局

石油、天然气、煤炭等化石能源，以及铁矿石、有色金属等大宗矿产资源，是人类社会发展的重要物质基础。从全球范围看，能源资源总体储量比较丰富。按现有速度，原油、天然气、铁矿石可以再开采 46.2 年、58.6 年、75 年，而煤炭、铝土矿的保障能力超过 100 年。[①] 未来非常规油气资源，如重油、油砂、页岩气、页岩油以及天然气水合物等，开发利用潜力也很大。总体上看，现有能源资源储量可以满足世界经济中长期发展需要。尽管将来能源资源消耗总量会持续上升，但单位产出能源资源消耗正不断下降。从能源消耗看，1990—2010 年，全球能源消费增长了 41%，而 GDP 增长了 96%。[②] 从矿产资源消耗看，随着科学技术水平的提高和产业结构的升级，单位 GDP 的矿产资源消费总体呈现缓慢增长甚至下降趋势。

在世界范围内，能源资源分布不均衡，生产和消费集中度较高，这决定了世界上没有一个国家可以完全依靠本国资源满足发展需求，客观上需要对能源资源进行全球配置。与此同时，由于种种原因导致价格偏离市场供求关系，呈现出剧烈波动。以石油和铁矿

---

① 原油、天然气和煤炭相关数据来自《BP 世界能源统计年鉴 2011》；铁矿石和铝土矿相关数据来自美国地质勘探局（US Geology Survey）各年的矿物摘要（Minerals Commodity Summary 2011）。

② See International Monetary Fund，*World Economic Outlook 2010*.

石为例，2006—2010 年，全球石油需求量最大浮动为 2.3%，而同期原油价格最大浮动为 247%。全球铁矿石需求量最大浮动为 15%，而同期我国铁矿石到岸价最大浮动为 160%。[①] 能源资源价格暴涨暴跌，对世界经济波动推波助澜。当全球经济处于扩张期时，能源资源贸易量价齐升，增大通胀和过热风险；当全球经济处于收缩期时，能源资源价格下跌，加剧经济增速放缓甚至出现负增长。如，20 世纪 70 年代以来，每次全球经济衰退，都发生在油价涨到峰值之后。这次国际金融危机中，能源资源价格高位急跌，企业加快去库存，与实体经济衰退相互作用加重了危机。在经济复苏时期，能源资源价格大幅上涨，增加企业成本，推升通货膨胀，阻碍经济复苏。为了避免能源资源大幅波动对世界经济的影响，迫切需要建立全球能源资源市场治理机制。

国际能源资源市场存在的主要问题

当前，世界上大多数大宗商品交易都是以某些主导国际的期货市场价格决定的，即商品现货价格主要参考权威期货市场价格。铁矿石仍然以供需双方的直接谈判定价为主，但谈判的周期越来越短。虽然大宗商品交易规模、范围在不断扩大，但地缘政治、投机炒作等非供求因素影响突出，致使价格剧烈波动，商品金融属性更趋明显，寡头垄断市场既已成形，政府干预的程度广泛深入。

---

① 石油数据来自 BP 网站；铁矿石数据来自国际钢铁协会网站。

（一）国际能源资源市场过度金融化

国际金融危机爆发前，以投机为目的的国际金融资本得到了快速发展，大量金融衍生产品被创造出来推向市场。金融衍生产品交易具有自我膨胀特质，泛滥就会导致过度金融化，助长投机氛围。在商品市场，围绕能源资源创造了大量的期货、掉期、期权等金融衍生产品，相关衍生品交易量大幅度超过了实物的产量。在衍生品市场中，致力于获取超额价差收益的各类金融机构已取代了套期保值的商品买家和卖家，成为市场的主导力量。当前，商品市场的金融化趋势已经改变了商品价格的形成机制，石油、天然气、铜等商品已具有很强的金融属性。据国际清算银行（BIS）的统计，2005 年在交易所的石油和铜的期货、期权合约规模分别相当于其全球产量的 3.9 倍和 36.1 倍。商品市场过度金融化是造成近几年国际能源资源价格发生大幅波动的重要因素，不仅严重威胁国家和地区经济安全，而且易引发全球性的能源资源危机。

（二）国际能源资源被高度垄断

当前，全球能源资源生产相对集中，产业集中度较高。少数国家和企业控制了一些重要能源资源的探明储量和供给数量，进而掌握了市场价格的主导权。全球石油、天然气储量已基本被分割完毕，石油输出国组织（OPEC）通过协同限制油气产量，维持其卖方垄断地位以获取超额收益。除了产业资本外，华尔街金融资本也渗透其中，间接控制了全球石油和天然气的贸易规模，并利用金融衍生品操纵现货价格，从中攫取交易价差收益。全球 70% 铁矿石资源的贸易量均被三大矿商所控制，致使铁矿石价格连年上涨，让众多钢铁企业买家苦不堪言。可见，个别国家或者企业形成卡特尔联盟，容易滥用市场支配地位，哄抬能源资源价格，不仅损害公平竞争，限制其他企业进入，使市场机制失灵，而且严重损害消费者权益和社会公共福利，阻碍经济发展。

（三）国际能源资源问题日趋政治化

当前，能源资源消费大国为保障本国供给，越来越多地采取政治、外交甚至军事手段，寻求建立海外能源资源的长期、稳定、安全、经济的供应体系。如，美国能源资源外交重点是维持一个以其为主导的多元化的全球供应格局；而中国、印度等新兴经济体也展开全面资源外交，保障国内经济发展的能源资源需要。为实现能源资源安全保障，某些能源资源消费大国频频介入一些能源资源集中地区，加剧了这些地区的政治动荡和民族冲突。达尔富尔、利比亚地区的政治骚乱背后都与国外政治势力有着千丝万缕的联系，而国外势力的意图往往在于获取能源资源收益。资源供应国则以资源为"武器"，谋求国际政治地位提高，并获取更大的经济利益，如不断提高市场准入门槛，正常的贸易、投资、并购活动往往受到政治上的限制和干扰。一些国家通过调整矿产资源法或矿业法，实施能源资源贸易保护政策，限制外资的过度介入，以保护本国企业利益或维护国家资源主权，如秘鲁、俄罗斯、委内瑞拉、蒙古国和智利等国家都强化了相应措施，保护或控制本国的优势矿产资源。俄罗斯把油气作为大国外交的重要筹码，动辄实施"断气停供"；加拿大为了充分发挥资源优势建立世界矿业金融中心，试图从金融和信息方面控制国际矿业活动，加强优势矿产在国际市场上的垄断地位；澳大利亚开征碳税，大型矿产资源企业经营受到影响，一定程度打乱了其他国家在澳投资计划。

（四）能源资源国际通道安全令人堪忧

在能源资源的勘探开发、装运、炼化等全过程中，任何一个节点的断裂都会造成产业全链条的瘫痪。对于能源资源消费国而言，海外获取重要的能源资源，保证运输通道安全至关重要。无论是通过贸易投资手段还是其他方式，将能源资源从供应国运到过境国，最终转运到消费国，都需要防止其途经的陆路、海运及管道等运输路线中断。历史证明，过境运输出现的问题往往与政治原因有关。一些石油运输通道地区民族冲突严重、犯罪活动猖獗，严重威胁石油海上运输的安全。即便是相对安全的陆路和管道运输也经常面临地区军事冲突、地震天灾等不可抗拒因素导致的中断风险。当前，从供应国到消费国的运输通道还比较单一，时常还可能会受到过境国垄断经营的风险，极大增加了运输环节的成本，抬高了进口资源的价格，严重威胁国际经济安全。

建立国际大宗能源资源市场稳定机制的重要意义

大宗能源资源市场剧烈波动，不仅影响新兴市场国家利益，而且损害发达国家人民福祉，威胁到全球经济与政治稳定。保持全球能源资源市场稳定，无论对于生产国还是消费国，对于一国还是世界，都具有积极意义。

（一）有利于创造和平的国际政治环境

能源资源问题对国际政治历来具有举足轻重的影响。历史上的局部冲突和战争往往是对能源资源争夺的结果，甚至一些人道主义灾难、种族仇杀事件，表面上看是由意识形态、文化差异造成的，其本质也往往与能源资源背后的经济利益有关。21 世纪以来，随着新兴经济体对能源资源需求的大量增加，未来能源资源市场中的政治博弈、利益冲突将使市场竞争更富有政治色彩。能源资源还与各种非传统安全因素紧密交织在一起。恐怖主义、宗教极端主义、跨国犯罪、环境生态等非传统安全威胁因素都与能源资源因素密切联系。缺乏稳定的能源资源市场，一国往往会诉诸政治、军事等方式以保障能源安全。这可能埋下区域冲突和政局动荡的隐患。建立稳定的国际能源资源市场，保障各国通过市场手段，公平、稳定、可预期地获取能源资源，维护各方合理的经济利益，有利于解除由于能源资源政治化带来的安全隐患，创造一个和平的国际政治环境。

（二）有利于维护世界经济安全和国际金融市场稳定

能源资源价格急剧变动会加剧经济周期波动。在经济下行时期，能源资源价格急剧下跌，会加深经济衰退程度。在经济复苏时期，能源资源价格大幅上涨，会推升通胀，延缓经济复苏。20 世纪 70 年代以来，历次世界经济衰退都发生在原油价格上涨到峰值后（见图10）。① 本轮国际金融危机中，能源资源价格高位急跌与经济衰退相

---

① 参见田中伸男：《亚洲在全球能源需求方面发挥着决定性作用》。第二次全球智库峰会能源安全和核能论坛，中国国际经济交流中心主办，2011 年 6 月 26 日。

互强化，加剧了经济的不稳定性。2010 年以来，国际原油价格又一次大幅上涨，一度达到每桶 110 美元以上，推高了全球通胀水平，特别是新兴经济体通胀明显上升不得不采取连续加息、升值、控制信贷等政策，在抑制通胀的同时，影响了经济增长。

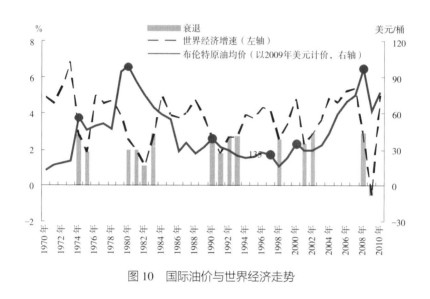

图 10　国际油价与世界经济走势

数据来源：国际货币基金组织（International Monetary Fund，IMF）统计数据库。

能源资源价格急剧波动会影响国际金融市场稳定。随着金融化程度不断提升，投机交易对能源资源价格的影响日益明显。1995—2011 年 7 月，美国纽约商品交易所原油期货期权交易中，以投机为目的的非商业交易者持仓比例从 10%—20%上升到 45%—50%。① 大量逐利资金的流入流出将各个市场统一为联系紧密的全球市场，某一

———————

① 数据来源于美国商品期货交易委员会网站 www.cftc.gov。

个市场的微小变化，会迅速向其他市场传递，引发全球市场联动反应。如，外汇市场和原油市场之间的波动显著相关，具体表现为美元指数与原油价格之间存在较强的反向变动关系（见图11）。能源资源价格大幅波动，会引起巨额投机资金在能源资源市场和其他金融市场之间的迅速转移，造成有关金融市场的剧烈波动。

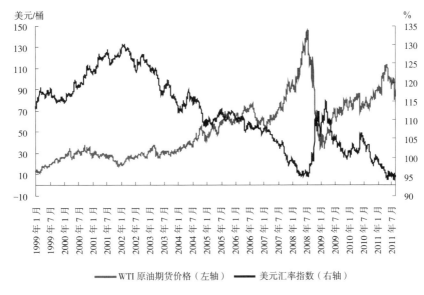

图 11　美元汇率指数与国际原油价格走势

数据来源：香港环亚经济数据有限公司（CEIC）数据库。

能源资源价格保持基本稳定，可以减少全球经济金融运行中的不稳定因素。能源资源供应方可以合理进行投资开发和生产，避免因供给大幅增加引起的价格下跌和产能闲置所导致的损失。能源资源需求方可以根据生产进程安排采购计划，减少维持高库存对资金的占用，提高资金利用效率。价格稳定可以降低库存过多波动，避免库存因素成为市场投机炒作的借口，降低能源资源库存波动对其他市场的影响。

（三）有利于我国经济继续平稳较快发展

2003 年以来，我国经济发展对国外能源资源的依存度不断提高，石油、铁矿石等能源资源价格成倍上涨，增大了工业原材料成本，压缩了企业利润，削弱了我国国际竞争优势。同时，带动了国内下游产品价格的提高。从长期看，到 2020 年，在最重要的 45 种矿产品中，我国仅有 6 种能够基本自给。[①] 即使是我国储量丰富的煤炭资源，也将会出现大量进口。未来我国能源资源对外依存度会继续提高，保持国际能源资源价格基本稳定，有利于我国更好地利用国际国内两种资源、两个市场，减轻输入性通胀压力，把更多的资金投入到转变经济发展方式上来，延长我国发展的战略机遇期。

（四）有利于新兴经济体保持良好发展势头

中国、印度等新兴经济体是能源资源消费大国，还有一些新兴经济体既是能源资源的生产大国也是消费大国，每年全球新增能源资源贸易量的大部分发生在这些国家。世界能源需求将在今后 25 年增加 48%，非经济合作与发展组织国家在能源消费增长量中占 81%（见图 12）。国际能源资源价格大幅上涨，会加大资源消费国输入型通胀压力，影响新兴经济体经济增长的稳定性。稳定的全球能源资源市

---

① 参见麻志周：《我国矿产资源保障问题的思考》，http://www.mlr.gov.cn/zljc/201005/t20100516_719047.htm（原国土资源部网站网页）。

场，可以保持新兴经济体强劲增长，也可促进世界经济尽快复苏。

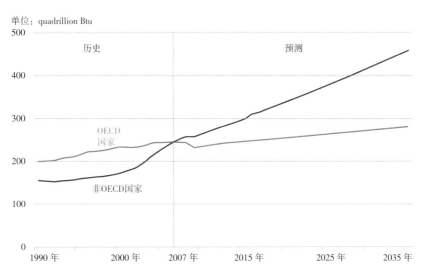

图 12　世界市场能源消费：OECD 国家和非 OECD 国家（1990—2035 年）

数据来源：《国际能源展望（2010 年）》（*International Energy Outlook 2010*），http://www.eia. gov/oiaf/ieo/graphic_data_world.html。

（五）有利于发达国家的能源资源安全

发达国家是国际能源资源市场波动最早的受害者。2010 年，全球每年原油总产量 43 亿桶，贸易量约 18 亿桶，贸易量中欧洲和美国占了 50％以上。以美国为例，原油每上涨 1 美元，美国每日进口成本就增加 800 万—900 万美元。①20 世纪 70 年代以后，美国试图通过一定的国际合作机制（如国际能源组织）稳定能源市场，但这些组织代表性不足，作用日渐式微。在其他资源领域，则一直尚未形成有效的合作组织和机制。扩大能源资源领域的国际合作机制，实现能源

---

①　2011 年美国每日进口原油 800—900 万桶。

资源市场稳定，有利于发达国家获得稳定可靠的能源资源供应，避免遭受诸如能源供应中断、价格突然上升或其他能源安全威胁。

（六）有利于能源资源供应国获取长期稳定收益

价格波动对能源资源供应国而言是双刃剑。价格大幅上涨时，这些国家经济增长加快，可以获得较大的收益，但在政治上，价格长期高位运行会使能源资源供应国和跨国公司遭到国际社会的谴责和政治压力，人们会将失业、贫困及环境恶化等问题与高价格和垄断暴利联系起来，把矛头指向这些出口国和跨国公司。从长期看，能源资源价格长期居高不下，必然会引发节约能源和寻找替代能源，促进资源循环利用，从而降低消费，影响整个行业的发展，过度替代导致相应需求不可持续，生产国的利益就得不到保障。因此，国际能源资源价格保持合理水平，有利于供应国获得长期稳定的市场需求，从而促进其经济持续增长，提高国民就业和社会福利水平。

在 G20 框架下建立国际大宗能源资源市场
稳定机制的可行性

在能源资源进行全球配置的客观要求下，为了避免能源资源大幅波动对世界经济的影响，迫切需要建立国际大宗能源资源市场稳定机制。如何保持大宗能源资源市场稳定已成为全球性问题。WTO、G20、《联合国气候变化框架公约》等很多合作机制的形成告诉世人，当国际社会遇到共同问题时，可以通过建立共同的规则，也就是全球经济治理机制加以解决。在应对 2008 年国际金融危机中，G20 顺利实现了制度升级，成为应对危机的主要平台，并初步显示了其治理成效，获得国际认可。由于 G20 的权力结构和制度建设具有成本优势，在该框架下建立国际大宗能源资源市场稳定机制具有可行性。

（一）国际能源资源问题亟须全球治理

随着经济全球化的发展和国际政治格局的变化，国际能源资源问题在国家或地区发展与安全中的地位不断提升，对国际经济秩序的影响日益增强。能源资源安全问题越来越明显地具有全球性质，大规模的能源资源合作活动日趋活跃，各国之间的相互依存关系不断增长，能源资源合作内涵正向纵深化发展，呈现出一系列新的特点，亟须通过世界范围内的共同机制和框架实施全球治理。

第一，现有的国际组织在能源资源集体安全保障方面的协调作用有限。国际能源资源安全越来越具有明显的不可分割性，追求能源资源的集体安全符合各国的共同诉求，国际社会正积极寻求建立集体安全的保障机制。20 世纪六七十年代以来，先后出现了维护石油输出国利益的石油输出国组织（OPEC）和完善能源消费国集体安全保障的国际能源署（IEA）。随着能源资源环境与安全问题之间联系的日益加深，国际能源资源问题在区域性经济合作组织、政治联盟、国际性机构中的重要性日益突出，保障集体安全成了国际社会的共同追求。20 世纪 90 年代初期，国际能源资源合作由国别、集团和区域逐渐向全球范围扩展，开始出现包括消费国与生产国在内的多边国际能源合作机制，其代表性组织为国际能源论坛和能源宪章。此外，联合国、八国集团首脑会议（G8）、经济合作与发展组织（OECD）、欧盟首脑会议、亚太经济合作组织（APEC）、东盟和上海合作组织等许多重要国际组织和机构，均把能源资源安全问题列为重要议题，有的还专门设立了相应的分支机构。但是，从效果看，上述现有的国际能源资源合作组织在能源资源安全方案上的协调作用十分有限。

第二，国际能源资源的自由贸易秩序亟须代表性更广、约束力更强的全球化机制与平台实施和保证。当前，对于能源资源的贸易、投资，各国家均具有保护主义倾向，但任何国家都不能完全依赖本国供给发展经济。在经济全球化的背景下，能源资源全球化的趋势更加凸显。无论是供应国还是消费国，纷纷倡导在 WTO 框架下实施公平合理的自由贸易，寻求全球能源资源等要素的自由流动。特别是本次国际金融危机中，能源资源供需受冲击较大，促使很多国家放开能源资源领域的贸易投资限制，鼓励自由竞争，开展市场化改革，积极推进在多边合作框架下的贸易投资合作，但效果有限。从本质上讲，坚持自由的贸易投资方向，既符合发达经济体的主流取向，也能满足新兴经济体的利益诉求，仍将是未来能源资源合作的大方向。

第三，现有的国际能源资源合作组织的代表性和影响力不足，有的甚至存在对抗性。由于新兴经济体消费的扩大、独立油气供应国地位的增强以及其他一些新情况的出现，以缓解能源矛盾和解决能源争端等为重点的多边能源合作日趋活跃。一些国际组织已考虑到自身代表性的局限，试图扩大影响力和代表性，纷纷邀请新兴经济体和能源资源供应国加入，举办全球范围内的能源资源论坛，推进更广泛的多边合作。如，国际能源署（IEA）一直积极邀请我国加入该组织，但迄今为止其代表性和影响力均不足。此外，一些国际能源资源组织甚至还存在对抗性，如国际能源署（IEA）和石油输出国组织（OPEC）之间的对抗性就十分明显。

第四，国际能源资源合作需要制定更有可操作性、有约束力的全球性规则。当前，很多有关能源资源的全球议题还停留在讨论层面，很多国际组织只具有论坛性质，缺乏约束力和实质治理作用。国际能源资源领域出现的贸易纠纷、投资争端还很难在统一的框架下得以有效协调。能源资源的全球性自由流动，亟待国际组织发挥国际协调和政策制定的统领约束作用。很多国际性组织已开始有意识地制定有约束力和影响力的能源技术标准、产业政策、管理制度和交易规则，但受组织本身影响力所限，这些约束规则还只能局限在区域范围内。

第五，亟须从全球治理的高度平衡能源资源市场参与方的共同利益。无论能源资源的供应国还是消费国，国际组织还是研究机构，只要参与能源资源产业链，都是寻求己方利益最大化的市场主体，客观上有可能损害他方的利益。要确保每个参与主体利益最大化，而不使任何参与者受到损害，就需从全球治理的高度，确保能源资源市场的有效性和稳定性，平衡能源资源市场参与方的共同利益。

（二）在 G20 框架下对能源资源市场进行全球治理的可行性

当前，国际社会关注的全球经济治理机制主要是国际金融体系和全球自由贸易体系。国际金融危机后，在 G20 合作机制下，国际社会着手全球金融体系改革，加强对金融创新、资本流动的监管。全球自由贸易体制改革在 WTO 机制下有多哈回合谈判。能源资源安全体系尚未得到足够重视，主要局限在行业国际组织、区域合作组织中的讨论，没有一个全球性的合作机制。为了稳定能源资源市场，有必要建立一个包括能源供应国和消费国在内的集体安全体系。

在 G20 框架下对能源资源市场进行全球治理是必要的，也是可行的。20 世纪 90 年代以来，全球经济治理逐步从发达国家主导的七国集团（G7）、八国集团（G8），向发达国家和发展中国家共同参与的 G20 转变。国际金融危机中，在 G20 框架下一些新的管理世界经济的规则出现，约束力不断增强，代表性、广泛性正在增加，国际社会普遍接受 G20 成为今后开展全球经济治理的主要平台。目前，G20 的 GDP 总量约占世界的 85%，人口约 40 亿人，覆盖了主要发达国家和新兴经济体，也包括了主要的能源资源供应国和消费国，具备承担能源资源市场全球治理的基本条件。

G20 已经意识到稳定大宗商品价格的重要性。在 2011 年 2 月举行的 G20 财长和央行行长会议上，已经将大宗商品问题列入公报，并设立了分析资金流动对价格影响的工作小组。同时，设置了化石燃料补贴、化石燃料价格波动、清洁能源和能效 3 个工作组。在 11 月举行的 G20 领导人戛纳峰会上，我国领导人强调，应当推动形成更加合理透明的大宗商品定价和调控机制，实现和保持大宗商品价格合理稳定。这一观点得到了与会国家和国际舆论的赞赏。这次峰会的公报也指出，G20 国家认可国际证监会组织（IOSCO）改进大宗商品衍生品市场监管的建言，并认为应当赋予市场监管机构有效的干预权利，尤其是应当拥有和利用正式的头寸管理能力。虽然 G20 所谈的大宗商品只涉及能源和粮食，但这些举动表明，G20 愿意成为稳定大宗商品价格的平台。

在这一体系框架下，主要能源供应国、消费国、中转国坐在一起，共同讨论能源政策、市场建设、定价机制、运输通道安全等重大问题，有可能形成有约束力的机制和共同行动计划，从而建立起一种集体安全体制。无论是资源丰富国还是资源贫乏国，无论是发达国家还是发展中国家，面对全新的国际能源资源局面，都有可能支持国际能源资源市场治理机制的建立。

这里就主要国家对这一倡议可能的态度作简要分析。

第一，发达国家的态度。G20 中，美国、日本、德国、法国、英国、意大利、加拿大这 7 个国家和欧盟都是能源资源的主要消费国家与地区。国际金融危机爆发以来，发达国家经济问题凸显，希望采取措施，防止能源资源价格波动引发新的全球经济动荡。联合国、世界银行、国际货币基金组织、世界贸易组织等发达国家具有传统优势的全球治理机制中，基本都没有解决能源资源矛盾的功能。出于自身经济恢复和长远发展战略的需要，G20 中这 7 个发达国家和欧盟完全可能接受新的国际能源资源协调平台，以保持其影响力和控制力。

第二，资源供应国的态度。从 G7 扩大到 G20，新增加国家中俄罗斯、澳大利亚、巴西、印度尼西亚、沙特阿拉伯、南非 6 国都是资源输出型国家。除石油外，天然气、煤炭、铁矿石、有色金属等大宗矿产资源一直没有形成全球有效的产量、价格协调机制，而 OPEC 的作用近年来也日渐下降。资源供应国为了保障长期经济利益，也在积极寻求解决途径。G20 聚集了有代表性的资源供应国，便于其协调立场，开展同消费国的对话，并且可以将产量、价格与世界经济波动周期结合起来考虑。资源供应国接受 G20 框架下的能源资源市场治理机制，有利于维护和保障其长期经济利益。

第三，新兴经济体的态度。在 G20 中，中国、印度等新兴经济体占据 11 席，为了抵御能源供应和价格波动带来的风险，有强烈意愿维护国际能源资源市场的长期稳定。在世界银行、国际货币基金组织这些传统的国际组织中，新兴经济体的发言权十分有限，但在G20中，它们有着共同的利益，占有的席位也较多，各国又都普遍肯定它们在世界经济中的影响力，因此，在G20框架下建立能源资源市场治理机制容易得到它们的认可。

当然，也有一种观点是，通过全球治理的方式稳定能源资源市场，会影响我国对稀土的定价权。这种担心是不必要的。首先，稀土不属于大宗矿产品。相比于原油、天然气、煤炭、铁矿石、铜铝等大宗矿产品，稀土的贸易规模非常小，其价格波动不会对世界经济产生重大影响，目前不应当纳入全球治理的范围。其次，我国一直没有掌握稀土的定价权。与石油、铁矿石等大宗矿产品不同，稀土没有出现过金融化、垄断定价和泛政治化等问题，不属于全球经济治理需要解决的范畴。第三，如果将稀土纳入全球治理，其他资源国也同样会受到影响。我国稀土储量只占全世界总储量30%左右。世界很多地方都蕴藏着丰富的稀土矿产，俄罗斯、美国、澳大利亚分别拥有全球约22%、15%和6%的稀土储量，印度、加拿大、南非以及巴西等国稀土储量也都非常丰富。随着这两年稀土价格快速上涨，美国、澳大利亚、加拿大等国已经重启本国稀土开采计划。因此，通过全球治理制定统一的规则，对这些国家同样适用。我国是大宗矿产资源的重要消费国，通过全球治理遏制了这些品种的过度金融化、垄断定价和泛政治化，有助于消除对我国发展的制约，总体上利大于弊。

建立国际大宗能源资源市场稳定机制的设想

目前，全球经济治理改革正向纵深推进，稳定能源资源市场符合各方共同利益。国际社会应当抓住这一机遇，推动建立国际大宗能源资源市场稳定机制，将其正式纳入 G20 峰会讨论的范围，并与国际金融体系和自由贸易体系一起，相互配合协调，共同履行全球经济治理的责任，防止出现新的全球性经济危机。

（一）建立国际大宗能源资源市场稳定机制的目标

在 G20 框架下，建立全球大宗能源资源市场稳定机制的目标可以概括为：制定公正、合理、有约束力的国际规则，形成大宗能源资源市场的预测预警、价格协调、金融监督、安全应急等多边协调机制，使国际能源资源市场更加安全、稳定、可持续。安全，包括供给安全，及时、充足、经济地在全球范围内配置能源资源；利用安全，在开发、生产、转换、仓储、运输、消费等各个环节没有危险、不受威胁、不出事故。稳定，包括价格稳定，减少暴涨暴跌引发风险；供需稳定，保持生产与消费供需平衡；政策稳定，有效协调各国政策及相关标准，减少不确定性风险。可持续，包括能源资源的合理开采、高效利用，全产业链相关参与方互利共赢、共同发展。

（二）建立国际大宗能源资源市场稳定机制的原则

第一，自由竞争原则。健康的国际能源资源市场应当是一个消除垄断、充分竞争的市场。应当通过全球治理，减少政府对能源资源供给和消费的直接干预，打破产业资本与金融资本双重垄断，增加全球范围内的竞争程度，提高资源配置效率。

第二，广泛代表原则。国际能源资源市场治理的参与方应有广泛的代表性，主要包括发达国家和新兴经济体、资源供应国和消费国政府，以及企业、国际组织、研究机构等各个层面。

第三，互利共赢原则。秉承公平交易、合理配置的理念，避免一方受益他方受损的"零和游戏"，妥善解决贸易投资的纠纷争端，共同维护公平稳定的市场环境。

第四，可操作性原则。G20应当在充分协商的基础上，制定有约束力的规则。各相关参与方应当恪守承诺，接受相关机构的监督和检查，确保相关规则可实施和可操作。

（三）建立国际大宗能源资源市场稳定机制的框架内容

第一，建立信息通报机制。在能源资源供应市场中，建立全球信息沟通机制，提高能源资源交易的透明度，减少或取消对能源资源市场的行政干预或垄断。建立全球能源资源交易数据库，协调各国通报能源资源的生产、消费数据，要求有关机构公布交易头寸、保证金数额等重要指标。加强对需求预测，引导消费需求，保障市场的稳定供应。

第二，建立价格协调机制。制定市场竞争规则，建立价格平抑机制。进一步放开价格管制，打破个别国家和企业对某些能源资源的价格垄断。建立能源资源期货市场和全球储备体系，当价格波动严重异常时，通过增加保证金头寸、动用储备等措施，缓解价格波动。建立各国能源资源的补贴、生产、贸易、投资政策的协调机制，防止各国单独制定政策产生的外部性。

第三，建立金融监督机制。将国际金融体系改革与能源资源市场体系改革联系起来，建立国际能源资源衍生品市场的金融监督机制，加强对资本流动和金融创新的监督，防止重要能源资源过度金融化和杠杆化，减少金融或矿业寡头对商品市场的大肆投机和价格操纵行为。

第四，建立安全应急机制。建立国际能源资源安全应急机制，制定必要的应急预案，针对能源资源运输供应过程中的突发事件开展联合演练。各相关国家要及时通报安全信息，如威胁海、陆运输通道安全的犯罪活动，地震海啸等不可抗力引发的供应中断，以及其他原因造成的大范围环境损害等。

第五，建立合理消费机制。引导国际能源资源消费趋向清洁化、低碳化，在国际社会建立低投入、高产出，低消耗、少排放，能循环、可持续的国民经济体系。推行绿色生产方式、生活方式和消费模式，形成节约环保型社会组织体系。

第六，建立自由开放的贸易投资机制。改善能源资源的贸易和投资环境，进一步放开价格管制和管道限制，反对各种形式的保护主义，建立区域和全球能源资源统一市场。

将国际大宗能源资源市场稳定机制纳入 G20 框架下，需要分步骤实施，分阶段推进。我国政府应当积极推动，有所作为。我国领导人可在国际场合，按照双边与多边相结合的原则，就建立能源资源市场治理机制与 G20 国家积极磋商，在适当的多边场合，向国际社会正式提出建立这一机制的建议，并积极推动其付诸实施。

树立新的中国海洋观^①

　　我国有广阔的海域和漫长的海岸线，已经建立起高度依赖海洋的开放型经济。作为一个濒海大国，我国怎样认识海洋，是国际社会普遍关心的问题。

　　阐释中国的海洋观，首先需要说明如何看待海洋安全。17世纪以来，传统海洋强国靠武力分割海洋，在全球划分势力范围。我国作为一个古老的陆上大国，由于没有及时进行战略转型，逐步处于被动落后的局面。特别是近代以来，我国的安全威胁大部分来自海上，世界各沿海国家也大都陷入过海上战争。

　　今天，世界海洋安全形势发生很大变化。作为后发国家，已经很难在大海上找到一个前所未知的岛屿，不能像传统海洋大国那样靠占领新的岛屿进而占领海洋。世界上大部分沿海海域的权属已经划定，靠大炮巨舰分割海洋的时代也已经结束。那些希望我国复制传统海洋大国的崛起模式，或者担心我国实施海上霸权的意见，都是站不住脚的。

　　我国倡导建设和平之海，有三方面的含义：一是肯定和承诺维护现有国际海洋秩序。第二次世界大战后，特别是《联合国海洋法公约》（以下简称《公约》）缔结以来，国际社会在联合国框架下逐步建

---

　　①　本文完成于2014年7月。

立完善了全球海洋新秩序。近年来，国外一些组织和政要怀疑我国执行《公约》的诚意。我国作为《公约》缔约国，坚定不移走和平发展道路，坚决反对海洋霸权。对维护海上和平秩序的努力，都会坚定支持；对破坏海上和平秩序的行为，都会坚决反对。二是提出了解决双边海洋争端和纠纷的原则。即在尊重历史事实和国际法的基础上，通过当事方直接对话、谈判解决，而不是诉诸多边机制。三是重视非传统安全。在海洋传统安全问题尚未完全解决的情况下，海盗、海上恐怖主义、海洋灾害等问题日益凸显。国际社会在应对这些非传统安全问题方面存在广泛的共同利益，在这些领域，我国愿与相关国家完善双边和多边机制，共同维护海上航行自由与通道安全，构建和平安宁的海洋秩序。

建设合作之海是我国海洋观的另一要义。海洋的国际性、海水的流动性和海洋环境的相互关联性，决定了解决海洋中面临的各种问题必须加强国际合作。我国以开放的姿态，与各海洋国家积极开展合作的愿望，包括共同建设海上通道、维护海上安全、发展海洋经济、利用海洋资源、探索海洋奥秘等广泛的领域。

在中国海洋观中，倡导建设和谐之海，坚持可持续发展方向。这是符合人类共同利益的价值观念。大海用丰厚的物产滋养着人类，但海洋的财富并非取之不尽、用之不竭，海洋环境比想象的要脆弱得多。过度捕捞使一些海洋渔业资源正以惊人的速度减少。沿海地区的生产生活、海水养殖、交通运输等活动，向海洋中排放大量污染物，造成了海洋生态环境的严重破坏。因此，利用海洋、开发海洋的同时，也要保护海洋，使海洋永远成为人类可以依赖、可以栖息、可以耕耘的美好家园。

应当看到，人类数千年来与海相伴形成的海洋文明，既为生存发展带来福祉，也随时代变迁暴露出明显的局限性。现代海洋文明应当在对传统海洋文明扬弃的基础上，超越国家、民族的界限，合理开发、科学利用、有效保护海洋，缔造和平之海、合作之海、和谐之海，从而有效解决今天人类共同面对的海洋问题。

树立新的海洋观对我国建设海洋强国十分重要。我国处在西太平洋边缘，没有直接面向深海，在地理位置上并不有利。我国维护海洋权益的任务十分艰巨。在思想观念上，一些过时的海权理论、地缘政治学说仍占有很大市场。在国际海洋事务中，我国的作用还不突出。作为一个后发国家，建设海洋强国，必须清醒地认识自身优势和劣势，认清国际海洋形势的新变化，树立先进的治海思想和海权观念，以新的思想观念认识海洋与陆地、海洋与经济、海洋与环境、海洋与科技、海洋与外交、海洋与国防等方方面面的关系，从而使海洋事业在我国现代化建设全局中发挥更大的作用。

公共政策：构建现代公共管理体系

我国公共管理距市场经济的要求有多远？如何建立公共政策的纠错机制？我国智库在公共政策制定中如何更有影响力？

党的十六大（2002年）宣布我国初步建立社会主义市场经济体制，迄今为止才十几年时间。也就是说，作为公共事务管理者，我国政府在市场经济条件下履职的时间还不长。

相应地，我国在公共政策的制定中尚未实现现代化，包括思想观念、政策工具、执行方式的现代化。反映在政策制定上，普遍存在依靠"弱证据"制定政策的现象。本篇呼吁，制定政策要靠"强证据"，主张引进尽职调查方法，尽量采用证明力较强的抽样调查、全面调查和专家调查方法获取决策依据。

为了提高决策的科学性，近年来，越来越多的智库参与其中。但是，迅猛成长的智库群体大都是原来的科研院所转变而来，很难抛开隶属关系发表独立见解。宏观问题研究多，微观机制研究少；战略研究多，战术研究少；重复研究多，独特视角少。研究报告大而全小而全、泛泛而谈的现象仍很普遍。中国智库要真正成为有决策影响力的研究机构，还有赖于在一些重大公共政策制定上，提供独立、专业、可操作、富有建设性的解决方案。

公共管理现代化难在哪里

新中国成立不久，我国就建立了计划经济体制，直到 1992 年才明确市场化改革方向。本世纪初，我国宣布初步建立社会主义市场经济体制。回顾这段历史，我国政府作为公共事务管理者，在市场经济条件下履职的时间还不长，大约只有十几年，公共管理水平与国家治理体系和治理能力现代化的要求尚有差距。

构建现代公共管理体系，首先需要公职人员价值取向现代化。在传统社会，即便人们穿上西装，用上最先进的电器，也不等于实现了现代化。现代社会最核心的标志是人的现代化，特别是人的思想观念的现代化。公共管理的现代化，最关键的是需要一批有现代管理意识的公职人员。

改革开放以来，我国公职人员队伍专业化、知识化水平有了很大提高，但也要看到，这种提高主要表现在专业技术知识和学历水平上，相当数量的公职人员还没有完全掌握公共管理的核心价值，也缺少相应的职业训练。如，在对待权力来源问题上，很多公职人员不知道公权来源于私权的让渡，其直接后果是公权高高在上，公权干涉私权现象普遍。再者就是缺少契约精神，有些地方出现"新官不理旧账"，官员们全然不知政府的"法定代表人"换了，债权债务依旧要执行。虽然当今世界各国的政治体制、经济体制各有不同，但从事公共服务的公职人员则有相对一致的价值观和行为准则，如权力有限、契约精神，等等。没有形成这样的价值取向，很难说符合现代国家治理的要求。

现代公共管理也是一项专业技术性很强的工作。公职人员仅有为人民服务的热情和愿望还难以胜任公共服务的需要。在公共政策提议、决策、执行、修正的整个流程中，都需要从业者具备较强的专业技能。很多国家制定公共政策的一项基本工作是计算投入产出，如政府新出台一项政策，需要多少预算、多少人力，公共资金投入后能够带来多少社会效益，都要有全面的论证。但是，在我国，这种基于科学计算后制定的政策还比较少。如，每年政府都会出台很多价格补贴政策，这些补贴的收效与公共资金的支出是否对等，很难见到严谨的研究报告。很多新出台的政策是基于政府部门典型调查和个案调查得出的结论，而不是源于证据力更强的抽样调查和普查。

在公共政策的执行中，大量公共管理活动体现为以批代管、以审代管。主管部门更愿意进行事前审批，而不是将主要精力放在技术含量更高的事中和事后监管上。如环评审批是很多新上建设项目的必备环节，往往需要很长的时间。项目投产后，环境执法离不开在线监测、实时监控、样本分析等技术手段。监管部门必须拿出有说服力的检测依据才能行使执法权。这就需要较高的技术手段和专业力量，很多基层环保部门还难以胜任。

一个高效的现代公共管理体系，政策制定者应当具备运用经济学、政治学、统计学、财政学和相关专业技术学科的理论和知识制定政策方案的能力。政策执行者也应当以专业技术人员为主。遗憾的

362

是，在公职人员的遴选中，比较偏重基层工作经历、实际工作经验，对公共管理理论和专业技术能力的要求还没有得到足够重视。

现代公共管理还需要符合市场化改革的方向。我国经济体制改革的方向是社会主义制度下单一的市场经济体制，而不是计划与市场并存的双重体制。但是，在实际经济生活中，很多领域计划与市场并存的双重体制现象十分明显。不少政府部门在开展经济和社会管理中也习惯于使用计划方法。如，近年来，各部门提出要分解下达的指标越来越多；在固定资产投资、资源出让领域按生产环节进行的审批有增无减；在PPP项目中，政府部门与非公企业不能按对等的权利义务关系签订协议，由此带来了盲目决策、行政低效率、寻租机会增多等诸多问题。

基于市场经济的现代公共管理体系，关键是要分清政府与市场的界限。对于市场可以自行调节的领域应当完全放给市场，政府只对市场失灵的领域进行干预。在很多传统体制认为是自然垄断、必须国有国营的行业，随着理论和技术的进步，也可以引入市场机制。如电网、油气管网、城市水电气管网等，都可以进行网运分开、放开竞争性业务的改革。在这些领域，政府只对自然垄断环节进行监管，其他业务都可以允许多元投资主体和市场主体进入。因此，现代公共管理一定是严格约束政府权力界限的管理体制，而政府在有限的权力范围内必须做到尽职尽责。

如果将国家的公共管理体系比作计算机系统，这个系统必须有底层设计，好比先有Windows、Android这样的操作系统，然后才能在上面运行各种软件。而我国的公共管理体系是在没有完成符合市场经济要求的制度底层设计情况下，就开始在上面运行各"政策软件"。

因此，推进国家治理体系和治理能力现代化，必须在公共管理的制度底层设计和具体公共政策构建两个方面开展工作，这难免与传统计划体制和双重体制发生碰撞。无疑，这是我国现代国家治理的难点所在。

制定公共政策要有"强证据"

公共政策是国家治理的重要工具和形式。改革开放以来，随着市场经济制度不断完善，对公共政策的科学性、规范性要求越来越高。但是，当前在公共政策的制定和实施过程中，在缺少客观证据的情况下制定政策、进行决策的现象还十分普遍，导致很多政策出台后背离了初衷，甚至形成逆向调节。

公共政策中的"弱证据"现象

在司法领域，证据是用以证明事实存在与否并认定案件的根据。法官依据证据对违法犯罪活动进行判决。丰富的、高质量的证据是确保司法公正的关键。公共政策制定过程与司法审判一样，对证据应当有同样严格的要求。只有掌握了客观、系统、全面的证据材料，才能确保制定公共政策的科学性、权威性。对这样的证据，可以称之为"强证据"。与之相对的，则可定义为"弱证据"。在我国的公共管理实践中，依据"弱证据"制定政策的现象还比较多，后果也很严重。

第一，出台政策脱离实际。有些领导人靠自己的主观判断、价值偏好、片面调查推动政策出台。比如，1978 年的政府工作报告和《1976—1985 年发展国民经济十年规划纲要》提出，许多省的工业要赶上和超过欧洲发达国家；各项主要经济指标要接近、赶上、超过世界先进水平；新建续建 10 大钢铁基地、10 大油气田、30 个大电站、6 条铁路新干线等。这些目标的提出，远远超过了我国当时的可能，导致了国民经济的严重失衡，被称为"洋跃进"。

再比如，很多省份在对市场没有充分研究的情况下提出雷同的产业政策。前几年，全国 31 个省（区、市）均把光伏产业列为优先扶持发展的新兴产业；600 个城市中，有 300 个发展光伏太阳能产业，100 多个建设了光伏产业基地。① 在各地的"十二五"规划中，有 16 个省（区、市）把钢铁作为重点发展产业，20 个省（区、市）把汽车作为重点发展产业。② 地方政府没有对本地的产业基础、发展环境作科学的考察分析，一哄而上，走上了产业同质化之路。

第二，政策条款可操作性差或自由裁量权过大。很多政策缺少严格的执行标准。比如，近年来，各有关部门出台了几十项鼓励大众创业、万众创新的政策文件，在涉及税收、准入、优惠等"干货"的政策条款上，往往采用"研究制定"、"研究探索"、"逐步完善"等限定词，没有准确的时间节点和政策范围。政策看上去出了很多，实际成效不大。

又比如，新成立的市场监管总局执行的行政处罚事项达 1200 多项，很多行政处罚的内容宽泛、表述抽象，缺乏定性的客观标准。有

---

① 《300 个城市优先扶持发展，已建 100 多个产业基地　光伏产业岂能遍地开花》，人民网—《人民日报》2011 年 11 月 9 日，http://news.163.com/11/1109/06/7IDAA0GP00014AED.html。

② 《当前企业发展面临着四大结构性挑战》，中国经济导报网 2013 年 11 月 28 日，http://www.ceh.com.cn/cjpd/2013/01/168150.shtml。

的处罚金额从 1 万元以下、几万元到几百万元，从违法所得的 1 倍到 10 倍不等，议价空间很大。处罚情节从"较轻"免于处罚，到"严重"最高处罚，罚与不罚、罚多罚少全凭行政执法人员掌握。很多处罚在列举的规定事项外，还有"其他行为"、"其他手段"、"其他方式"、"其他形式"等兜底条款，更增加了处罚的随意性。

第三，政策反馈修正机制失灵。很多短期政策经过年复一年的执行，变成了长期政策。由于缺少反馈修正机制，当初制定政策的情况已经发生了变化，但政策仍在执行。比如，2004 年开始中央政府向种粮农民发放直接补贴①（简称"农民直补"），得到了广大农民的热烈欢迎。在发放方式上，各地一般是按承包面积补给土地承包者。近年来，由于大量农民进城务工，土地流转经营。土地承包者拿着补贴不种地，实际耕种者拿不到补贴。现在，每亩耕地土地承包者能拿到的补贴为 70 元左右，对于外出务工的农民而言，这笔钱不算多。对于种粮数百亩、上千亩的大户来说，拿不到补贴是一笔不小的损失。尽管补贴绩效与设置补贴的初衷已不相符，但农民直补的发放方式一直没有调整。

第四，政策评估"走过场"。对已出台政策的评估是政策废改立的重要依据。虽然现在各种评估很多，但独立第三方的评估很少，大量评估是各单位自我评估，或体制内的机构进行评估。评估的专业性不强，缺乏客观标准，往往以价值判断代替事实判断，以定性方法代替定量方法，很难保证评估结果的公正性和公信力。

---

① 农民直接补贴主要包括耕地地力保护补贴、农机购置补贴、草原生态保护奖补、渔业发展与船舶报废拆解更新补贴等。通常所说的农民种粮直补原为种粮补贴、农资补贴、良种补贴。从 2015 年起，这三种补贴合并为耕地地力补贴。

"弱证据"现象长期存在的原因

首先，对获取客观证据的重要性认识不足。很多公共政策的制定者、执行者往往将调查研究当成工作作风，而不是制定公共政策的必要条件。

其次，统计数据支撑力度不够。因为"数字出官、官出数字"，导致各级政府不同程度存在"人为干扰"统计工作的现象。加上现有的统计制度、统计方法滞后，指标设定动态调整不足，细分行业数据有限等问题，使官方统计数据在公共政策制定中时常缺位。

第三，缺乏科学精神和专业素养。在研究制定政策过程中，往往出现泛政治化现象。忽视不同专业领域政策工具的差异性，对投入与产出不作精确计算。导致一些政策在执行中付出的代价很大，但实际效果并不理想。

第四，条块分割、政监合一的局限性。在条块分割的体制下，部门出部门的政策，地方出地方的政策，彼此间缺乏协调。从中央到地方，行政主管部门往往既是政策制定主体，也是政策执行主体。调查研究主要限于本部门、本领域，缺少全局意识。提出的政策受自身利益的羁绊，往往无法满足公共利益最大化的要求。各地方、各部门碎片化政策"汇总"而成的国家政策，是各方利益平衡的结果，而不是依靠客观证据作出的决策。条块分割、政监合一也影响到政策执行效果，或层层加码，或层层递减，难以达到政策制定的初衷。

第五，忽视调查的证据力。为制定政策服务的调查研究中，典型调查、重点调查、个案调查等调查方式证据力比较弱，但开展起来相对容易，受到重视较多；抽样调查、全面调查证据力较强，但调查技术要求较高，很多时候不易得到调查者的青睐，影响了调查研究结果的质量。

建立"强证据"体系是未来公共政策的发展方向

发达国家普遍将"基于证据的政策"作为政府制定政策的基本理念。如英国，其在制定公共政策中所采用的证据包括：专家的知识、现有的国内外研究、现有的统计资料、利益相关者的咨询意见、以前的政策评价、网络资源、咨询结果、多种政策方案的成本估算、由经济学和统计学模型推算的结果。①

在我国，"强证据"体系已经广泛应用于司法、医疗等领域。司法实践中，不同的证据具有不同的证明力，具有较强证明力的证据构成的证据链，是支撑司法裁决的"强证据"。在药品监管中，建立了以临床试验为核心的药品审评审批制度，广泛使用循证医学证据，对证据按质量和可靠程度进行等级划分。

构建制定公共政策的"强证据"体系需要做到以下几点。

首先，建立科学的证据观。为制定公共政策提供的证据，需要依靠科学的工作方式，遵循科学方法（如归纳演绎、分析综合、观察实验）与科学范式（包括规律、理论、标准、方法）。以客观证据为主，而不是以个体经验为主。

其次，善于运用科学的统计方法。尽量使用证明力较强的抽样

---

① See Strategic Policy Making Team（SPMT）（1999），"Professional Policy Making for the Twenty First Century"。

调查、全面调查和专家调查。

第三，引进尽职调查。在企业上市、资产重组等重大商务活动中，律师、会计师等会对被调查企业所有的债权债务、经营往来、人力资源、法律风险进行一次彻底的检查。将尽职调查方法引入公共政策领域，在制定每一项政策时，对所有与之有关的法律法规、不同政府部门职能进行彻底梳理调查，逐一提出法律法规、部门规章和政府职能废改立的建议。

第四，掌握科学的决策流程。制定和执行一项政策，主要的流程应当包括"提出问题—调查研究—提出假设—验证假设—形成结论—制定政策—政策评估—反馈修正—提出问题"，形成一个闭合循环。政策研究者应当针对每个环节的需要提供"强证据"，使之成为制定公共政策的有力支持，从而提高我国公共管理的现代化水平。

中国智库如何更有影响力

2015 年，美国宾夕法尼亚大学发布了《2014 年全球智库报告》。榜上有名的 6681 家智库中，美国以 1830 家居第一位，我国 429 家居第二位，英国 287 家居第三位。我国研究机构将自己定位为智库基本上是 2010 年以后的事，在很短时间内成为世界第二智库大国。这固然令人兴奋，但其功能和水平是否达到世界一流还有待观察。

我国现在大部分智库实际上是原来的研究院所、企事业单位，一般隶属于某一级党政机关或国有大型企业。近年来，国内涌现出一批民间智库，通过大量组织研讨会、发包课题，在社会上形成了一定影响。

智库与一般学术研究机构、咨询公司的不同在于，它是对制定公共政策有影响力的专业组织。深入了解我国的决策流程和背景便会清楚，大部分国外榜上有名的智库，其实还没有成为决策者不可或缺的参谋助手。传统研究院所转化而来的智库，很难抛开隶属关系进行独立研究。在很多上级机关眼里，它们主要是诠释政策，还不是提供决策备选方案的智囊。新兴的民间智库大都缺少专职研究团队，很大程度上依赖已成名的外部专家和成熟的研究力量开展研究，研究方向、研究成果与传统研究院所同质化现象突出。能纳入决策者视野的民间智库还是凤毛麟角。相比之下，各级党政机关的职能部门和机关内设的政策研究室，则有机会参与政策文件的研究起草，其决策影响力远远大于国外榜上有名的智库。

在智库从事研究的专家们无不听过兰德公司、布鲁金斯学会这类智库的传奇故事。我国智库远未达到它们的影响力。个中原因尽管十分复杂，但排在首位的无疑是研究成果的适用性还不够理想。由于工作关系，笔者有幸能广泛拜读各类智库的经济类研究报告，愿意在这里坦诚地提出一些改进意见。

作为智库，开展研究一定要熟悉政策制定的流程。国家每出台一项经济政策大都要分阶段、分层级推进。从最初动议，到提出框架，形成初步方案，再经过协调、反复、博弈、逐级上报，最终形成政策性文件，往往是一个很长的过程。每一个环节对智力支持的需求不同，对研究报告的要求也不同。目前，大量的智库研究报告的服务对象似乎不够明晰，无论是提供给各级领导、党政机关，还是专业人士、普通公众，大都是一个面孔。智库研究要取得实效，研究者务必全面掌握政策制定的流程，对每一个步骤中存在的具体问题作出深入细致的分析研究。如果研究者掌握的信息少于相关领导和党政机关，政策建议就提不到点上，也就很难为决策者所采纳。

智库应当开展更为专业务实的研究。纵观每年各类智库发布的研究报告，虽不乏精品，但总体感觉越是有名的智库，越是研究宏观问题多，研究微观机制少；研究战略多，研究战术少；重复研究多，独特视角少。在经济领域，像宏观调控、结构调整、区域协调发展、国有企业改革、城镇化建设等，这些宏大的命题经常出现在报告标题中。智库研究报告大而全小而全、泛泛而谈的现象仍很普遍。研究者即便有一些真知灼见，也往往湮没在冗长的文字中，无法引起读者的注意，决策者很难据此作出重大决策。

智库研究最关键的还是要为制定政策提供可操作的方案。很多智库研究报告分析存在的问题、阐述研究的重大意义、对比国内外差距都很到位，可一旦涉及政策建议却往往令人失望。

如，经常看到有的智库报告提出，某项技术前景远大，我国再不迎头赶上就会痛失机遇，最后建议国家给予财政和税收上的支持。如果是技术专家，讲到这里已经可以了，但如果作为智库研究则远远不够。为了让决策者明确政策施力的方向，智库研究应明确指出，财政支持是用什么钱支持？中央财政支持科技研究有多个渠道，国家发展改革委、科技部、行业主管部门的扶持对象不同、支持力度不同、管理办法不同，地方亦然。智库研究报告必须证明需要支持的技术适用于哪一块资金。再有就是税收支持，国家税法对每一项税收优惠政策都有专门规定。提出税收支持就要证明，在哪个环节优惠，符合税法的哪一条。因此，提出对一项技术的支持建议，研究者至少要对科技政策、财税政策有相当全面的了解。这样提出的方案才能有的放矢。

此外，很多智库研究报告提出的政策建议，有的不严格区分政府与市场的边界，动辄提出设立监管机构、增加审批事项；有的不顾财力可能，提出不符合实际的财政支持建议；有的偏重论证所提建议的重要性，对可能遇到的困难、政策效果缺少预估。诸如此类的问题，都影响了智库研究报告的可操作性。

不久前，中央出台了支持智库建设的政策，我国庞大的智库群体面临着转型与发展双重任务。我国智库要真正成为有决策影响力的研究机构，还有赖于在一些重大公共政策制定上，提供独立、专业、可操作、富有建设性的解决方案。

结语：亟待推进的改革举措

从供求关系来看，当前和今后几年，我国仍处于供给约束与需求约束并存的发展阶段。要素市场缺乏活力、实体经济经营成本较高、投资增长动力不足、政府对微观经济活动干预较多等问题十分突出。造成这些问题的内在原因，是制度安排上不合理，靠人为调节经济运行无法有效化解。为了确保未来几年经济稳定增长，走上高质量发展的道路，应当坚持以供给侧结构性改革为主线，在供需两方面发力，就若干事关全局、条件成熟、牵一发动全身的关键领域优先进行改革，为投资者树立信心，在国际国内建立良好的增长预期。

投融资体制改革

我国仍处在城镇化和工业化阶段，投资依然是拉动经济增长的重要动力。进入新常态以来，我国固定资产投资增速回落很多。民间投资、制造业投资低速。政府投资占比重较高的基础设施建设投资增速也出现下滑。

造成投资增速下滑的直接原因有 3 个方面：一是投资项目报建审批周期过长。政府部门审批流程的平均用时达 90 多个工作日。如果算上准备各种审批材料和中介服务花的时间，平均实际用时超过

400 个工作日。二是积极财政政策落实不够有力。政府投资主管部门和财政部门对 70% 以上的资金无法准确掌握其项目投资规模、资金来源、项目进度、偿债能力。中央政府对全国政府投资尚未做到有效调控，削弱了积极财政政策的效能。三是市场开放承诺履行不到位。国家近年出台了大量鼓励民间和外商投资的政策，但政策中承诺开放的领域大都迟迟没有开放。有的虽然制定了开放措施，但往往对资金、规模、经营业绩等设置较高门槛，民营和外资企业难以达到。

为了充分发挥投资对经济增长的拉动作用，当前可以考虑出台覆盖各类投资主体的一揽子改革措施。对各类固定资产投资活动真正做到放开、放活、放权，从根本上改善投资预期，提高投资规模和水平。

第一，下决心再取消和归并一批审批事项。对现有审批流程进一步简化。如自然资源、住建部门可以归并用地、规划等前置审批事项和"三证一书"审批；简化优化规划选址、用地预审程序；取消施工许可证审批；清理中介服务事项，放开中介服务市场。

第二，滚动编制和执行政府投资规划与资本预算。建立与政府投资职能相匹配的规划与预算制度，在中央和各级地方政府投资主管部门，分级滚动编制政府投资中长期规划，财政部门同时编制与之衔接的资本预算。将发展改革部门编制的 3 年投资滚动计划扩大至 3—5 年，规划范围扩展至所有政府投资项目，对每一个项目的投资规模、建设内容、融资方式、还款来源、建设和还款进度等进行跨年度的全面规划和管理，为中央政府提高投资宏观调控能力创造条件。(有关资本预算见本结语"财税体制改革"部分)

第三，向民营企业和外资企业全面放开市场准入。重点在金融、电信、电力、油气、铁路、教育培训、医疗服务等领域制定负面清单。凡未列入负面清单的领域，一律对民营企业和外资开放。

土地管理改革

我国建设用地供求矛盾突出。一方面，很多开发区土地占而不用、闲置浪费；另一方面，很多拟建项目土地供应不足，地价过高，挤压了城镇化、工业化的空间。2012 年以来，全国国有建设用地供应量逐年下降，其中房地产用地下降较多。与此同时，地价明显上涨。大量投资项目因为用地难影响了进度。比如，中央预算内投资主要投向基础设施和民生领域，尤其是教育、卫生、棚改等民生项目，占用耕地和基本农田数量比较少，对人地矛盾影响不大。但是，只要涉及使用耕地，再小的项目也要经过土地规划、城镇规划调整程序，往往要两次报国务院审批。

造成上述问题的原因是，在土地供给管理的思路上，有关部门希望通过减少土地供给达到保护耕地、节约集约用地的目的。在具体措施上，采用土地规划、用地计划、土地用途管制等计划手段配置土地资源。这些计划规划审批层次高、计划期长，规划调整慢、调整难度大。计划编制主要靠政府主管部门的主观判断，与实际供求关系相差甚远。有些发展快的地方用地指标不够，发展慢的地方指标用不完。土地作为经济发展最基本的生产要素，由于管得过多过死，人为抑制了活力，形成了供给约束，对经济增长构成了长期、全局性的负面影响。

从现在起到本世纪中叶建成社会主义现代化强国，我国都处在大规模建设阶段，新增建设用地的需求还会增长。对土地这种稀缺资源，市场配置会比计划配置更有效率。在当前土地制度改革没有取得重大突破的情况下，缓解土地供给约束可以考虑重点改革土地管理制度和土地供给政策。

第一，优先满足中央预算内投资项目用地需要。对中央预算内投资项目优先保证供地；对民生项目使用少量农用地的情况，不受新增建设用地、耕地占补平衡、增减挂钩、农用地转非农用地指标的限制。中央预算内投资项目涉及土地规划、城镇规划的局部调整，由原规划组织编制的地方先行调整，后上报备案，便捷高效地满足新建项目用地需要。

第二，提高国有建设用地供应量。按照中央与地方的事权划分，从现在起适度增加国有建设用地供应总量；增强土地管理计划的弹性和调整空间，允许使用耕地异地占补平衡、增减挂钩；逐步将土地管理计划从指令性计划改为指导性计划。

第三，滚动编制"土规"、"城规"。各地土地规划的规划期一般为15年，城市和镇总体规划的规划期一般为20年。全国有106个大中城市的"土规"、108个城市的"城规"要逐级上报至国务院审批。建议将土地规划、城镇规划改为2—3年滚动编制，将"土规"、"城规"的调整权限下放至本级或上一级政府。

能源体制改革

能源是典型的供给约束领域。近年来，全球油气、煤炭呈现产能过剩、多点供应、价格持续走低的格局。国内电力装机迅速增长，发电利用小时数逐年下降。与国际国内能源供大于求形成鲜明反差的是，国内油价、电价长期居高不下，气价迅速攀升，煤电矛盾、"气荒"周期性发生。这些问题的成因主要是，"煤—运—电"和油气是不完全市场化产业链。电力上游放开、中下游高度垄断；油气从区块出让、进口，到管网、储运、分销，上中下游的诸多环节高度一体化，扭曲了市场价格和供求关系。虽然2015年出台了电力体制改革方案，2017年出台了油气体制改革方案，但从实际执行情况看，成效不够明显。

能源体制改革应着力进行电力体制改革和油气全产业链改革。电力有必要针对新情况出台改革方案，启动新一轮电改。一是减少有关部门对电力直接交易设置的过多限制，取消各地自行制定的发用电计划。发电企业与电力用户间均可自由缔约、自主定价，构建起"多买多卖"、直接交易的电力市场。二是将电力调度、交易、结算机构从电网企业分离，在组织机构上为实现公开、公平、公正的"三公"调度创造条件。三是电网企业全面退出购售电领域，禁止电网企业参与竞争性售电业务。四是精准核定输电成本，防止将不合理支出计入准许成本。如可以考虑引入节点电价核算方式，将新建投资成本从输电直接成本中剥离。五是取消交叉补贴，将电网内部各类交叉补贴由"暗补"改为"明补"。六是启动存量配电网改革。目前电改将庞大的电网存量资产排除在外，仅限于增量配电网资产。由于增量空间狭小，改革很难有作为。新一轮电改应当覆盖全部电网。

油气领域需要对2017年制定的改革方案出台实施细则。着力在产业链上下游建立起供求关系决定价格、竞争优化资源配置、契约规范交易活动的运行机制。一是在上游推进矿权改革。国家收回三大油气企业占而不采的矿权，采用国际通行的招标出让办法，激活上游开发市场。二是在中游推进管网储运设施独立。按照长输管线的供应范围和区域市场范围组建若干家管网储运公司，实行油气网销分离，管网储运公司公平地为油气交易提供服务。三是放开进口限制。取消对原油进口资质及配额限制，取消个别企业对成品油批发零售环节的特许经营权。在沿海形成多元主体、多渠道进口油气的格局。四是深化投资审批制度改革，将油气基础设施项目建设由核准制改为备案制，为基础设施项目开辟快速审批通道。鼓励多元投资，提升基础设施特别是沿海 LNG 接收站的保障能力。五是分步开展价格改革。按照居民和非居民价格并轨、核定管输价格、取消政府对天然气销售定价的次序，稳步推进价格改革。六是构建矿业权使用费、价款、权益金组成的油气资源税费体系。（见本结语"财税体制改革"部分）七是赋予能源主管部门对油气管网的监管职能，主要监管网络运营成本、合理收益及是否向第三方无歧视开放。

财税体制改革

2014 年中央出台财税体制改革总体方案，截至目前在一些领域已经取得进展。主要是，营改增实现全覆盖，简并增值税税率，调整增值税央地分成比例；资源税从价计征改革全面启动，水资源税改革试点扩围，开征环境保护税；新预算法正式施行等。

从实际效果看，财税体制中的一些根本问题尚未触及。一是企业税收痛苦指数高。我国以流转税为主，西方国家大多是以直接税为主。相较之下，我国企业的税负成本压力更大。基层税务部门自由裁量权较大，各地收过头税现象时有发生。在美、日、英、法等主要国家开始减税的外部环境下，我国还没有很好的应对措施，企业外迁、资金外流风险增加。二是营改增后抵扣机制不健全，部分行业的企业税负有所增加。由于一些行业有减免税优惠政策，有的经营环节不愿或不能开具专用发票，造成抵扣链条中断，加重企业负担。三是与政府投资职能相匹配的预算制度缺位。一些地方政府将大量负债用于投资，但是从目前财政的 4 本预算中看不出全部政府投资和债务的资金来源与使用方向，增加了化解地方债务风险的难度。四是国有企业利润上缴比例低，国家所有者应得权益长期得不到保障。2017 年，纳入中央国有资本经营预算编制范围的中央企业资产总额约 69 万亿元，中央企业国有资本（国有权益）近 22 万亿元。同年国有资本经营预算收入 1290 亿元，中央企业资产回报率仅为 0.21%，国有资本回报率为 0.6%。国家作为国有资产的所有者所获得的股东回报微乎其微。

为化解新一届政府财政收支矛盾，满足增加收入与减轻企业负担的双重需要，可以考虑开展以下几项改革。

第一，减间接税、增直接税。减少间接税在税收总量中的比重，提高直接税的比重，逐步实现以间接税为主向以直接税为主的税制结构转型。

第二，打通增值税抵扣链条。优先解决增值税与行业特殊政策、优惠政策间的衔接配套问题。扩大增值税抵扣范围，简化、降低增值税税率，降低征收难度。调整纳税人设定标准，缩小小规模纳税人范围。

第三，滚动编制资本预算。在财政4本预算之外建立资本预算。预算覆盖所有政府用于固定资产投资的资金，包括一般公共预算、政府性基金预算、国有资本预算中用于投资的部分，以及政府负有偿还义务的债务。资本预算与政府投资中长期规划相衔接，编制3—5年资本预算，每年滚动编制。资本预算报本级政府批准后，纳入本级政府工作报告、计划报告、财政报告，经同级人大审议后执行。在资本预算编制成熟后，可以逐步取消基金预算和国有资本预算，将其统一于资本预算。

第四，提高资源收益对财政的贡献。有关部门代表国家与受让油气矿权的企业签订租约。政府出让油气矿权的收益组建油气资源基金，用于公益性地质勘查，或调入一般公共预算用于保障民生。改变计划经济条件下形成的按生产环节收取税费的财税制度，建立以矿业权使用费、探矿权采矿权价款、权益金为主要内容的油气资源税费体系。产生于矿产资源的税费由中央与地方合理分成。

金融体制改革

我国作为外汇储备和国内储蓄率最高的国家，却出现了"钱越多、钱越贵"的倒挂现象，大量需要贷款的企业得不到信贷支持。实体经济融资难、融资贵。影子银行、表外业务、非标产品层层转嫁成本和风险。

近年来，金融体制改革过程中出台了宏观审慎管理政策，看上去覆盖了全部资本市场的业务，但事关金融风险的不少核心问题尚未触及。一是银行业大量风险来源于僵化的计划管理。央行对贷款规模的控制仍采用计划经济的管理方式，定规模、下指标、层层分解落实，造成整体信贷资源稀缺，难以满足经济活动对流动性的需求。流于形式的各种考核指标，迫使商业银行在考核日通过各种手段"冲时点"，扰乱了银行与实体经济的正常经营秩序，对提高风险监管水平作用不明显。二是金融机构对国企和民企实行"信用双轨"政策。银行对国有企业贷款相对宽松，一般采用基准利率。对民营企业贷款则持谨慎态度，客观上普遍存在慎贷、畏贷、惜贷，以及压贷、抽贷、断贷现象。三是对直接融资管得过多过死。有关部门对于股票上市、发行债券进行严格审批。股票市场"难进不出"，在现行首次公开募股（IPO）审核标准下，新上市企业进入缓慢、质量不高。债券上市审批内容包括产业政策和行业规划审查，盈利年限、净资产规模、主体评级等审查，对中小企业构成了较高门槛。四是政策性业务与商业性业务"混搭"。政策性银行加大了商业性业务比重，偏离了其应有职能。商业银行又在大量从事政策性业务，由于短存长贷，加剧了期限错配，增加了金融风险的隐患。五是金融业交叉性风险增加。随着金融混业经营发展，信贷市场、债券市场、股票市场之间的风险相互传递。在互联网金融、资产管理等领域涌现出了大量跨市场、跨行业的新业务。这些业务模式存在交易结构复杂、交易链条较长、信息不透明等特点。如大量的券商资管、私募基金产品中存在银行理财资金的"通道"和嵌套业务；有的保险公司通过交叉持股、层层嵌套，掩盖真实股权结构。这些业务和工具分段看符合监管要求，但综合看就存在挪用、误导、违规或关联交易现象。

为了解决融资难、融资贵，从防范金融风险出发，可以考虑着手进行以下 4 项改革。

第一，取消对贷款规模的计划管理。充分保证经济发展对流动性的合理需求，央行公开给各银行的贷款规模指标，并将这一指标调整为指导性计划。

第二，降低直接融资门槛。推行股票、企业债券发行注册制改革，赋予企业较大的上市、发债自主权。放宽企业债券发行标准，缩短审核周期，面向中小企业、创新企业发行更多新的债券品种。

第三，分离银行的政策性和商业性业务。将国家开发银行重新定位为政策性银行。今后政策性银行只从事政策性业务。对各银行已有的政策性业务与商业性业务，实行分账管理、分类考核、分类监管。建立两种业务的防火墙，银行内部不再进行交叉补贴。

第四，实行"穿透式"监管。当前，金融监管从分业监管向混业监管转型，亟须整合监管机构、创新监管方式、拓展监管覆盖领域。对券商资管、私募基金、保险及互联网金融等企业的资金来源、中间环节及资金最终的流向进行穿透式监管，透过表面判定业务的本质属性、监管职责和应遵循的行为规则与监管要求，做到监管一竿子插到底。

国有企业改革

我国国有经济分布过宽。很多定义为国家安全和国民经济命脉、需要保持控制力影响的行业，如能源、交通、粮食流通、生物医药等领域，在计划经济和冷战时期供给不足，需要国家严格计划、重点投入。现在基本实现了供求平衡、供大于求，甚至是出现产能过剩。一些基础产业领域，由少数国企垄断，产业集中度高，排斥潜在市场主体进入，造成价格机制失灵。国有资本收益低，国有资本预算主要用于国有企业。国有企业自主权收缩，庞大的监管指标体系，直接影响着企业的经营决策。

这一轮国企改革从 2013 年 11 月党的十八届三中全会开始，先后出台若干改革文件，形成了"1+N"政策体系。2016 年，10 项国企改革试点推开，部分重要领域混改、兼并重组、股份制改革有所推进。但也应看到，在一些基础产业领域，民企大多只能参股，又由于对民营资本权益保障制度尚不完善，民企大多不敢参与混改。

国有企业改革应当坚持市场在资源配置中起决定性作用，坚持从管人管事管资产向管资本方向的转变，加快推进以下改革。

第一，国有企业资本化改造。将国有企业巨额存量资产通过资产证券化、出售变现等措施，转变为流动性较强的资本，并组建专门机构运营。按照国有经济有进有退、有所为有所不为的原则，将这部分国有资本投入财务回报较高的领域，从而提高国有资本预算规模。国有资本预算大部分应当转入一般公共预算，用于民生和公共服务。

第二，对国有企业实行分业务改革。在国有企业内部划分公益性业务和竞争性业务，两类业务分账管理，国有企业内部不再进行交叉补贴。公益性业务由国家购买服务。

第三，统筹制定国企改革与行业改革方案。在金融、油气、电力、核电、铁路、粮食流通等经济领域，以及卫生、体育、福利、教育、文化、广播、科学研究等社会领域，制定国企改革与行业改革相衔接的改革方案。

市场监管改革

新一届政府机构改革中，将国家工商行政管理总局、国家质量监督检验检疫总局、国家食品药品监督管理总局的职责，以及国家发展改革委、商务部等部分职责整合，组建国家市场监督管理总局（以下简称"市场监管总局"），实行统一的市场监管。新的市场监管总局的职能，几乎覆盖了企业"从生到死"的各个环节。原本分散在各个部门的问题因机构改革也集中到了一起。

一是经营范围登记束缚企业自主权。现行市场监管制度只允许企业在核准登记的经营范围内从事经营。很多经营事项无须政府部门审批许可，要求企业进行登记，限制了企业的经营自由。这与中央关于各类市场主体实行市场准入负面清单管理的方针不符。很多新业态往往因超出传统经营范围遭遇登记难题。

二是行政处罚困扰企业正常运营。初步统计，新成立的市场监管部门负责实施的行政处罚事项达 1200 余项。处罚范围涵盖企业注册、年报、经营范围、行业准入、商标、知识产权、计量、认证、检验检测、合同管理、质量安全、价格、销售、注销等市场主体所有的行为。很多行政处罚存在设置依据不足、条款更新滞后、内容相互冲突、自由裁量权过大、救济措施缺位等问题。行政处罚事项大部分由区县一级市场监管部门执行。执法队伍到企业，只要想处罚，"总有一款适合你"。由于处罚与失信惩戒挂钩，一旦受到行政处罚，信息就会进入国家企业信用信息公示系统，对企业上市、融资、商务谈判都可能产生负面影响。

三是检验检测认证职能错位、数量过多。在发达市场经济国家，检验检测认证活动基本由企业和社会组织完成，政府干预较少，我国则由政府部门进行监督管理。按照现行法律法规，凡是可能危及人体健康和人身、财产安全的工业产品，必须符合相关的国家标准、行业标准。我国还对24类产品设置了生产许可证，对22大类158种产品设置了强制性认证。为了达到这些要求，相关法规对企业作出了严格的检验检测认证规定，并设置了处罚标准。一些部门或单位利用其公权力和市场支配地位，强制要求企业必须通过指定认证机构认证或检验机构出具检测报告。过多的检验检测认证提高了市场准入门槛，增加了企业负担，阻碍了创业创新。

四是借企业年报过度使用失信惩戒。取消企业年检意在减少行政干预，为企业松绑。但在实际执行中，年报对企业强制性要求较多，对失信定义过宽、惩戒过重。一些公司因未按时年报被纳入严重违法失信企业名单，对法定代表人、相关负责人职业生涯造成重大负面影响，给一些经营遇到困难的创业者和企业判了"死刑"。

此外，涉及质量安全、食品安全、药品安全、计量标准等领域的监管也存在不少体制问题。

改革市场监管体系，实行统一的市场监管，是建立统一开放、竞争有序的现代市场体系的关键环节。改革不是将市场监管职能重新排列组合，而是要对监管职能进行系统的改革，真正做到包容审慎监管，鼓励创新、宽容失败。可以考虑采取以下措施。

第一，取消经营范围登记。按照"非禁即入"、"法无禁止即可为"的现代国家治理理念，工商登记的功能从许可把关转变为确认公示。在企业注册时不再进行经营范围的核准。

第二，对涉及市场监管的行政处罚事项进行一次尽职调查、全面清理。对确需保留的行政处罚事项进行精选，列出正面清单。对列入清单但与上位法、与改革方向不符的事项尽快修改；对于市场主体可以自行解决的争议事项，不再纳入行政处罚范围；对已无处罚合理合法性的事项坚决予以废止。

第三，大幅度减少强制性的检验检测认证。对确需保留的事项进行精选，列出正面清单。放开检验检测认证市场，将检验检测认证服务交给社会力量。

第四，改革企业年报制度。简化企业年报内容和流程，审慎规定年报义务和处理标准。适时修订《企业信息公示暂行条例》，系统清理相关规范性文件。

清理授权立法

本届政府以来，"放管服"改革取得积极成效。但在实践中，仍存在大量限制市场准入的行政许可、变相审批，"霸王条款"屡见不鲜。这些行政行为大都有明确的法律依据，或间接来源于法律、行政法规的授权。虽然不合理，却很难纠正，其根源在于授权立法中出现了偏差。

授权立法是指拥有立法权的主体将立法权授予行政机关，由其依据授权行使立法活动。如消防法中，大量条款要求行政相对人执行国家标准、行业标准、消防技术标准。这些标准由公安、质监、住建等有关部门制定。海商法规定，海上运输管理具体办法由国务院交通主管部门制定。授权立法的初衷是弥补立法机关在专业性和实践经验上的不足，通过制定部门规章或地方性法规规章对上位法进行补充。

由于被授权出台的法律文件一般与授权的法律文件具有同等的法律效力，很多原本层级较低的规范性文件，如标准、规划、规章等，获得了与授权的法律文件同等的法律地位。

一些部门利用授权立法，设置管制、处罚、行政许可和审批事项，谋取和扩张部门利益，减轻甚至规避部门责任。如，依据全国人大制定的防震减灾法要求，"重大建设工程和可能发生严重次生灾害的建设工程"，要进行地震安全性评价。国务院相应制定了《地震安全性评价管理条例》，明确了必须进行地震安全性评价的建设工程，主要包括国家重大建设工程，受地震破坏后可能引发水灾、火灾、爆炸等次生灾害的建设工程，各种核设施。此外，单列了一条"省、自治区、直辖市认为对本行政区域有重大价值或者有重大影响的其他建设工程"。依据这一授权，各地制定的法规规章中，对必须进行地震安全性评价的建设工程层层加码，不断扩围，涵盖了交通、通信、能源、民用建筑等广泛的领域，甚至包括机关办公楼、候车楼、门诊部、图书馆、学生公寓。地方法规无一例外都加上了"应当进行地震安全性评价的其他建设工程"这类兜底条款。从全国人大制定的防震减灾法、国务院发布的条例到各地制定的相关法规规章，都是由地震主管部门组织起草，其维护部门利益的立法倾向十分明显。

政府要真正实现简政放权，关键要减职能。减职能最有效的办法之一是对授权立法进行系统清理，这样就可以从根子上取消很多部门不合理职能的履职依据。宪法第八十九条规定，国务院有权改变或者撤销各部、各委员会发布的不适当的命令、指示和规章；有权改变或者撤销地方各级国家行政机关的不适当的决定和命令。当前，国家有必要组织专门力量，对各部门、各地方依据全国人大立法、国务院条例的授权立法事项进行尽职调查。对调查中发现的与上位法冲突、违背立法宗旨、擅自扩大权限的授权立法条款提出改变或撤销的建议，经国务院批准后执行。从源头上遏制部门和地方滥用立法权，以及借法扩权、借法逐利的"立法腐败"现象。

后　记

　　本书收录了我近 10 年来政策研究的部分成果。选取的篇目主要从体制角度，分析我国经济社会发展中的一些突出问题和成因，并提出解决思路。关于经济形势和国际关系方面的研究，在书中没有收录。部分篇目在题注中标明的完成时间，系首次在内部使用或公开发表的时间。出版时这些篇目保持原貌，仅作文字上的校订。

　　在这里，我要真诚地感谢各位领导、师友、同事和家人们的鼓励和支持。国务院研究室的历任主要负责人，魏礼群、谢伏瞻、宁吉喆、黄守宏亲自对很多研究给予了指导。在他们的支持下，一些研究成果以不同形式呈报，得到国务院领导同志的肯定，对推进改革、完善相关政策发挥了积极作用。

　　本书收录的一些文章是合作研究的成果。它们是：《借鉴美国地方债风险防控经验》、《油气体制改革方略》、《推进长江上游地区连片开发》、《怒江开发带动流域全面小康》、《建立国际大宗能源资源市场稳定机制》，以及环境与社会关系、药品监管体制改革、亚洲金融合作等方面的文章。这些文章由我主持和主要撰写，参加调研和写作的同志主要有（按汉语拼音排序）：陈睿、金爱伟、景春梅、刘向东、刘永祥、王天龙、俞海、曾少军、张焕波等。参加讨论的主要有（按汉语拼音排序）：柴青山、陈卫东、陈文玲、Elizabeth Dowdeswell、郭濂、韩文科、黄福利、刘京生、秦海、宋宁、孙耀唯、唐元、滕泰、汪骏、王飞、王进、卫平、武士国、夏光、熊贤良、徐以升、杨永江、曾兴球、张大伟、张利宾、赵全厚、赵先良等。张松峰、陆丽云对全书进行了核校、编辑。

这里，我还要特别感谢我的家人。我的父母、岳父母承担了大量家务，使我能有精力同时做好日常工作与开展研究。我的父亲、母亲是老一代经济理论工作者，在他们的影响下，我从学生时代起便十分关注体制问题。我爱人王殊是一位医学教授，她向我介绍了医学研究范式，使我从中得到很多启发。我们的孩子从小便对公共事务表现出浓厚兴趣，令我感到十分欣慰。

在研究过程中，还有很多师友后学给予了我无私的帮助。虽未提及，必一直心存感激，在这里一并致谢。

范 必

2018 年 11 月

责任编辑:陆丽云

封面设计:木　辛

图书在版编目(CIP)数据

解放看不见的手/范必 著. —北京:人民出版社,2018.11(2021.4 重印)

ISBN 978－7－01－019918－4

Ⅰ.①解… Ⅱ.①范… Ⅲ.①中国经济-社会主义市场经济-经济体制

改革-文集　Ⅳ.①F123.9－53

中国版本图书馆 CIP 数据核字(2018)第 230801 号

解放看不见的手

JIEFANG KANBUJIAN DE SHOU

范 必 著

人民出版社 出版发行

(100706　北京市东城区隆福寺街 99 号)

北京盛通印刷股份有限公司印刷　新华书店经销

2018 年 11 月第 1 版　2021 年 4 月北京第 4 次印刷

开本:710 毫米×1000 毫米 1/16　印张:26

字数:318 千字

ISBN 978－7－01－019918－4　定价:108.00 元

邮购地址 100706　北京市东城区隆福寺街 99 号

人民东方图书销售中心　电话 (010)65250042　65289539